KB073600

결국
Z세대가
세상을
지배한다

결국
Z세대가
세상을
지배한다

Z세대,
그들이 바꿀
미래의 단서들

김용섭 지음

퍼블리온
Publion

기성세대의 오만함이
Z세대를 과소평가하고 있다

　기성세대는 서로 다른 세대와의 사회적 관계에서 오만할 때가 많다. 못된 사람이어서 그런 게 아니다. 나이나 지위, 재산, 권력 등 사회적으로 우위에 있어서다. 일부는 자신의 지위, 재산, 권력을 믿고 자기보다 훨씬 어린 세대들을 통제하려 들기도 한다.

　밀레니얼 세대(1982~1996년 출생자)가 본격적으로 기업의 직장인이 되며 경제활동 인구의 새로운 주류로 부상하기 시작한 2010년을 전후로 이들에 대한 관심이 커졌다. 이들이 10대와 20대 초반일 때는 별로 관심도 없었고, 대응할 준비도 하지 않았다. 밀레니얼 세대를 새로운 소비자로만 인식하고 이들에게 어떤 마케팅을 할 것인지만 고민했던 게 전부다. 그런데 이들이 직장에 들어와서 구성원 중 비중도 높아지고 목소리를 내기 시작하면서 기성세대

의 위기감이 커졌다. 소비자로만 봤을 때는 더 많이 팔고 못 팔고
만 고민했지, 이들이 자신들의 입지를 위협할 거란 점은 인식하지
못했다.

하지만 같이 일하다 보니 밀레니얼 세대가 가진 글로벌 역량, 디
지털 역량, 적극적인 의사표현과 개인주의적 태도가 기성세대인
상사들에겐 위협이 되었다. 평생직장이 사라진 시대에 밀레니얼
세대는 상명하복, 조직을 위해 충성하고 자신을 희생하는 기성세
대식 조직문화를 받아들이지 않으려 했기 때문이다. 그렇게 한국
사회에서 기성세대(X세대와 베이비붐 세대)와 밀레니얼 세대 간의
갈등과 충돌이 시작되었다.

밀레니얼 세대 중에서도 1980년대 출생자들은 X세대와 기성
세대식 조직문화에 동조되는 경향이 있었으나 1990년대 출생자
들은 달랐다. 실제로 밀레니얼 세대가 기업에 구성원으로 들어간
건 10년 전이지만, 기업이 밀레니얼 세대와 기성세대 간의 갈등과
소통 문제를 적극 제기한 건 1990년대생들이 본격적으로 들어온
2010년대 중후반부터다. 밀레니얼 세대와의 세대 이슈를 다루는
책들이 쏟아지기 시작했고, 기업에서도 세대차이와 세대공감에 대
한 내용이 임원이나 직책자, 승진자 교육의 필수가 되었다.

그렇다면 이런 교육은 효과가 있었을까?

솔직히 별로 없었다. 문제의 방향을 잘못 잡았기 때문이다.

기성세대가 가진 관성이자 오만함이 시대 변화가 아닌 세대 변

화에만 주목하며, 진짜 실체가 아닌 허상에서 답을 구하려는 오류를 범했다. 나이 서열문화를 유지한 기성세대가 주도권을 가지고 밀레니얼 세대보다 우위에 서려 하다 보니 세대차이, 세대갈등, 세대공감 같은 식의 프레임으로 세대 문제를 보게 된 것이다.

사실 세대 문제가 아닌 시대 문제다. 서로 다른 세대라서 생긴 문제가 아니라, 시대 변화에 따른 문제라는 것이다. 뉴노멀의 실체가 세대가 아님에도 자꾸 세대로 바라보는 것은 진짜 문제를 푸는 대신 세대 탓으로 돌려 당장의 문제를 회피하기 위함이기도 하다. 이는 기업뿐 아니라 정치권에서도 마찬가지였다. 기성세대의 관점에서 다음 세대를 바라볼 때 겪는 오류다. 기성세대가 현재 시대에 맞게 시각을 업그레이드시킨 뒤 다음 세대를 바라봐야 하는데, 안타깝게도 시각은 과거에 멈춘 채 현재 시대를 살아가는 다음 세대를 바라본다. 이렇게 해선 서로의 간극만 더 커질 뿐, 문제를 해결할 시간과 기회만 손해 본다.

세대 탓으로 돌려 2030대를 정치적으로 이용하려 드는 기성세대의 전략이 가진 폐해는 그것이 결국 기성세대에게 부메랑으로 돌아온다는 점이다. 솔직히 말하면, 마케팅에서 소비자를 세대별로 구분하고, 그들이 가진 소비적·문화적 특성에 따라 대응하는 것은 잘하고 있다. 그럴 수밖에 없는 게, 소비자로서의 세대 분석과 대응은 광고와 마케팅 분야에서 오랫동안 계속해왔던 일이다. 하지만 소비자가 아닌 경제활동을 하는 사회 구성원으로서, 정치적 영향력을 가진 유권자로서 밀레니얼 세대를 대응하는 것은 잘 못

7

하고 있다. 기업이 낙제를 겨우 면할 수준이라면, 정치에선 완전 낙제점이다. 이런 대응을 하기 시작한 지도 오래되지 않았고, 대응의 필요성에 대해 심각하게 인식한 것도 최근이다. 기성세대가 헛발질하는 동안에도 밀레니얼과 Z세대는 계속 성장하고 있고, 그들의 영향력도 확대되고 있다.

기업에선 밀레니얼 세대가 구성원에서 차지하는 비중이 높아지면서 그들에 대한 태도도 크게 바뀌었다. 밀레니얼 세대의 목소리를 적극적으로 경청하고 권한도 부여하고 있다. 기업 내 밀레니얼 세대가 X세대를 앞질러 승진하거나, 이미 임원이 된 밀레니얼 세대도 존재한다. 기업의 조직문화에서 수평화, 나이와 연차가 아닌 능력과 성과 중심주의가 확산된 영향 때문이다. 이러다 보니 X세대를 낀 세대라고 부르는 이들도 있다. 아이러니한 것은 X세대가 한창 도발적이고 과감하게 치고 올라간 2030 때 베이비붐 세대가 스스로를 낀 세대라고 부르기도 했다. 누구나 20대를 살아가고, 누구나 나이 들어간다. 이렇다 보니 각 세대도 나이에 따라 자신의 입지와 속성의 변화가 생긴다.

그나마 기업에선 세대 이슈에 대한 대응을 좀더 빨리 시작했고, 시대 변화에도 발 빠르게 적응하면서 오류를 줄이는 데 적극적으로 임하고 있다. 그럼에도 기업 내에서 X세대와 밀레니얼 세대 간의 주도권 다툼이나 갈등은 여전하다. 하지만 정치권은 여전히 밀레니얼 세대를 2030 유권자를 유혹하는 마케팅 대상 정도로만 바라본다. 정치권에서의 세대 이슈에 대한 이해와 대응 수준은 참혹할 정도다. 21대 국회의원 300명 중 2030대 의원(당선 시점인 2020년 기준)이 총 13명으로, 비율로는 전체의 4.3% 정도다. 우리나라 유권자 중 2030대가 27% 정도인 걸 감안하면 크게 낮은 수치다. 물론 말이 2030이지 거의 30대다. 1990년대생은 비례대표로 국회에 입성한 3명이 있는데 그중 최연소인 류호정(1992년생) 의원과 전용기(1991년생) 의원만 20대라 할 수 있고, 용혜인(1990년생) 의원은 30대다. 그리고 이들 셋 모두 임기 중 30대가 된다. 다른 30대 의원들도 30대 중후반이 대부분이라 엄밀히 나이만 밀레니얼 세대이지, 밀레니얼 세대를 위한 정치를 한다고 보기는 어렵다. 밀레니얼 세대의 정치세력화에 의해 만들어진 정치인이 아니라, 기성세대가 밀레니얼 세대 유권자를 공략하기 위해 선택되어 만들어진 정치인에 가깝기 때문이다.

2021년의 서울시장 보궐선거 결과로 2030대를 바라보는 정치권의 입장이 크게 바뀌었다. 촛불세대라 할 수 있는 2030대가 2017년 19대 대통령 선거 때나, 2020년 21대 국회의원 선거에서 민주당 후보들을 적극 지지했던 것과 달랐기 때문이다. 특히 20대는 더 극명한 변화를 보였다. 2030대를 전통적 지지세력이라 여겼던 민주당으로선 타격을, 상대적으로 2030대에게 지지를 받지 못하던 국민의힘으로선 새로운 가능성에 대한 기대가 커졌다. 다음 선거에서 2030대를 공략하는 각 정치세력의 계산기가 분주해지게 된 셈이다.

물론 민주당이나 국민의힘이 바라보고 해석하는 2030대는 오류가 많다. 그들이 가진 정치적 관점으로 왜곡된 해석을 하기 때문이다. 정치권의 기성세대들이 밀레니얼 세대와 Z세대를 잘못 바라보고 대응할수록 손해는 정치권이 아닌 밀레니얼과 Z세대가 본다. 무능한 정치권으로선 누가 표를 더 많이 가지거나 그렇지 못하거나 정도에 그치겠지만, 밀레니얼과 Z세대로선 당면한 시대적 문제를 해결하고 대응할 기회와 시간을 손해 보기 때문이다.

필자는 X세대다. 하지만 X세대의 관점으로 세대 연구를 하는 게 아니다. X세대나 기성세대의 편을 들지 않으며, 오히려 그들의 잘못을 직설적으로 얘기한다. Z세대를 긍정적으로 그려낸다고 해서 그들의 편을 드는 것도 아니다. 사실 어떤 특정 세대의 이해관계를 위해 이 책을 쓴 게 아니다. 한국 사회를 위해, 한국의 미래를 위해 가장 이득이 될 관점으로 문제를 보고자 했다. 사실 세대는 편 갈라서 싸우려고 나누는 게 아니다. 서로 다름을 이해한 상태에서 공존을 얘기하기 위해 세대를 나누고, 세대의 속성을 이야기하는 것이다.

세대 연구의 목적은 명확하다. 불필요한 오해와 갈등을 없애고, 지금 시대를 살아가는 사람들의 진짜 실체를 제대로 알아가는 것이다. 트렌드 분석을 통해 모호한 실체가 아닌 구체적 실체이자 미래의 비전으로서 Z세대를 만나게 하는 것이 이 책을 집필한 의도다.

이미 Z세대의 일부가 대학을 졸업하고 기업에 취직하기 시작했다. 빠른 경우 입사 2~3년차 된 Z세대가 있다. 교사 중에서도 이미 Z세대가 있다. 5급 공무원 중에도 이미 Z세대가 있고, 7급 공무원 합격자 5명 중 1명은 Z세대다. 9급 공무원에 Z세대가 들어가기 시작한 건 5년이 넘었다. 벌써 5~6년차 Z세대 공무원이 있단 얘기다. 생산직과 서비스직 중 고졸 취업자는 6년차 정도 된다. Z세대 직장인이 더이상 희소한 존재가 아니다. Z세대 스타트업 창업자도 계속 늘어나고 있고, 대학을 중퇴하고 창업에 뛰어든 Z세대도 많아지고 있다. 중요한 미디어이자 콘텐츠 비즈니스 플랫폼이 된 유튜브에서 Z세대의 위상은 훨씬 더 높다.

한국의 Z세대(1997~2012년 출생자)는 830만 명 정도며, 전체 인구 중 16%에 해당된다. 지금 10대와 20대 초중반까지로, 일부 직장인이 있긴 해도 대부분 초중고 및 대학생이 Z세대에 해당된다. Z세대는 X세대의 자녀 세대다. 베이비붐 세대에겐 손주 세대다. 나이로나 경제적·사회적 지위에서나 어리고 나약한 존재다. 이런 이유로 베이비붐 세대와 X세대가 Z세대를 아주 어리게 보는 것이 조금은 이해가 되기도 하다. 하지만 개인적 관계로서 자녀 혹은 손주를 대하는 것이 아니라 사회적 관계로 Z세대를 대할 때는 좀더 냉정하고 이성적일 필요가 있다.

밀레니얼 세대를 과소평가했던 X세대가 Z세대를 밀레니얼 세대와 묶어서 같이 보려고 한다. MZ세대라고 서로 다른 두 세대를 그룹핑하는 건 전형적으로 기성세대식 관점이다. 자기들과 다르면 다 같다고 본다. Z세대에게 밀레니얼 세대는, 밀레니얼 세대에게 X

세대만큼이나 거리감이 있다. 따라서 이들을 임의로 묶어서 이들이 비슷할 거라 여기는 것도 오산이다. 밀레니얼과 Z세대의 영향력과 주도권이 확대되고 있는데, X세대에게 더 강력한 데미지를 주는 건 Z세대일 것이다.

밀레니얼 세대 중 전기(이미 30대 중후반이 된)는 X세대에 충분히 동조되어 기성세대의 입장에 가까워진 면도 있다. 밀레니얼 세대 후기가 기업에서 X세대와 가장 크게 갈등과 충돌을 겪는 이들인데, Z세대 전기(현재 20대 초중반)가 기업에서 비중이 높아지면 X세대의 힘은 완전히 꺾이게 될 가능성도 크다. 물론 시대 변화에 적응하고, 기성세대식 관성에서 완전히 벗어나 능력과 성과를 이룬 X세대는 예외다. 그들에겐 앞으로도 기회는 계속 주어질 테니까. 변화를 받아들이며 계속 진화하는 기성세대는 미래에도 여전히 입지가 강력할 것이다.

어떤 세대를 정의한다는 것은 어렵다. 원래도 어려운 일이지만 지금은 더 어려워졌다. 변수도 많고 계속해서 변화하고 있기 때문이다. 아울러 세대의 보편적 속성이 아닌 개개인의 개별적 속성이 강해진 것도 특정 세대를 정의하기 어렵게 만드는 한 요인이다. 그럼에도 불구하고 특정 세대를 정의 내리고 그 속성을 구체화하는 작업은 필요하다. 구체화되지 않은 것은 이해도, 반박도, 대응도 불가능하다. 이 책은 Z세대를 이해하기 위해 수많은 퍼즐 조각들을 찾아 그것을 맞춰간다. 책을 다 읽기 전까진 속단하지 말고, 속성

하나하나에 매몰되지 않도록 전체의 그림을 머릿속에서 계속 만들어가길 바란다.

이 책은 밀레니얼 세대 중에서도 후기(1990~1996년 출생자), 그리고 Z세대 중에서도 전기(1997~2003년 출생자)를 중요하게 주목한다. 이들을 Core-MZ세대로 명명하는데, 이들이 바로 지금 시점에서 가장 강력한 변화의 주도 세력이기 때문이다. 기업의 구성원으로서나 정치의 유권자로서 가장 활발히 기성세대에 도전하고, 지금 시대의 당면 문제에 대해 가장 적극적으로 목소리를 내고 행동할 사람들이기 때문이다. 그리고 이들의 성장은 고스란히 Z세대 전체의 부상으로 이어질 것이다. Core-MZ세대에 의해 균열이 간 기성세대의 권력이자 세상의 주도권을 이어받을 사람들이 바로 Z세대다.

밀레니얼 세대보다 Z세대가 더 강력하다. 밀레니얼 세대가 과도기적 완충 세대로서 기성세대와 충돌하며 존재감을 드러냈다면, Z세대는 기성세대를 압도하면서 존재감을 드러낼 것이다. Z세대가 지배할 미래에 밀레니얼 세대, X세대, 베이비붐 세대도 모두 살아가야 한다. 특히 X세대는 Z세대가 잘 성장하도록 가장 적극적 지원을 해야 할 책임이 있고, 밀레니얼 세대도 X세대와의 연대가 아닌 Z세대와의 연대를 앞으로 계속 이어가야 한다. 이 책은 Z세대와 함께 살아야 할 기성세대뿐 아니라, 스스로 얼마나 강력한 힘을 가질지 이해해야 할 Z세대에게도 권한다. 밀레니얼 세대가 한국 사회에 준 영향보다 더 강력한 영향을 줄 Z세대의 변혁은 이미 시작되었다.

이 책은 읽는 순서가 중요하다. 전체 5개의 Part로 이루어져 있는데, 성격 급한 사람들은 가장 본론 격으로 보이는 Part 5로 바로 넘어가기도 할 것이다. 사실 Part 1에서 Z세대를 중요하게 다뤄야 하는 이유에 대한 문제 제기를 했다면, Part 2, 3, 4를 통해 한국 사회에 존재하는 세대의 역학구도이자 세대 이슈의 핵심 배경, 2030대가 가진 욕망과 태도의 방향을 이야기한다. 그리고 이런 내용에 대한 이해가 충분해졌을 시점에 Part 5에서 Z세대의 실체에 대해 이야기한다. 급한 성격에 Part 5부터 읽는 사람보다 순차적으로 읽는 사람이 훨씬 풍부한 인사이트를 흡수할 수 있을 것이다.

책은 활자를 읽고 암기하거나 이해하는 것이 전부가 아니라, 책이 담고 있는 작가이자 연구자의 관점과 방향을 따라가면서 활자화되지 않은 간극의 메시지까지 캐치해내는 것이 중요하다. 책을 읽는 내내 독자의 머릿속에서 실시간 상호작용이 일어나기 때문이다. 즉, 좋은 독자는 책에 담긴 작가의 의도를 최대한 흡수하고, 자신의 견해를 녹여내며 비판적으로 읽어가는 독자다. 그래야 죽은 활자가 아니라 살아 있는 책이 된다. 필자가 임의로 명명한〈Trend Insight Series〉에서 가장 중요하게 여기는 목적이 바로 이것이다. 죽은 지식이 아니라 살아 있는 인사이트를 담는 것이 이 책의 목적이며, 필자의 인사이트를 뛰어넘는 독자들이 생겨나길 기대한다.

기성세대가 아무리 인정하기 싫더라도 한국의 미래는 Z세대 몫이다. MZ세대의 중심세력인 Core-MZ가 현재의 세상을 뒤흔들고, 그들에 의해 균열이 간 기성세대의 권력이자 세상의 주도권은 Z세대에 의해 완전히 바뀔 것이다. Z세대의 변혁은 이미 시작되었다. 시간과 시대는 모두 그들의 편이다. 결국 Z세대가 미래를 지배한다.

2021년 여름
트렌드 분석가 김용섭

Contents

Part 1

왜 Z세대를
주목해야 하는가?

Part 2

그들의 '공정'은 정의가 아니라
'생존'이다

Part 3

요즘 젊은이는
자기 권리만 주장한다?

Part 4

기업과 정치는 왜 '세대 이슈'를
왜곡해서 대응할까?

Part 5

이것이 진짜 Z세대다

: 그들이 바꿀 미래의 단서들

Part 1

왜
Z세대를
주목해야
하는가?

이미 많은 기업들이 소비세력으로서의 Z세대를 적극 주목하고 있다. B급 코드 가득한 마케팅으로 Z세대를 공략하는 것이 효과적이라는 것도 알아냈고, 힙합이 중요한 문화인 Z세대 공략을 위해 힙합에서 파생한 문화나 트렌드를 마케팅에서 활용한다. 경험과 취향이 그들의 중요한 욕구라는 것도 파악해 여기에 다양한 상품과 서비스를 접목해 적극 팔기도 한다. 밀레니얼 세대 소비자에게 적용했던 마케팅 전략이 Z세대에까지 이어져온 것들도 많다. 밀레니얼 세대에 주목했을 때도 그들의 사회적·정치적·경제적 영향력보다 소비세력으로서의 역할에 더 관심을 두었었다.

기성세대에게 다음 세대는 늘 새로운 소비세력으로 간주된다. 자신들이 가진 정치적·사회적·경제적·문화적 권력을 나눠 가질 존재로는 보지 않았다. 지위와 권력, 부를 가진 자신들과 비교도 안 되는 다음 세대가 자신들을 위협할 영향력을 가졌다고 생각지도 않았다. 1020대, 때론 30대까지 포함시켜 새로운 소비자로서 그들이 뭘 좋아하고 뭘 잘 사줄지만 주목했다. 잘 구슬려서 그들에게 무언가를 팔려고만 했고, 혹은 자신들에게 유리한 동조세력이자 우호세력으로 그들을 거느리고 싶어 했다. 한국의 기업들이 밀레니얼 세대를 그렇게 공략했고, 한국의 정치권이 밀레니얼 세대를 그렇게 다뤄왔다.

Z세대에게도 마찬가지다. "애들이 뭘 알아"라는 기성세대의 오만함으로 다음 세대를 과소평가하면서 그들의 역할 중 학생과 소비자, 아주 가끔 유권자로서의 역할만 부각시켰다. 단지 그들을 어떻게 이용할 것인가 하는 정도의 관심을 가진 기성세대에게 밀레니얼 세대의 영향력은 위협이 될 만큼 상상 이상이었다. 앞으로의 세상은 밀레니얼 세대보다 Z세대가 더 강력한 영향력을 갖게 될 것이다. 기성세대로서는 놀라는 정도를 넘어서 이젠 기득권까지 내놓게 될 상황이 다가오고 있음을 직시해야 하는 것이다.

1997~2012년, 그들이 태어났다 _____

세대 구분은 출생 연도를 기준으로 한다. 자신이 나고 자란 시대의 환경에 영향을 받아 보편적인 유사성이 있는 그룹을 하나의 세대로 명명하게 되는데, 주로 세대 구분과 명명은 미국의 연구가 전 세계적으로 기준이 되는 경우가 많다. 미국의 싱크탱크인 퓨 리서치센터Pew Researech Center가 정의한 세대 구분에선 침묵세대(Silent Generation, 1928~1945년 출생자), 베이비붐 세대(Baby Boomer, 1946~1964년 출생자), X세대(Generation X, 1965~1980년 출생자), 밀레니얼 세대(Millennials, 1981~1996년 출생자), Z세대

(Generation Z, 1997~2012년 출생자), 그리고 알파 세대(Generation Alpha, 2013년 이후 출생자) 등이 있다. 이중 가장 중요하게 다뤄지는 4개 세대가 베이비붐 세대, X세대, 밀레니얼 세대, Z세대다.

미국의 글로벌 경영컨설팅회사인 맥킨지 앤 컴퍼니McKinsey & Company는 베이비붐 세대를 1940~1959년 출생자, X세대를 1960~1979년 출생자, 밀레니얼 세대를 1980~1994년 출생자, Z세대를 1995~2010년 출생자로 구분하고 있다. 출생 연도에서 미세한 차이가 있긴 하지만 크게 다르지 않다. 하지만 미국 중심의 글로벌 기준을 한국에 그대로 적용하는 것은 생각해볼 필요가 있다. 일제강점기, 한국전쟁, 급격한 산업화 및 군부독재 등 한국적 특수성을 반영한 보정이 필요하기 때문이다. 베이비붐 세대와 X세대의 구분에선 한국적 보정이 필요하고, 두 세대 중간에 *86(1980년대 대학을 다닌 1960년대 출생자들을 일컫는 이들이 한때 386세대였고, 나이를 먹어 지금은 486을 거쳐 586세대가 된)세대가 있어 둘 사이의 완충이자 교집합이 되기도 했다. X세대는 넓게 보면 1965~1981년, 좁게 보면 1969~1981년 정도로 볼 수 있다. 베이비붐 세대도 좁게 보면 1955~1964년 출생자지만, 넓게 보면 1946~1968년 출생자, 더 넓게 보면 연간 출생자 숫자가 가장 많았던 1970년대 초반 출생자까지도 포함된다. 밀레니얼 세대부터는 한국적 특수성을 적용할 필요 없이 글로벌 기준에 동기화되었다.

한국의 밀레니얼 세대는 1982~1996년 사이, Z세대를 1997~2012

년 사이로 본다. 밀레니얼 세대의 인구수만 1,073만 명이고, Z세대는 830만 명이다. 이 둘을 합치면 1,900만 명으로 전체 인구의 36.7%다. 경제활동 인구(2,772만 명, 2021. 2 통계청 경제활동인구조사 기준)에서 MZ세대가 차지하는 비중은 45% 정도로 파악된다. 앞으로 이 비중은 지속적으로 높아질 수밖에 없다. 소비에서 차지하는 이들의 비중과 영향력도 계속 높아질 것이다. 이미 대기업에선 밀레니얼 세대와 Z세대를 합친 비중, 즉 2030대 직원의 비중이 60% 정도인 곳이 많고, IT 기업 중에선 2030대가 80% 정도인 곳도 꽤 있다.

MZ세대 중에서도 Z세대를 더 주목할 필요가 있다. 밀레니얼 세대에 대해선 이미 10년 전부터 분석하고 대응하기 시작했고, 이들이 사회생활의 연차도 쌓이고 나이도 들면서 기성세대와의 간극도 조금 좁혀지고 있다. 기성세대 입장에선 밀레니얼 세대도 마냥 젊고 어린 줄 알겠지만, 가장 빠른 밀레니얼 세대가 2022년에 40대에 진입한다. 이제 밀레니얼 세대는 더이상 20대를 대표하는 그룹이 아니다. 20대는 이제 Z세대가 주도한다. 2021년 기준으로 Z세대가 20대의 절반을 장악했는데, 수년 내로 20대를 완전 장악할 것이다. 나이는 멈춰 있는 게 아니기 때문이다. 기업에서도 직원으로서의 Z세대, 마케팅 대상으로서의 Z세대에 대해 풀어야 할 숙제가 훨씬 더 많다. 유권자로서의 Z세대, 정치세력으로서의 Z세대, 디지털 네이티브로서의 Z세대, 소비세력으로서의 Z세대, 문화 권력으로서의 Z세대, 경제활동 인구로서의 Z세대, 창업가로서의 Z세대 등에

세대 구분 (출생 연도 기준)

	20~30	20	20	15	15	10~12
	Silent Generation	Baby Boomer	Generation X	Millennials (Generation Y)	Generation Z	Generation Alpha
날카로운상상력연구소	1910~1945	1955~1964	1969~1981	1982~1996	1997~2012	2013~현재
Pew Research Center	1928~1945	1946~1964	1965~1980	1981~1996	1997~2012	2013~현재
McKinsey&Company		1940~1959	1960~1979	1980~1994	1995~2010	

대한 우리 사회의 이해와 대응은 아직 준비되지 않았다.

흥미로운 것 중 하나는, X세대 이전까지는 세대 구분 기간이 20년 내외였는데, 밀레니얼 세대부터는 15년 내외로 짧아졌다는 점이다. 이는 사회적·기술적·산업적 변화 속도에 따른 것으로, 알파 세대에선 10~12년 정도가 될 것이고, 아마 향후엔 더 짧아질 것이다. 세대(世代, Generation)에 대한 정의를 살펴보면, 생물학에서는 태어나서 죽을 때까지의 기간으로 정의하고, 사회학과 가족학에선 아이가 태어나 다음 세대를 출산할 때까지의 기간으로 정의하는데 대개 20~30년으로 보고 있다. 지금 우리가 쓰고 있는 세대의 의미는 사회 세대 혹은 문화 세대에 가까운데, 같은 시대를 살면서 동일한 문화적 경험을 하는 사람들을 일컫는다. 가족관계가 아닌 사회

집단으로서 세대를 정의하기 시작한 건 19세기부터인데, 20세기 중후반까지 주로 20년 단위로 보다가, 1980년대 이후부터는 15년 정도를 단위로 봤고, 조만간 10년 정도를 단위로 보는 상황도 맞게 될 것이다. 세대가 시대 변화의 밀접한 기준이라서 그렇다.

MZ세대라는 구분은 기성세대식 관점이다 _____

밀레니얼 세대와 Z세대를 합친 MZ세대라는 말을 쓰는데, 1982~2012년 출생자들이 여기에 해당된다. 그런데 1980년대 초반 출생자와 2010년대 초반 출생자를 같은 그룹으로 묶는 게 타당할까? 나이 차이만 30년 정도다. 솔직히 10대와 30대를 MZ세대라는 이름 아래 묶는 게 말이 되는가? 이들은 전혀 비슷하지도 않다. 이들은 X세대와 밀레니얼 세대만큼이나 차이가 있다. 그럼에도 불구하고 왜 두 개의 세대를 한데 묶어서 얘기할까?

사실 MZ세대라는 말 자체부터가 지극히 기성세대식 관점을 담고 있는 용어다. 베이비붐 세대와 X세대를 묶어서 BX세대라고 하는 걸 들은 적 있는가? 없다. 서로 다른 두 개의 세대를 한데 묶어서 부르는 건 기성세대 입장에선 그들이 다 같아 보이기 때문이다. 그들을 제대로 이해하려는 생각보다, 그들을 어떻게 장악하고 군림하고 우위에 설 방법을 급히 찾다 보니 서로 다른 두 개 세대를 묶는 성급함을 보였던 건 아닐까? 기성세대 입장에선 비 기성세대를 한데 묶는 게 한 번에 대응할 수 있을 것 같아 쉽고 간단해 보였는 지 모른다. 하지만 이렇게 해선 그들을 제대로 이해할 수가 없다. 밀레니얼 세대와 Z세대가 가진 역할이자 힘을 제대로 보지도 못하고, 이들이 제대로 성장하도록 도와주지도 못한다. 결국 밀레니얼 세대와 Z세대를 하나로 묶기보다, 오히려 이들 세대도 각기 전기, 후기로 나눠서 더 세분화해서 봐야 한다.

　과거 세대는 20년 단위여도 세대 내 동질감과 유사성이 꽤 존재 했다. 하지만 시대가 점점 빠르게 변화하면서 이젠 같은 세대 내에서도 세대차이가 난다. 15년 정도 단위인 밀레니얼 세대에서도 1980년 초반생과 1990년대 중반생을 과연 같은 그룹으로 묶어도 될까에 대한 문제 제기가 계속 있었고, 앞으로는 더할 것이다. 세대 단위가 더 짧아질수록 더 정교하게 세분화시켜 그들을 분석하고 대응할 수 있기 때문이다. 그래서 밀레니얼 세대를 전기와 후기

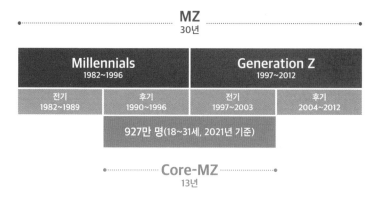

로 나눠서 보기도 한다. Z세대도 마찬가지다. 밀레니얼 세대를 전기(1982~1989년생)와 후기(1990~1996년생)로 니누고, Z세대도 전기(1997~2003년생)와 후기(2004~2012년생)로 나눌 수 있다.

밀레니얼 세대 전기는 지금 30대이고, 곧 40을 앞두고 있다. 이들은 X세대를 비롯한 기성세대와 직장에서도 최대 10년 정도 일해 오면서 꽤 동조화되고 타협한 이들이다. 밀레니얼 세대 내에서도 전기와 후기는 차이가 있다. 2020년 연말과 2021년 연초, SK하이닉스를 비롯해 LG전자, 카카오 등 대기업에서 성과급 산정 문제를 제기해 기업 경영진을 곤혹스럽게 만들고, 결국은 성과급 산정 기준도 바꾸고 연봉 인상도 이끌어낸 직장인들이 밀레니얼 세대 후기들이다. 블라인드 앱에서 적극적으로 회사의 문제나 잘못을 저격하는 사람들도 이들이었다. 밀레니얼 세대 전기는 오히려 회사의 입장 혹은 선배인 X세대에 가까운 태도를 보이는 경우도 일부 있었고, 밀레니얼 세대 후기들의 문제 제기를 간접적으로 응원하거나 관망하는 입장에 서기도 했다. 같은 세대 내에서도 관점과 입장의 차이가 있었다. 결정적으로 행동에서의 차이도 컸다.

이러다 보니 밀레니얼 세대 후기와 Z세대 전기는 세대 구분에선 다른 세대지만 문화적·사회적 동질감은 크다. 이들을 묶으면 1990~2003년생으로, 2021년 기준 18~31세다. 바로 지금 시대의 20대가 중심인 927만 명의 인구다. 이들 모두 유권자인 데다 다 성인이고, 경제활동 인구에 해당된다. 트렌드 변화에 가장 민감한 사람들이기도 하다. 밀레니얼 세대, Z세대, 그리고 이 둘의 중간에 위치한 교집합 같은 이들을 MZ세대라고 하는 게 더 타당해 보이지 않는가? 넓은 범주에서 밀레니얼 세대, Z세대를 통칭하는 의미로 MZ를 썼다면, 이들을 좁은 범주에서 Core-MZ로 구분해 분석하고 대응하는 것이 현실적으로 더 필요하다. Core-MZ는 20대 + 알파의 세력이다. 20대가 중심에 서고, 여기에 선거권을 가진 성인인 18~19세도, 30대가 되었지만 여전히 20대와 더 가까운 문화적·정서적 교감을 가지는 30~31세도 연결된다. 사실상 이들이 소비와 문화 트렌드에 가장 민감한 사람들이면서, 사회적인 면에서도 변화의 목소리에 적극적인 세대다.

기업에서도 MZ세대와의 소통 전략을 비롯해 이들과 일하기 위한 다양한 방법을 모색하고 있지만, 엄밀히 밀레니얼 세대 중심이다. Z세대가 기업에 입사하기 시작한 건 최근의 일이다. 따라서 밀레니얼 세대의 어린 버전 같은 느낌으로 Z세대를 바라볼 게 아니라, 그들 자체를 새로운 그룹으로 제대로 바라봐야 한다. 최근 수년간 한국의 직장 조직에서 X세대와 밀레니얼 세대의 갈등이 중요 이슈였다면, 수년 내 밀레니얼 세대와 Z세대 간의 갈등 상황도 가시화될 것이기 때문이다.

Z세대는
밀레니얼 세대 2.0이 아니다 _____

　　기성세대 시각에선 MZ를 한 묶음으로 봤지만, Z세대 입장에선 밀레니얼 세대가 자신들과 유사하기보다는 오히려 X세대와 밀레니얼 세대가 더 유사하다고 여길 수도 있다. 밀레니얼 세대와 Z세대는 나이로 보면 삼촌과 조카 사이, 심지어 부모와 자식 사이도 될 수 있다. 그러니 밀레니얼 세대에게서 찾은 답을 Z세대에게 그대로 적용해선 안 된다. 기성세대가 말로는 MZ라고 부르지만 사실 Z세대에 대한 이해는 아주 미흡하다. 밀레니얼 세대와 Z세대는 친구가 아니다. 이들이 나고 자란 환경과 시대도 다르다. 기성세대 눈에는 다 요즘 애들로 보이겠지만, Z세대에게 밀레니얼 세대는 기성세대이자 또 하나의 꼰대로 보일 수 있다.

　　같은 Z세대지만 고등학생과 대학생도 서로가 꽤 다르다고 여긴다. 같은 대학생이어도 1학년과 4학년이 서로 세대차이 난다고 얘기할 정도다. 밀레니얼 후기와 Z세대 전기라고 해도 서로 친구로 묶이는 건 원치 않는다. 대학 4학년과 직장 1년차 신입사원은 나이 차는 적어도 각자의 환경이 가진 차이가 크다. 대학에서 가장 무서운 게 4학년 꼰대다. 심지어 유치원에서도 5살이 4살보고 왜 형한테 반말 쓰냐며 뭐라 그러는 현실을 보면 꼰대는 특정 나이대만의 전유물이 아니다.

　　사실 꼰대는 나이가 아닌 태도의 문제다. 실력이나 논리, 합리가 아니라 나이를 내세워 우위를 점하고자 할 때 나타나는 게 꼰대다. 한때 신세대로 날렸던 X세대, 마냥 젊고 새로운 것을 잘 받아들일 것만 같던 X세대가 밀레니얼 세대의 눈에 꼰대로 보이는 건 각자가 가진 입장의 차이, 기득권의 차이와 무관하지 않다. 세상에 꼰대 유전자를 가지고 태어난 사람은 아무도 없다. 누가 꼰대냐가 중요한 게 아니다. 적어도 밀레니얼 세대의 아류 혹은 밀레니얼 버전 2로 Z세대를 봐선 안 된다는 얘기를 하려는 것이다. 실제로 중학생들과 고등학생들이 쓰는 신조어가 다르고, 대학생이 쓰는 말과 20대 직장인이 쓰는 말도 조금 다르다. 모두가 다 알아듣는 신조어보다 자기들끼리만 통하는 신조어를 통해 세분화된 그룹이자 또래문화를 만들어내기 때문이다. 따라서 각기 15년 단위인 밀레니얼 세대와 Z세대를 묶어서 30년 단위의 MZ세대로 통칭하는 건 그만하는 게 좋다.

엄밀히 한국의 기업들이 조직에서 밀레니얼 세대에 대응하기 시작한 건 2010년대 중후반부터다. 밀레니얼 세대가 기업에 들어간 시기가 2000년대 초중반부터인데 대응은 한참 뒤에 하기 시작한 것이다. 그런 밀레니얼 세대 전기가 20대 중후반일 때, 새로운 소비세력이자 이들의 라이프스타일만 주목하고 대응했지, 이들이 기업의 조직문화를 바꿀 도전자라고 보진 않았다. 밀레니얼 세대 후기가 기업에 들어온 이후부터 세대 이슈가 중요하게 부각되었다. 이건 밀레니얼 세대 후기들이 유별나서 그런 게 아니다. 산업적 변화에 따라 한국 기업들의 조직문화와 일하는 방식에 대한 변화의 필요성이 본격 제기된 시점이었기 때문이다. 즉, 시대적 타이밍에 밀레니얼 세대 후기가 선택된 셈이다. 베이비붐 세대 이전부터 군대문화와도 같은 상명하복과 충성심, 일사불란하고 빠르게 워크홀릭하고, 기수문화와 서열로 가족보다 더 끈끈한 관계로 연결되고 평생직장을 지향했던 것이 바로 한국적 조직문화다.

베이비붐 세대와 X세대까진 변화 없이 잘 이어왔던 것을 밀레니얼 세대 후기들이 본격적으로 균열을 일으켰다. 2021년을 뜨겁게 한 대기업의 성과급 논쟁을 촉발시킨 것도 바로 이들이고, 수십 년 존재하던 생산직 중심의 노조를 뒤로하고, 사무직 노조를 주요 대기업에서 만들어 경영진과 기성세대를 당혹스럽게 만든 것도 바로 이들 밀레니얼 세대 후기다.

이들이 균열을 일으킨 조직문화와 수많은 한국적 관성을 확실히 깨뜨리는 건 Z세대 전기들이 될 것이다. 그러니 MZ 패키지가 아니라 독자적으로도 강력한 힘을 가질 Z세대 자체를 제대로 보기 시작해야 한다. 밀레니얼 세대 후기에 놀란 기업의 경영진이 Z세대 전기를 보면서 더 크게 놀라지 않으려면 말이다. 지금 Core-MZ의 주도권은 밀레니얼 세대 후기가 쥐고 있다. 5년 후(2026년) Core-MZ는 23~36세다. 이때 주도권은 Z세대 전기가 쥘 가능성이 크다. 현재 시점 Core-MZ의 활동력, 영향력이 커지면 이는 고스란히 Z세대 전기가 더 강력하게 성장하는 배경이 될 것이다.

이미 5급 공무원이 되고
삼성맨이 된 Z세대 _____

아직 Z세대는 애들이라고 생각하는가? Z세대의 맏이인 1997년생 2016학번이 4년제 대학을 졸업하기 시작하는 시기가 2020년이었다. 대기업의 4년제 대졸자 신입사원 공채를 통해 입사하는 이들 중 Z세대가 이미 2020년, 2021년부터 포함되기 시작한 것이다. 물론 2, 3년제를 졸업한 이들은 이미 2018년부터 취업하기 시작했으니 Z세대 중 입사 2~4년차도 꽤 생긴 것이다. 무 자르듯 1997년생 이후로 Z세대를 잘라서 그렇지 1996년생, 1995년생은 스스로를 밀레니얼 세대보다는 Z세대에 더 가깝게 여길 수 있다. 밀레니얼 세대는 30대가 주류이고 나이가 많으면 39세까지 이르다 보니, 구분상 Z세대에서 살짝 벗어난 20대 중반이 Z세대와 동조화하는 것이 더 현실적이다. 그렇게 보면 이미 대기업 신입사원 공채를 비롯해 기업에 Z세대가 들어가기 시작한 게 4~5년은 된 셈이다.

공무원에선 Z세대가 더 두드러진다. 2020년 12월 발표한 국가공무원 5급 공채 최종합격자의 평균연령은 26.7세이고, 이중 최연소는 1999년생으로 당시 만 21세. 국가공무원 7급 공채 합격자의 평균연령은 28.1세, 최연소는 2000년생이고, 20~24세가 18.6%를 차지했다. 7급 합격자 5명 중 1명 정도가 Z세대인 것이다. 9급에서도 비슷한 비율이다. 9급 합격자 중 65% 정도가 20대인데, 이 말은 5년 후면 Z세대 합격자가 전체의 2/3 정도가 된다는 얘기다. 심지어 지방공무원 및 8, 9급에선 2002년생 합격자도 속속 나오기 시작했다. 이미 2000년생들이 공무원이 되는 시대이고, Z세대의 맏이 격인 1997년생 중에선 5년차 공무원이 되는 이들도 있을 것이다.

이미 초등학교 교사로 임용된 Z세대도 나오기 시작했다. 1997년생의 경우 2020년에 임용고시에 합격한 이들이 그들이다. Z세대가 삼성맨이 되고, 5급 공무원이 되고, 교사가 된 시대가 온 것이다. 더이상 그들을 애들로 볼 수도 없고, 또 봐서도 안 된다. Z세대의 절반 정도가 18세 이상인 성인이다. 이들이 경제활동 인구가 되었고, 현재의 대학생이자 현역 사병의 대다수를 차지한다. 대학과 군대 문화도 이들에 의해 바뀐다. 모든 Z세대가 경제활동 인구가 되어 직장에서의 비중이 높아지면 기업의 조직문화도 이들에 의해 바뀔 것이다.

2020년 11월 미국 뱅크오브아메리카Bank of America가 발표한 보고서('OK Zoomer : Gen Z Primer')에 따르면, 2030년에 Z세대의 소득이 2020년 대비 5배가 오르고, 전 세계 소득의 1/4 이상을 차지할 것으로 전망했다. 또 2031년이면 밀레니얼 세대의 소득을 추월할 것으로 봤다. 아주 먼 미래의 얘기가 아니다. 2031년까지 갈 것도 없이, 굳이 밀레니얼 세대를 추월할 것도 없이, 수년 내 Z세대의 소득과 직장에서의 위상이 지금보다 비교도 안 될 만큼 올라간다는 점을 생각해야 한다.

Z세대가
결국 주요 대기업 그룹의
총수가 된다 _____

한국의 재벌 그룹에선 장자 승계가 보편적이다. 빅4 대기업 그룹 중 삼성그룹은 이병철(1910년생), 이건희(1942년생), 이재용(1968년생)으로 이어졌고, 현대자동차그룹은 정주영(1915년생), 정몽구(1938년생), 정의선(1970년생)으로, SK그룹은 최종현(1929년생), 최태원(1960년생), LG그룹은 구자경(1925년생), 구본무(1945년생), 구광모(1978년생)로 이어졌다. 한국 경제에서 이들 빅4 그룹의 비중은 절대적이다. 이들의 매출이 GDP에서 절반에 가까운데, 이들의 성장세도 가파르다. 이들 그룹에서 파생되어 나온 범삼성가, 범현대가, 범LG가의 그룹들까지 포함하면 이들이 한국 경제에서 차지하는 비중은 압도적이다.

당연히 빅4 대기업 총수가 한국 경제에 미치는 영향은 클 수밖에 없다. 최태원 회장은 1998년 당시 38세로 회장이 되었다. 구광모 회장은 2018년 당시 40세로 회장이 되었고, 이재용 부회장은 2014년 이건희 회장이 심근경색으로 쓰러진 후부터 사실상 총수 역할을 했는데, 당시 나이 46세였다. 정의선 회장은 2020년 당시 50세로 회장이 되었다. 이외에도 신세계그룹은 이병철, 이명희(1943년생), 정용진(1968년생)으로, 현대백화점그룹은 정주영, 정몽근(1942년생), 정지선(1972년생)으로 이어졌다. 한진그룹은 조중훈

(1920년생), 조양호(1949년생), 조원태(1978년생)로, 효성그룹은 조홍제(1906년생), 조석래(1935년생), 조현준(1968년생)으로, 한화그룹은 김종희(1922년생), 김승연(1952년생)으로 이어졌고, 다음은 김동관(1983년생) 순서가 된다.

여기서 흥미로운 점은 주요 대기업 그룹 총수에서 베이비붐 세대와 밀레니얼 세대가 거의 없다는 점이다. 총수는 베이비붐 세대를 거치지 않고 바로 X세대로 넘어갔다. 아버지에서 아들로 이어지는 승계가 20년 이상의 간격이 있었기 때문이다. 지금 주요 대기업 그룹 총수가 X세대가 많다는 건 다음 총수가 밀레니얼 세대가 아닌 Z세대가 될 가능성이 높아진다는 의미다. 한국의 재벌 그룹들이 자녀 승계를 포기할 날이 언젠가 오긴 하겠지만 적어도 다음 총수까진 어떠한 형태로든 이어갈 것이다. 참고로, 이재용 회장의 아들 이지호(2000년생), 정의선 회장의 아들 정창철(1997년생), 최태원 회장의 아들 최인근(1995년생), 정용진 부회장의 아들 정해찬(1998년생)이 Z세대다. 조현준 회장의 장녀 조인영(2002년생)은 Z세대이고 아들인 조재현(2012년생)은 알파 세대다. 또한 구광모, 조원태 회장의 아들도 알파 세대다. 너무 먼 얘기 같다고? Z세대들의 후계자 경영 수업은 이미 시작되었다.

기성세대를 압도하는 Z세대 글로벌 리더들도 속속 등장한다 _____

세계적으로 영향력을 가진 Z세대가 계속 나타난다. 세계적 환경운동가이자 타임지 선정 '올해의 인물'로 뽑힐 정도의 영향력을 가진 그레타 툰베리Greta Thunberg(2003년생)는 여전히 10대이고, 2014년 노벨평화상 수상자인 말랄라 유사프자이Malala Yousafzai(1997년생)는 수상 당시 17세였다. 이스라엘에 투옥되었다가 8개월 만에 석방된 팔레스타인 저항운동가 아헤드 타미미Ahed Tamimi(2001년생)가 투옥된 건 16세 때다. 이들 모두 10대 중반에 이미 세계적으로 주목받았는데, 환경운동과 인권운동, 저항운동을 시작한 것은 모두 10대 초반부터였다. 홍콩 민주화 운동에서도 1020대의 역할이 컸고, 2021년 미얀마 민주화 운동의 주도 세력도 1020대다. 이들이 바로 Z세대다. 박근혜 정부의 몰락을 부른 최순실 게이트의 시발점도 딸 정유라의 입학 비리와 특혜를 둘러싼 2016년의 이화여대 사태였다. 2016학번이 바로 1997년생, Z세대다. 2021년 서울시장 보궐선거를 비롯, 지방자치단체 재보궐 선거에서 보여준 18~24세 Z세대의 표심도 정치권을 놀라게 했다. 전 세계적으로도 Z세대의 정치적 영향력은 계속 커지고 있다.

"애들이 뭘 알아?"라는 말은 이제 그만해야 한다. 애들도 알 만큼 다 안다. 나이가 절대적인 건 결코 아니기 때문이다. Z세대 중에서 2/3 정도가 10대이고, 1/3이 20대다. 우리는 20대보다 10대를 훨씬 어리게 보는 경향이 있다. 하지만 10대는 전체 인구의 10%나 되고, 소셜네트워크를 비롯한 온라인에서의 영향력은 기성세대를 압도한다. 이들은 디지털 네이티브이기도 하고, IT를 비롯한 신기술에 대한 두려움도 적으며, 이를 적극적으로 흡수할 세대이기도 하다. 과거에 알던 초중고생 같은 이미지로만 그들을 바라봐선 곤란하다.

유튜브나 틱톡, 인스타그램 등에서 영향력을 가진 인플루언서 중에서도 Z세대가 많고, 이들 중에선 수십억 원, 수백억 원대 수입을 올리는 경우도 있다. 스타트업 창업에서도 Z세대가 늘어나고 있다. 페이팔PayPal 공동 창업자이자 페이팔 마피아의 중심인물로 꼽히는 벤처 투자자 피터 틸Peter Thiel이 2011년 5월부터 시작한 Thiel Fellowship 프로그램은 세상을 변화시킬 창업 아이디어를 제시하는 20세 이하 과학기술영재 20명(20 under 20)을 발탁해 창업자금 10만 달러를 지원하고 창업에 필요한 도움을 준다. 대학을 중퇴하고 창업을 하는(정확히는 자금을 지원받는 2년간 대학을 떠나 창업하는) 조건이다. 우수한 인재가 대학 대신 창업을 하는 게 세상에 더 이익이라는 의도를 가진 장학금인데, 지금은 연령이 22세 이하로 바뀌었다. 중요한 건 이 프로그램의 대상이 수년 전부터 온전히 Z세대가 되었다는 점이다. 국내외에서 Z세대를 위한 스타트업 지원 프로그램은 셀 수 없이 많다. 대학 대신 창업을 선택하는 Z세대도 많다. 스타트업 창업으로 억만장자가 되는 Z세대이자 세계적 IT 리더, 경영 리더가 되는 Z세대를 만날 날도 머지않았다는 얘기다.

830만 명의 Z세대는 지금도 계속 성장하고 있다 _____

통계청의 '인구로 보는 대한민국(인구 피라미드)'에서 1997~ 2012년 출생자들이 현재, 10년 후, 20년 후, 30년 후 어떤 위치를 가지는지 살펴봤다. 우선 2021년 기준으로 1997~2012년 출생자는 830만 5,848명이다. 2021년 기준으로는 전체 인구 5,182만 명 중 16.02%, 2030년 기준으로는 전체 인구 5,193만 명 중 15.99% 다. 미세한 차이가 있지만 16% 정도인 건 같다.

하지만 결정적으로 다른 게 하나 있다. 바로 유권자 비중이다. 2021년에 선거권을 가진 Z세대(18~24세)가 최대 269만 명으로 전체 유권자 중 6% 정도이고, 이들이 한 살씩 더 먹은 2022년 3월 치러질 20대 대통령 선거 때가 되어도 Z세대(18~25세)는 최대 316만 명으로 유권자 중 7% 정도다. 하지만 2030년엔 1997~2012년 출생자가 18~33세가 된다. 즉, 모든 Z세대가 유권자가 된다. 전체 유권자 중 18%나 차지하는 것이다. 2027년 21대 대통령 선거 때도 전체 유권자의 16% 정도는 된다. 충분히 정치적 영향력을 발휘할 세력이 되는 시점이 멀지 않은 것이다. 830만 명이란 숫자는 이후

전체 인구 중 Z세대(1997~2012년 출생자)의 위치 및 비중

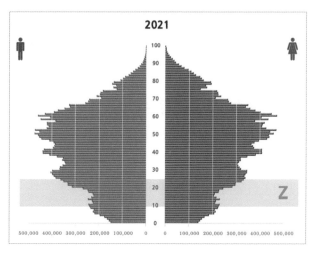

2021

2021년 Z세대(9~24세)는 830만 명, 전체 인구 5,182만 명 중 16.02%
선거권 가진 Z세대(18~24세)는 269만 명으로 전체 유권자 중 6%

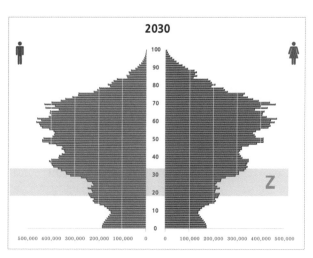

2030

2030년 Z세대(18~33세)는 전체 인구 5,193만 명 중 15.99%
전체 유권자 4,557만 명 중 18%

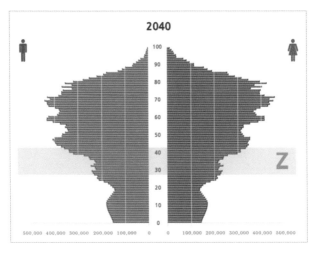

2040년 Z세대(만 28~43세)는 전체 인구 5,085만 명 중 16.3%,
전체 유권자 4,500만 명 중 18.5%

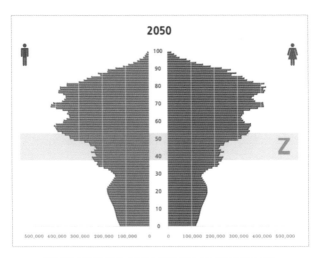

2050년 Z세대(만 38~53세)는 전체 인구 4,774만 명 중 17.4%,
전체 유권자 4,240만 명 중 20%

출처 : 통계청 인구로 보는 대한민국(인구 피라미드)

사망으로 조금씩 줄어들겠지만, 평균수명을 감안하면 향후 20년 간 크게 줄어들지는 않을 것이다. 따라서 이들 숫자의 변화보단 전체 인구수의 변화에 따라 이들의 비중이자 영향력, 위치가 달라질 수 있다. 여기서 인구수와 유권자 수는 통계청 인구 예측치를 근거해서 본 것인데, 출산율 변화, 노령인구의 수명 변화, 외국인 이민 인구 유입의 변화 등에 따라 달라질 수는 있지만 큰 폭의 변화는 아닐 것이다.

2040년이 되면 Z세대의 나이가 28~43세에 이른다. 경제활동 인구 중 1/3 정도를 차지하며, 경제적·사회적 위치에서도 가장 중추적 존재가 된다. 전체 인구 5,085만 명 중 16.3%, 전체 유권자 4,500만 명 중 18.5%가 된다. 이때가 되면 우리 사회는 그 시대의 20대가 될 알파 세대를 열심히 분석하고 대응하느라 바쁠 것이다. 2050년이 되면 Z세대의 나이가 38~53세가 된다. 이들이 기성세대인 것이다. 전체 인구 4,774만 명 중 17.4%, 전체 유권자 4,240만 명 중 20% 정도로 예상된다. 2030년에서 2050년까지가 Z세대가 한국 사회를 주도하고 지배할 가능성이 큰 시기다. 어쩌면 2040년경 대통령이 Z세대일 수도 있다. Z세대는 인구 분포에서의 위치만 올라가는 게 아니라 그들의 정치적 영향력, 경제력, 역량 모두 일정 시점까지는 계속 올라갈 것이다.

40세 전후에 국가 지도자가 되는 건 한국에서나 낯선 일이지 이미 선진국에선 현실이 되었다. 2017년 5월에 프랑스 대통령에 당선된 에마뉘엘 마크롱은 1977년 12월생으로 당시 39세였다. 캐나다에선 1979년 조 클라크 진보보수당 대표가 총선에서 승리해 39세 나이에 총리가 되었고, 2015년엔 쥐스탱 트뤼도 캐나다 자유당 대표가 총선 승리로 43세 나이에 총리가 되었다. 영국에선 2010년 데이비드 캐머런 보수당 대표가 43세 나이로 총리가 되었다. 2019년 핀란드 총리가 된 산나 마린(1985년생)은 34세였고, 2017년 뉴질랜드 총리가 된 저신다 아던(1980년생)은 37세였다. 이 둘은 여성 총리다.

한국에선 대통령 선거에 후보로 나가려면 만 40세가 넘어야 한다. 나이 기준이 있는 건데, 1963년 5차 개정헌법을 통해 명시된 기준이 지금까지 그대로 이어지고 있다. 나이 서열화가 여기서도 적용되는 셈인데, 그 때문인지 역대 대통령 선거에 나선 후보들이 대부분 환갑을 넘긴 경우가 많고, 당선자들도 마찬가지다.

하지만 대통령 피선거권의 나이 제한 기준은 바뀔 가능성이 크다. 밀레니얼 세대와 Z세대가 정치적 영향력을 가지면 충분히 가능하다. 2030년 Z세대가 모두 유권자가 되면, 이미 모두 유권자인 밀레니얼 세대까지 합쳐 1,900만 명, 즉 전체 유권자 중 42%를 차지한다. 2030년경 대통령 나이가 40대가 되어도 놀랄 일이 아닌 시대가 되는 것이다. 2040년이라면 40대가 아닌 30대 대통령이나, 30대 장관과 국회의원이 다수가 되는 걸 볼 수도 있는 것이다. 프랑스, 캐나다, 영국, 뉴질랜드, 핀란드 등에서 이미 과거 혹은 현재인 상황을 우리가 10년 혹은 20년 안에 맞을 가능성도 전혀 배제할 수 없다.

미래는 결코 장담할 수 없지만, 현재 정치권의 평균 연령이 미래에도 유지되지는 않는다는 것만큼은 확실히 장담 가능하다. 밀레니얼 세대도 잘 성장하고 있지만, 830만 명의 Z세대가 아주 잘 성장할 것이기 때문이다. 그리고 기성세대로선 이들이 잘 성장하도록 적극 지원하는 것이 책무다. 아무리 유능하고 부자이고 권력이 많더라도 나이는 멈출 수가 없는 법. 결국 기성세대는 다음 세대에게 자신의 모든 것을 계속해서 물려줘야 하는 것이다. 잘 물려주는 것, 즉 Z세대가 잘 성장하도록 돕는 것은 기성세대 자신의 미래를 위해서도 필수다. Z세대가 한국 사회를 지배하는 건 이미 결정된 미래다. 다만 그 시기가 언제일지만이 변수일 뿐, 그들이 지배하고 주도하는 상황이 도래하는 건 의심할 수 없는 미래다.

Part 2

그들의
'공정'은
정의가 아니라
'생존'이다

자, 앞에서 세대에 대한 이해이자 방향에 대한 큰 그림을 어느 정도 봤을 테니, 이제 본격적으로 구체적인 얘기를 시작하겠다. Z세대 얘기를 심도 있게 하기 전에 먼저 Core-MZ 얘기부터 해야 한다. Core-MZ의 관심사이자 이슈가 고스란히 Z세대 전체로 번져나갈 가능성이 크기 때문이다. 그것은 Core-MZ가 쟁점화시킨 '공정'에 대한 화두다. 기성세대가 가장 위기감을 느끼는 화두이자, 한국 사회에 아주 큰 변화를 몰고 올 쟁점이기 때문이다.

지금 2030대가 역사상 가장 공정한 세대라고? 아니다. 이런 프레임도 기성세대식이다. 공정하다고 하니 뭔가 거창하고 정의로운 것으로 오해할 수도 있을 텐데, 쉽게 말해 억울하기 싫다는 것이고, 손해 보기 싫다는 것이다. 세상을 바꾸고 싶다는 게 아니라, 내가 살아가는 데 있어서 내 노력과 실력에 합당한 평가와 대접을 받고 싶다는 것이다. 그런데 이게 뭐가 잘못인가? 지극히 잘하는 것 맞다. 손해 보면서 억울하게 살아가는 걸 기성세대와 사회가 일일이 해결해주지 않으니 직접 나서는 것이다. 엄밀히 지금 시대의 '공정'은 정의가 아닌 생존이다. 분명 그들은 가장 개인주의적이고 가장 자본주의적 세대다.

성과급과 공정 : 입사 4년차가 어떻게 대기업을 바꿨을까?

2021년 입사 4년차 직원들이 대기업을 바꾸고 있다. 입사 4년차면 대략 20대 후반에서 30대 초반으로 사원 혹은 대리급이다. 열심히 실무에 임하는 위치이지 조직에서 힘을 가진 위치는 아니다. 그동안 우리가 알던 관성적 이해에선 그렇다. 하지만 이젠 좀 달리 봐야 한다. 2021년 연초부터 대기업의 성과급 불공정 문제가 제기되었고, 사무직 중심의 새로운 노조가 잇달아 설립되고 있다. 기존 대기업 조직문화에선 상상치 못했던 일들이 갑작스레 벌어지고 있고, 그 중심에 입사 4년차가 있다. 4년차의 반란이라고도 볼 수 있는데, 그 시작은 SK하이닉스 성과급 문제에 돌직구를 날린 4년차다.

2021년 1월 말, SK하이닉스 성과급 불만에 대해 CEO를 비롯한 임직원 2만 8천 명 모두에게 구체적 문제 제기와 함께 산정 방식을 공개하라는 메일이 발송되었다. 회사가 발칵 뒤집힌 것은 당연하다. 지금까지 이런 문제를 이렇게 공개적·공격적으로 제기한 적은 없었기 때문이다. 입사 4년차, 만 3년도 안 된 직원이 보낸 것인데, 기성세대라면 '어디 들어온 지 얼마 안 된 직원이 감히…'라며 문제 제기의 내용보다 전사 메일로 모두에게 불만을 제기한 방식부터 거슬렸을지 모른다.

하지만 2030대 직원들이 입사 4년차의 도발에 동조했다. 경영진으로서도 이를 간과할 수가 없는 게 조직에서 2030대의 비중이 꽤 높았기 때문이다. 더 결정적인 것은 입사 4년차의 문제 제기 자체에 틀린 말이 없었다는 점이다. 다만 제기된 질문 중에선 경영상의 문제와 연결되는 것이 있어서 투명하게 모두 공개하는 것에 대해선 답변하기 곤란한 것도 있고, 회사 전체의 이익이자 경영의 장기적 관점에서 답변하기 어려운 것도 있을 수 있다. 문제 제기를 하고, 그에 따른 답을 하고, 이런 과정을 통해 서로의 견해를 좁히며 공감을 넓히는 것이 소통이다. 기성세대 입장에선 이 문제 제기 방식이 불편했을지 몰라도 이를 소통의 과정으로 보아야 한다.

4년차의 이메일 이후 SK하이닉스는 조직문화와 성과급 문제가 전사적인 문제로 대두되었고, 임원급 및 간부급에선 MZ세대 대응과 소통에 대한 교육이 중요하게 다뤄졌다. 결과적으로는 4년차 직원의 문제 제기가 기업을 바꾸는 데 영향을 준 것이다.

더이상 상명하복도, 희생 중심의 애사심도 통하지 않는 시대다. 현 세대는 상명하복에 익숙한 기성세대와 달리 옳고 그름에 대해 정확히 따지고 싶어 한다. 성과급 불만 문제는 SK하이닉스를 비롯해 삼성전자, LG전자, 현대자동차 등 주요 대기업으로 번져갔고, 이는 2030대가 주도하는 새로운 사무/연구직 노조의 탄생을 예고했다. 그 신호탄 중 하나가 LG전자 사무직 노조다. 공교롭게도 이를 주도하고 설립 후 노조위원장의 역할을 맡은 사람은 입사 4년차 직원이었다.

입사 4년차가 LG전자 사무직 노조 설립을 주도하다 _____

2021년 2월 25일 LG전자 사무직 노동조합 설립신고서가 서울지방고용노동청 서울남부지청에 제출되었다. 이로부터 8일 전인 2월 17일 직장인 익명 커뮤니티 앱인 블라인드에서 4년차 직원이 노조 설립을 제안하자 동료들의 지지가 이어졌고, 며칠 만에 2천여 명이 가입 의사를 밝혔는데, 대부분이 저연차 직원들이었다. 이렇게 추진되기 시작된 사무직 노조 설립은 2021년 3월에 공식 출범하기에 이르렀다. 첫 달에만 조합원 3천 명을 넘었고, 정식 조합원은 아니지만 사무직 노조의 온라인 커뮤니티에 가입한 회원 수도 8천 명을 넘었다. 적어도 8천 명은 노조 활동에 관심이 있는 사람들이다. 사무직 노조에서도 조합원 5천 명을 확보하고, 교섭 단위 분리를 통해 생산직과 별도의 임금 및 단체협상을 하는 것을 단기적 목표로 삼고 출범했음을 감안하면 사무직 노조의 영향력은 향후 계속 커질 수 있다. LG전자의 사무직(연구, 개발, 경영 등)이 2만 5천 명 정도이니 사무직 노조의 조합원 수가 더 늘어날 가능성은 충분하다. 사무직 노조에서 밝힌 조합원 연령 분포(2021년 4월 기준)는 20대 7%, 30대 50%, 40대 38%, 50대 5%였다. 2030대뿐 아니라 40대도 많다. 시작은 1990년대생 직원들이 나섰지만 1980년대생과 1970년대생 직원까지 동조한 것을 보더라도 확실히 사무직 노조 설립은 세대 이슈가 아닌 시대 이슈인 것이다.

사무직 노조 설립을 주도한 유준환 위원장은 입사 4년차의 소프트웨어 개발자이고 1991년생이다. 2021년 기준 만 30세. 위원장을 비롯한 사무직 노조의 집행부들도 대부분 밀레니얼 세대 후기에 해당된다. 조합원의 상당수도 밀레니얼 세대다. 아직은 Z세대가 회사에 입사한 지 얼마 되지 않아 비중이 낮지만, 수년 내 이들의 비중이 높아지면 자연스럽게 밀레니얼 후기와 Z세대 전기가 사무직 노조의 중심세력이 될 가능성이 크다.

밀레니얼 후기 + Z세대 전기를 의미하는 Core-MZ가 5년 후에 23~36세가 되는데, 그때가 되면 이들이 조직 구성원의 과반수가 된다. 밀레니얼 전기까지 합치면 조직 구성원의 최소 2/3 이상(3/4까지도 충분히 가능할)을 이들이 장악한다. 10년 후면 Core-MZ가 28~41세가 되고, 이중 Z세대는 19~34세가 된다. LG전자 사무직 노동조합의 위상과 힘이 더 커질지 그렇지 않을지는 더 두고 볼 일이지만, 분명한 건 조직에서 Core-MZ가 주도권을 가질 것이고, Z세대의 파워도 조직에서 점점 커질 수밖에 없다는 점이다.

참고로, LG전자의 대표 노조이자 금성사 시절인 1963년에 만들어 58년 된 한국노총 산하 LG전자 노조의 조합원은 2020년 기준으로 9,595명이다. 1988년에 2만 4천 명 정도였던 것에 비해 현재는 노조 조합원이 크게 줄었다. 모든 직원이 조합원이 될 수 있지만, 시작부터 지금까지 그 중심은 생산직이었다. 2011년부터 노조

2021년 3월,
LG전자의 4년차 직원이 제안하여
LG전자 사무직 노동조합이 설립되었다.
(출처 : LG전자 사람중심 사무직 노동조합)

위원장을 역임하고 있는 배상호 위원장은 1987년 LG전자에 입사했고, 2021년 기준 57세다. 사무직 노조위원장의 나이가 31세이니 26년 차이가 난다.

LG전자의 두 번째 노조는 2018년 만들어진 서비스직 노조로, 조합원이 1,500명 정도이고 민주노총 산하에 있다. 사무직 노조를 별도로 만들자는 필요성은 계속해서 제기되었지만 이를 행동으로 옮긴 건 밀레니얼 세대다. 물론 그 시도도 처음은 아니었다. 2019년, 2020년에도 블라인드 앱에서 사무직 노조를 만들자는 목소리가 있었으나 용두사미가 되며 결국 무산되었다. 과연 2019년, 2020

년과 무엇이 달랐기에 2021년에는 사무직 노조가 일사천리로 설립되었을까? 그동안 대기업에서 쌓여왔던 성과급 불만 문제가 SK하이닉스 4년차 직원의 돌직구 같은 행동으로 폭발하며 도미노처럼 대기업 전체로 번진 것도 요인이 되었고, 입사 4년차를 비롯해 저연차 직원들이 한국 사회에서 수년간 뜨거웠던 공정(특혜나 차별) 문제에 가장 민감했던 사람들이었다는 점도 요인이 되었다. 즉, 입사 4년차의 노조 설립은 우연이 아닌 것이다.

회사의 세 번째 노조가 된 사무직 노조는 한국노총, 민주노총과 거리를 두며 독자적으로 운영될 것이다. 노조 설립을 주도한 유준환 위원장은 노동운동은커녕 시민단체 활동도 하지 않은 평범한 직장인이다. 그동안 대기업에서 노동조합 설립을 주도한다거나 노조위원장이 된다는 건 노동운동과 깊은 연관성이 있는 경우가 대부분이었다. 하지만 LG전자 사무직 노조 설립의 사례에선 그동안의 방식과 전혀 다른 새로운 경우가 나타난 것이다. 이는 노동계나 경영계로서도 두려워할 일이다. 과거의 관성에서 벗어난 일이 초래할 변화가 생각보다 클 수 있다는 점과 함께, 이것이 Core-MZ세대의 본격적인 세력화라는 점 때문이다.

유준환 노조위원장이 언론 인터뷰에서 밝힌 노조의 방향과 목표에 대한 내용을 보자.

"조합원들은 사측의 불통과 불투명함에 지쳐 노조에 가입한 것이기 때문에 소통과 투명성을 확보하는 것이 첫째 지향점이고, 둘째는 상생이다. 회사가 있어야 노동자도 있고, 노동자가 있어야 회사도 존재할 수 있다. 서로가 잘 되는 것이 목표다."

소통과 투명성, 바로 공정성이 부족해서 노조를 만들었고, 직원들도 노조에 가입하는 것이기에 그것을 해결하는 것을 목표로 삼겠다는 내용인데, 이건 현대자동차그룹 사무연구직 노조를 주도한 이건우 노조위원장의 언론 인터뷰 내용과 묘하게 일치한다. 그 내용을 보면 다음과 같다.

"기존 노조는 생산직의 권익이 우선이었고 (의사결정 과정을) 투명하게 공개하지 않아 사무연구직 사이에서 이에 대한 불만이 많았다. 의사결정 시 통계와 데이터를 기반으로 해 투명성과 공정성을 확보한다는 것이 기존 노조와 가장 차별화되는 부분일 것이다."

과거 노동계가 노조를 만든 이유와는 확실히 다르다. LG전자와 현대자동차그룹이 서로 회사는 다르지만, 사무직 노조를 주도한 밀레니얼 세대 후기들의 목소리는 같다. LG전자 사무직 노조의 이름이 '사람중심'이고 현대자동차그룹 사무연구직 노조의 이름이 '인재존중'인 것도 묘하게 닮았다. 사람으로서, 인재로서 정당한 평가와 보상을 받고 싶다는 것이 이들의 목소리다.

엄밀히 사무직 노조의 등장은 시대의 흐름이다. 새로운 세대가 그 역할을 하지만, 그 세대가 아니었어도 지금 시대엔 필요했다. 그동안 노조 하면 생산직이 중심이고, 강성의 느낌이었다. 하지만 산업의 구조 변화와 자동화의 확대는 결국 노동자를 생산직이 아닌 지식노동자, 즉 사무직 위주로 바꾼다. 노사 간 협의 방식에도 변화가 생길 수밖에 없다. 쟁의에서 소통 중심으로 바뀌고, 노조의 역할도 직원들의 정당한 보상이자 권익에만 초점을 맞추게 된다.

현대자동차그룹 사무연구직 노조위원장은 1994년생이다

SK하이닉스나 LG전자의 앞선 사례를 보며 입사 4년차가 중심에 있는 것을 보았다. 이들은 나이로는 30세 정도다. 입사 4년차가 총대를 메고, 입사 1~5년차의 저연차들이 힘을 보탠 결과다. 입사 1~5년차가 바로 Core-MZ세대다. 현대자동차그룹 사무직 노조 이건우 위원장은 1994년생이다. 2021년 기준 27세, 연차로는 3년차 연구원이다. 입사한 지 얼마나 되었다고? 얼마나 안다고?라는 시각으로 보는 기성세대도 있겠지만, 입사 1~5년차들이 그동안 겪은 문제들이 충분히 공유되었고, 이들의 불만이 수년째 쌓여오던 상황이었다. 저연차 중심의 집행부 중 노조위원장이 결정된 것이고, 개인이 아닌 조직의 저연차들이 가진 수년간의 문제의식을 노조를 통해 풀어낼 것이기에 위원장이 입사한 지 얼마 안 되었다는 건 문제 삼을 이유가 전혀 없다. 그런 문제를 삼는 것 자체가 사실 본질을 흐리는 것이다.

한국적 나이 서열문화이자 위계구조에 익숙한 기성세대로선 나이 어리고 연차 적은 직원에 대한 편견이나 선입견이 있을 수 있지만, 그걸 버리는 게 기성세대가 가져야 할 첫 번째 일이다. 2030대 MZ세대, 그중에서도 Core-MZ세대가 주도하는 대기업의 사무직 노조 설립의 목적은 기성세대와 싸우려는 게 절대 아니다. 정당하게 성과에 대한 평가를 받고 보상에서 투명하고 공정해지는 것이 목적이지, 세대 이슈는 여기서 0%도 개입되지 않는다. 오히려 이걸 세대 이슈로 해석하고 바라보는 것 자체가 지금 시대에 대한 이해 부족이자 시대착오다.

현대자동차그룹 사무직 노동조합은 2021년 4월 26일 서울지방고용노동청에 노동조합 설립신고서를 제출했는데, 초기 가입한 노조원 500명 중 30대가 76%, 20대가 12%로, 2030대가 88%다. 설립을 주도하고 초반에 적극 동조한 것이 2030대인 것이지, 향후 시간이 지나 4050대가 증가하면서 오히려 2030대의 비중은 낮아질 것이다. 현대자동차그룹의 주요 계열사에 수십 년간 노조가 있었지만 사무연구직은 늘 소외되었다. 그러한 이유로 4050대 사무연구직들은 애초부터 노조에 대한 기대치가 낮을 수밖에 없었다. 사무연구직 입장에선 자기들을 대표하고 목소리를 낼 사무연구직 노조의 필요성을 절감하면서도 직접 실행에 나서지는 못했다. 시도는 계속 있었지만 잘 안 되었다. 그런데 2030대가 결국 사무연구직 노조 설립을 성공시킨 것이다. 그러니 4050대가 여기에 동참하지 않을 이유가 없다.

현대자동차그룹 사무직 노동조합 초기 가입자의 약 1/3이 현대차다. 현대차, 현대모비스, 기아차, 현대제철 등에서 상대적으로 많이 가입했는데 이는 초기의 상황일 뿐이고, 이후 전 계열사로 확대될 가능성도 크다. 노조는 각 계열사별로 만들지 않고, 전체 그룹의 노조를 만든 후 각 계열사별로 지회를 만들어 운영하게 된다.

현대자동차그룹은 완성차, 철강, 건설, 부품, 금융, 기타 등 6개 사업 영역에서 현대차, 기아차, 현대모비스 등 31개 계열사를 갖고 있고, 글로벌 사업장까지 모두 포함하면 임직원 수가 약 28만 명이고, 사무연구직 노조에 가입할 자격이 있는 대상만 10만 명 이상이다. 대표적 계열사인 현대차의 경우 전체 7만여 명 직원 중 사무연구직이 2만 4천 명 정도다. 하지만 그동안은 이들의 목소리가 반영되기 어려웠다.

현대자동차에는 이미 노조가 있다. 다만 현대자동차의 노동조합(전국금속노동조합 현대차 지부)은 조합원 수 5만여 명의 국내 최대 노조로 생산직 중심이다. 일부 사무직도 가입되어 있지만 기존 노조에서 이들의 목소리가 적극 반영되진 않았다. 생산직과 사무연구직의 입장 차이가 존재하기 때문이다. 가령, 기존 현대차 노조에선 현대자동차가 미국에 전기차 생산 시설로 74억 달러(약 8조) 규모를 투자하는 계획에 반대 입장을 보인 반면, 사무연구직들은 입장이 달랐다. 분명 전기차가 미래 자동차 시장의 대세가 맞고, 최대 시장인 미국을 공략하기 위해서라도 미국에 생산 설비를 투자하는 것이 유리하다. 특히 미국 바이든 정부의 Buy American(미국 제품 구매) 정책에 대응하기 위해서라도 필요한 투자 계획일 수 있다. 이것이 회사의 미래를 위해서도 필요하고, 사무연구직들도 자신들의 미래를 위해 미국 투자가 필요하다고 여긴다. 하지만 생산직 입장에선 생산 설비가 미국에 대거 만들어지면 국내의 일자리가 그만큼 줄어든다는 것을 고려해 반대 입장을 취한 것이다.

이러한 상황에 사무연구직 노조에 2030대는 물론이고 4050대도 속속 합류할 수밖에 없다. 산업구조 변화와 시대 변화에 따른 조직문화 변화의 일환으로 사무직 노조의 등장을 바라봐야 하는 것이다.

2021년 3월 정의선 현대자동차그룹 회장이 그룹 총수이자 회장으로 취임한 직후에 가졌던 직원들과의 타운홀 미팅에서 "노력해준 직원들이 회사에 기여를 한 데 비해서 존중을 받지 못하고 있다는 부분에 대해서 굉장히 죄송스럽게 생각한다. 문제가 있다면 빨리 바꿔서 직원들이 소신껏 일할 수 있는 환경을 만드는 게 가장 중요하다고 생각한다"고 발언한 것도 SK하이닉스에서 촉발되고 LG전자 등 주요 대기업으로 번져가는 2030대 사무연구직 직원들의 공정한 성과 보상 체계 요구에 대한 대응이었다.

현대자동차그룹 사무연구직 노조가 만들어지는 상황에 대해 기업 경영진으로선 중요하게 바라보고 대응할 수밖에 없다. 앞으로 더 많은 대기업에서 사무직 노조가 만들어질 것이고, 입사한 지 얼마 안 되는 저연차들이 주도할 가능성이 크다. 그렇다고 이들을 과거 노조처럼 봐선 곤란한다. 이들의 관심은 노동운동이나 사회 변혁에 있는 게 아니다. 단지 공정하고 정당하게 평가받고 일하겠다는 것이다. 이들의 목소리가 커질수록 연차가 쌓이면 유리한 호봉제 같은 과거의 방식은 사라질 수밖에 없다. 제조와 생산직 중심의 노조문화, 조직문화와 사무연구직에 필요한 조직문화와 일하는 방식의 차이는 점점 더 커질 것이다. 자동차 산업이 내연기관에서 전기차로, 제조 중심에서 소프트웨어 중심으로 전환되는 것이 이런 차이를 더 커지게 만들고 있다.

저연차 직원 중 Z세대도 주목해야 한다. 4년차 직원이라고 하면 먼저 밀레니얼 후기가 떠오른다. 4년제 대졸 공채를 통해 들어온 4년차 직원의 나이는 2021년 기준 27~31세 정도다. 대졸 공채에서 남자가 여자보다 2배 정도 많으니, 실제 대기업 4년차를 접하게 되면 30~31세 정도가 가장 많을 수 있다. 같은 나이의 경우, 2~3년제 대졸 채용의 경우라면 5~6년차이고, 생산직이나 서비스직에 들어온 고졸 채용으로 보면 10년차까지도 될 수 있다. 18~24세인 Z세대 전기 중에선 이미 직장생활 4년차들도 있다. 8, 9급 공무원 중에서 4~5년차 정도의 Z세대도 있다. 사회생활을 빨리 시작한 Z세대는 곧 대리가 된다. 밀레니얼 세대만 대응했던 직장에선 본격적으로 Z세내를 대응해야 한다. Core-MZ세대가 본격적으로 촉발시킨 사무직 노조 설립과 성과급 문제 등 대기업 내에서의 조직문화 변화는 하루아침에 이뤄질 일은 아니겠지만, 구성원 중 Z세대의 비중이 커질수록 변화의 속도는 거세질 것이다.

애사심은 돈에서 나온다 _____

애사심, 애국심 같은 아주 거창하고 멋진 단어가 있다. 회사나 국가를 아낌없이 사랑한다는 건 대단한 일이다. 그러기 위해선 회사나 국가가 아낌없는 신뢰를 줘야 한다. 아무것도 해주지 않는데 무작정 사랑할 수는 없다. 하지만 과거엔 애사심과 애국심을 '희생', '충성' 같은 말과 연결시켰다. 조직을 위해, 국가를 위해 희생하는 걸 중요하게 얘기했던 이유는 뭘까? 그건 충분히 보상해줄 수 없어서는 아니었을까? 보상이 부족한 걸 아니까 희생을 강조해서 부족한 보상에 대해 문제 제기할 기회 자체를 없애려 했던 것은 아니었을까?

일제강점기와 한국전쟁을 겪은 세대에게 애국심은 아낌없는 희생과 충성이 될 수 있다. 국가의 존재가 우리 삶에서 아주 중요하기에 애국심은 돈으로 바꿀 수 있는 것이 아니다. 병역은 한국의 남성에게 중요한 의무다. 국가를 지킬 군대의 존재는 애국심과 연결된다. 그렇기에 애국심의 선봉에 있는 사람들이 군인이라고 봐도 무방하다. 그들이 돈 때문에 나라를 지키는 것은 아니지만, 투자한 시간에 대한 기회비용이자 노동에 대한 대가로서 월급은 지급되어야 한다.

군대에서 가장 높은 직급은 대장이다. 과연 대장과 병장의 월급 차이는 얼마나 날까? 1957년 기준 대장의 월급은 사병보다 15배 높았고, 1962년까지도 같은 격차가 이어졌다. 그러다가 1963년 박정희 정권 때 이 차이가 48배로 벌어진다. 1972년엔 148배로 벌어지고, 1979년엔 167배까지 벌어진다. 이런 격차는 전두환 정권 때도 이어지다가 1988년에 병장 월급을 대폭 인상해 격차가 124배로 완화된다. 이후 김영삼 정권 시절인 1998년엔 169배로 벌어지고, 이 수준이 이어지다 노무현 정권 때인 2008년에 61배로 줄어든다. 이후 조금씩 줄어들다 2020년에 병장 월급을 대폭 올려서 대장과 병장의 월급 차이는 16배가 되었다. 1957년의 격차와 비슷해지는 데 60여 년이 걸린 것이다.

박정희, 전두환, 노태우 대통령으로 이어진 군사정권 기간은 32년이다. 군인을 가장 중요하게 여길 듯한 군사정권에서 사병과 대장의 월급 격차가 극심히 벌어졌고, 군사정권이 끝나서도 그 격차를 좁히는 데 많은 시간이 걸렸다. 애국심을 가장 강조하던 군사정권에서 사병에겐 희생을 요구했고, 장교와 장성에겐 혜택을 준 것이다. 숫자로 보면 사병이 압도적으로 많다. 국방 예산에서 차지하는 인건비에서도 사병들의 비중이 적지 않다. 그러한 상황에서 예산을 아끼는 방법으로 사병의 월급을 최소화한 것이다.

1990년대 중반 병장 월급은 1만 원 정도였다. 그 시기에 군대를 다녀온 X세대가 2020년 병장 월급이 54만 원 정도인 걸 듣고 말도 안 되게 많이 준다며 놀란다. 엄밀히 말하면 지금 세대가 많이 받는 게 아니라 X세대가 엄청나게 적게 받은 것이다. 베이비붐 세대들은 이보다 한술 더 뜬다. 자기들은 월급이 더 적었다며 요즘 사병 월급이면 제대할 때까지 안 쓰고 모아 목돈을 만들 수 있는 데다 군 생활도 너무 편해졌다고 말한다. 사실 베이비붐 세대나 X세대가 비교하고 따질 대상은 밀레니얼 세대나 Z세대가 아니라, 자신들이 군 생활하던 당시의 정부와 사회다. 그런데 우린 늘 다른 세대 간에 비교하고 따지며 다투려 한다. 과거와 현재를 비교해서 상대적으로 더 낫다는 것은 아무런 의미가 없다. 지금 시대 기준에 맞게 합리적이냐 그렇지 않느냐를 따지는 게 더 의미 있다.

애국심 얘기를 애사심으로 이어가보자. 한국의 기업문화는 군대문화와 많이 닮아 있다. 대기업 공채가 시작된 1950년대 후반과 1960년대에 가장 많이 유입된 것이 장교 출신이다. 특히 대기업의 인사, 교육 파트에선 군대 출신이 압도적으로 유입되었다. 1960~80년대 한국의 산업화 시기가 군사정권 시기이기도 하고, 기업에서도 충분한 보상을 주지 못하다 보니 희생과 충성을 강조했다. 가족 같은 회사를 얘기하면서도 진짜 가족에게 소홀하고 회사에서 월화수목금금금 하는 것을 미덕으로 여겼다. 결과적으로 이런 조직문화 덕분인지 산업화는 성공적이었고, 현재 대기업의 상당수가 이때 토대를 다지고 성장했다. 조직문화가 군대의 일사불란한 지휘체계와 상명하복을 기반으로 수직적 위계구조를 가졌고, 의전도 과잉이 되었다. 이런 조직문화를 베이비붐 세대와 X세대가 이어왔다.

하지만 평생직장도 사라진 시대, 밀레니얼 세대로선 이런 애사심에 적극 동의하기 어려웠다. 밀레니얼 전기들로선 불평불만은 가졌어도 X세대에게 어느 정도 동조되며 행동으로 적극 나서지 못한 반면 밀레니얼 후기들은 달랐다. 그들은 희생을 요구하는 애사심을 받아들일 수 없었다. 밀레니얼 후기들이 성과급 문제를 제기하자 기성세대는 애사심이란 카드를 꺼냈다. 하지만 전혀 먹혀들지 않았다. 이제 애사심은 더이상 공짜로 생기지 않는다. 이 시대의 애사심은 돈에서 나온다. 돈도 안 주고 애사심을 바란다고? 그럼 뭘로 애사심을 끌어낼 건가? 그런 방법은 결코 없다.

그렇다면 밀레니얼 후기가 가장 돈을 밝히는 세대인가? 세상에 돈 안 밝히는 세대가 어디 있는가? 오히려 기성세대가 더 밝히면 밝혔다. 보상 없는 애사심은 없다는 건, 당연하던 것이 더이상 당연해지지 않아서 생긴 일이다.

X세대인 나는 여러 기업과 일하는데, 돈 많이 주는 기업에 더 잘

해준다. 그렇다고 무조건 많이 준다고 아무 기업과 일하는 건 아니다. 사회적 물의를 일으키거나 지탄받는 기업, 사회에 해를 끼치는 비즈니스를 하는 기업은 아무리 좋은 제안을 해도 거절한다. 이건 정의로워서가 아니다. 하는 일을 오래 계속하기 위해서다. 그리고 통상적 기준보다 낮은 금액으로 제안하는 경우도 거절한다. 이건 제값 주는 기업과의 형평성 문제이자 상도의다. 아울러 이번에 싸게 해주면 다음에 제값 혹은 더 비싸게 해주겠다는 기업도 거절한다. 오래 지속된 인연이 있어서 신뢰 관계가 구축된 경우에는 얼마든지 상황에 따라 깎아주기도 하지만, 처음부터 당장 희생해주면 다음에 보상하겠다는 식의 감언이설은 거부한다. 그렇게 얘기해놓고 나중에 더 비싸게 보상하는 경우는 한 번도 못 봤기 때문이다.

내가 일할 때 거절하는 기준에서 돈은 중요한 요소다. 이건 자본주의 사회에서 가장 보편적인 비즈니스 매너다. 그리고 이건 세대와는 아무런 상관이 없다. 내가 X세대건, 베이비붐 세대건, Z세대건 마찬가지다. 그러니 세대 이슈가 아닌 문제를 자꾸 세대로 연결시켜 해석하거나 주장하는 건 그 의도가 불량스럽다. 우린 세대 이슈와 세대 이슈가 아닌 것은 명확히 구분해야 한다. 평생직장을 보장해줄 수도 없는 시대, 미래가 아닌 지금 당장의 보상이 투명하고 공정하게 이뤄지는 건 지극히 당연한 일이다.

2021년, 애사심은 돈에서 나온다. 2022년에도, 2030년에도 마찬가지다. 오해 말라! 돈의 액수가 많아야 애사심이 커진다는 얘기가 아니다. 적어도 돈 문제만큼은 투명하고 공정해야 애사심이란 것도 나올 수 있단 얘기다. 돈에서 자기를 속이려 드는 회사에 어떻게 애사심이 나오겠는가? 애사심은 신뢰에서 나온다. 그 신뢰의 출발은 기업에선 돈이다. 돈이 전부는 아니어도 기본은 된다.

갑을 공개 저격하는 을, Core-MZ세대는 침묵하지 않는다 _____

요즘은 갑에게 대항하는 을을 자주 목격하게 된다. 광고대행사에게 광고주는 갑의 위치다. 그런데 '스튜디오좋'은 광고주를 저격하는 글을 공개적으로 올렸다. 대한민국 광고대상을 휩쓴 빙그레의 빙그레우스 캠페인을 기획하고 실행 대행한 곳이 '스튜디오좋'인데, 언론 인터뷰에서 빙그레 담당자가 기획을 빙그레가 했다고 한 것에 대한 불만을 공개적으로 제기한 것이다. 광고대행사 '스튜디오좋'은 2016년 설립되었으니 2021년은 5년차다. 광고주 공개 저격 시기는 창업한 지 만 4년 정도의 시점이다. 앞서 대기업 4년차 직원들이 2021년에 한국의 대기업에 큰 도발과 변화를 가져온 것과도 연결되는 창업 연차다.

제일기획에서 일한 카피라이터 남우리와 아트디렉터 송재원이 만나 창업을 했고(이들은 부부이기도 하다), 회사 이름도 기성세대 시각에선 다소 난감할 수도 있는 '스튜디오좋'으로, 글로 쓸 때는 괜찮은데 공개석상에서 말로 발음할 때는 딩혹스럽기도 하다. 광고 업계에선 국내 1위 대기업인 제일기획에 들어갔지만 오래 있지 않았다. 아니, 오래라는 표현이 무색한 게 창업 5년차인 남우리, 송재원 공동대표의 나이가 33, 34세다. 20대 후반에 창업했다는 얘기가 되고, 대기업에서도 잠깐 일하다가 독립한 것이다. 이 둘은 해리포터 덕후이기도 한데, '스튜디오좋'이 가장 잘하는 것이 2030대 MZ세대 소비자를 공략하는 광고 캠페인이다. 소위 병맛 코드이자 B급 문화를 광고 캠페인으로 시도해 MZ세대를 열광케 했고, 여러 기업의 광고 프로젝트에서 연속적으로 성과를 내며 주목받았다.

그럼에도 불구하고 광고대행사는 광고주에겐 을이다. 광고주에게 밉보이면 손해는 광고대행사가 본다. 하지만 불이익을 감수하고, 아니 불이익 따윈 생각지도 않고 '스튜디오좋' 공동대표는 광고주를 저격했다. 여기서도 핵심은 공정이다. 이것도 사회적 정의가 아니라, 자신들이 한 일에 대한 정당한 평가다. 광고주와 광고대행사 사이에서도 신뢰가 필요하고, 그 신뢰는 돈만으로 되는 게 아니다. 자신들의 기획과 노력을 뺏기고 싶지 않은 것은 자존심이자 일에 대한 자부심이기도 하다.

"자존심이 밥 먹여주냐? 돈이 제일 중요하지. 그러다가 불이익 당하면 어쩌려고? 그냥 참아!"가 기성세대 스타일이었다. 기성세대는 공정하지 않은 사회에서 참고 살 수밖에 없었다. 하지만 시대

광고대행사 '스튜디오좋'은 SNS에 광고주를 공개 저격하는 글을 올려 화제가 되었다.
(출처 : 인스타그램)

가 바뀌었다. 사람만 바뀐 게 아니라 지금 시대가 갑질과 불공정을 참아주지 않는다. 그동안 광고대행사로선 암묵적으로 광고주에게 공을 돌리곤 했는데(엄밀히 광고주가 공을 가로채는 것에 대해 저항하지 못하는 을이었기에) 오랜 관행에 대해 정면 반발한 것이다. '스튜디오 좋'의 사례가 특이한 게 아니라, 이는 앞으로 보편적인 일이 될 것이다. 광고대행사에서 의사결정권을 가진 이들 중 Core-MZ가 증가하면 자연스럽게 확산될 일이다. 이는 대행의 역할을 하는 다양한 분야로도 번질 것이다.

　갑에게 반기를 든 을이 손해를 볼 거라고 생각하면 오산이다. 을의 문제 제기가 틀리지 않기에 갑도 과거의 암묵적 관행을 과감히 버리려 한다. 갑이라도 갑질하면 오히려 역공에 의해 심각한 타격을 받을 수 있는 시대다. 과거에도 광고주에게 문제 제기하던 광고 대행사가 없었던 게 아니다. 있었지만 불이익을 당했다. 그 손해 보는 상황을 지켜본 업계에서 광고주 갑질을 감수해야 먹고 산다는 것을 암묵적으로 학습해온 것이다. 밀레니얼 후기가 중심이 되는 Core-MZ세대가 기성세대와 한국 사회가 가진 불공정한 관성, 암묵적 관행에 본격적으로 저항하는 것은 시대가 바뀐 영향도 크다. 시대는 세대를 만들고, 세대는 시대를 바꾼다.

Core-MZ가 저항하고 저격하는 대상도 기성세대가 아니다. 사람이 아니라 공정하지 않은 관행에 대해 저항하고 싸우는 것뿐이다. 그러니 괜히 이런 이슈에서도 세대 얘길 꺼내지 말자. "우리 때는 안 그랬는데…" 같은 얘길 하는 사람이 있다면, 그 사람은 불공정하고 불합리한 것을 동조하는 사람이냐고 되물어보자. 세대 이슈와 시대 이슈는 구분해야만 문제가 풀린다. 그러지 않고 뭐든 세대 이슈로 갖다 대면 영원히 풀 수 없는 문제다. 새로운 세대는 앞으로도 영원히 등장하고, 이전 세대와 다음 세대 간의 세대차이는 어김없이 생기니까. 공정 문제는 세대가 달라도 답은 같다. 답이 같다면 결국 세대 문제는 아닌 것이다.

Core-MZ세대는
역사상 가장 공정한 세대인가? _____

박근혜 정부의 몰락을 부른 최순실 게이트의 시발점도 딸 정유라의 입학 비리와 특혜를 둘러싼 이화여대 사태였고, 문재인 정부와 민주당의 악재가 되어버린 조국 사태도 결국은 딸에 대한 특혜 문제를 공략하며 공정 문제로 몰아간 것이 컸다. 둘 다 20대가 민감하게 반응했다. 금수저와 흙수저로 대비되는 특혜와 불공정의 문제에 20대가 가장 민감한 건 입시나 취업이 바로 자신들의 직접적 문제이고, 누군가의 특혜로 인한 손해를 자신들이 본다고 여기기 때문이다.

인천국제공항 사태도 실제로는 정규직으로 전환될 비정규직 7천 명 대다수는 보안, 경비 등의 인력이고, 이들 중 34세 미만은 거의 없었기에 구직 청년의 일자리 기회를 가로채는 정규직 전환은 아니었지만, 기존 정규직은 시험 치러서 겨우 되었는데 비정규직을 쉽게 정규직으로 전환시키는 것을 특혜로 보며 공정 문제로 부각되었다. 사회적 관점으로만 보면, 비정규직을 대거 정규직으로 전환해 일자리의 안정성을 제공해주는 것이니 좋은 일로 보이겠지만, 시험 쳐서 정규직이 된 직원들의 입장에서나, 인천국제공항 취업을 준비하는 구직자의 입장에서는 특혜이자 상대적 차별로 보여진 것이다. 이건 다른 공기업에서도 비정규직을 정규직으로 전환하려 시도할 때마다 문제가 되었던 것으로 정치권이 간과한 부분이다. 비정규직의 정규직 전환에 기존 정규직도 반발하고 청년 구직자들도 반발할 줄은 생각도 못했을 것이나. 아니, 사회적으로 환영받을 좋은 일이라고만 생각했을 것이다.

이들 세 가지 사태도 보는 시각에 따라선 정치적 이해관계를 둘러싼 공격 혹은 서로 본질이 다른 사안으로 보겠지만, 입시와 취업의 치열한 경쟁구도 속에 있는 20대들의 눈에는 모두 같은 사안이다. 셋 다 불공정 이슈인 것이다. 살아가는 데 필요한 기본적인 것에서 특혜와 차별이 일어나는 게 현실이다. 이 현실에 기성세대의 다수는 암묵적 동조 혹은 방관한다. 스스로가 이런 관성에서 이익을 보거나, 혹은 직간접적으로 연결되어 있기 때문이다. 말로는 정의롭고 어른스러운 척하면서 중요한 문제에선 불공정에 대해 눈감아버리는 기성세대를 Core-MZ는 어떻게 생각할까? 믿고 따를 수 있을까? 결국 세대 간 소통, 세대공감을 위해선 말 잘 듣는 애들이 필요한 게 아니라, 공정한 어른들이 더 필요하다.

2021년 상반기를 떠들썩하게 한 LH 직원들의 땅투기 문제도 같은 맥락이다. 부동산 투기로 인한 상대적 박탈, 양극화 심화에 오죽했으면 벼락거지라는 자조 섞인 말까지 쓰겠는가. LH 사태의 가장 큰 피해자는 20대다. 이들에게 너무나 많은 좌절감을 안겨줬다. 이 문제를 얼마나 잘 처리할지 두고 봐야겠지만, LH 직원들의 땅투기 문제가 제기된 건 이번이 처음도 아니다. 10년 전에도, 그 이전에도 이런 문제가 제기되었지만 근본적으로 달라지는 건 없었다. 정치권과 기성세대가 보여준 내로남불에 희망도 사라졌다. 한국 사회의 가장 불공정한 문제 중 하나가 부동산 문제. 20대라고 주거 공간 없이 살아갈 수 있는 게 아니다. Core-MZ세대에게 공정은 생존 문제다.

또 다른 생존의 문제는 바로 성차별이다. 동아제약 대표가 출연한 유튜브 영상에 면접 때 성차별이 있었다는 댓글이 달려 논란이 된 적이 있다. 2020년 11월에 실시한 동아제약의 신입사원 채용 면접에 참가한 한 여성 지원자가, 면접자 중 유일한 여성인 자신에게 인사팀장이 "여성이라 군대에 가지 않았으니 남성보다 임금을 적게 받는 것에 대해 어떻게 생각하느냐?", "군대에 갈 생각이 있느냐?" 등의 성차별적 질문을 했다고 밝힌 것이다. 이 일이 사실로 드러나면서 동아제약이 판매하는 자양강장제, 생리대, 피임약 등을 불매하고 대체품을 사자는 움직임이 인터넷에서 번졌다. 이에 동아제약은 공식 사과를 하고, 인사 책임자에게 직책 해임과 정직 3개월의 징계를 내렸다.

여성가족부의 성평등 채용 안내서에도 '특정 성별에 유리하거나 불리한 주제에 대해 토론하거나 질문하지 않는다'는 것이 명시되어 있고, 남녀고용평등법에도 성차별은 위반이다. 놀라운 것은 이러한 면접 성차별이 2020년에 발생했다는 것이다. 그런 일은 1990년대, 아니 2010년대까지는 비일비재했을 것이다. 예전엔 문제 삼아도 문제가 되지도 않았고, 문제 삼는 여성만 더 불이익을 받았다. 성차별을 과거의 유물로 바라보는 이들도 있는데 현장에선 여전히 현재진행형이다. 고용 면에서 보면 여전히 대기업 직원 5명 중 4명이 남성이다. 신입사원 중에서도 10명 중 7명이 남성이다. 그나마 많이 나아져서 이 정도다. 성차별은 엄연히 존재하는 팩트다. 이 팩트를 두고 남녀를 갈라서 정치적으로 이용하는 것이 가장 사악하다. 결국 진짜 문제를 해결하는 시간만 더 지연시킬 뿐, 감정적 소모와 갈등만 만들어내기 때문이다. 성차별 문제를 해결하는 것이 우선이지, 그 문제는 놔둔 채 남녀를 편 가르는 건 사회적 손해다.

목소리 큰 사람 얘기를 더 잘 들어주는 게 과거 세대의 관성이다. 힘 있고 지위 높은 이들의 얘기가 더 잘 먹히는 것도 과거 세대의 유물이다. 이런 것들 자체가 불공정이다. 우린 어떤 문제를 볼 때 좀더 복합적으로 봐야 한다. 가령 비정규직의 정규직 전환 혹은 감원이나 도태되어야 할 일자리가 다시 구제되는 것에 '감정적' 혹은 '정치적' 개입이 되면 그 자체가 새로운 문제를 만든다.

기술적·산업적 진화에 따른 일자리 구조 변화가 계속되는데, 이런 과정에서 효율성, 생산성을 위해 일자리가 로봇에 대체되거나, 플랫폼 노동으로 대체되거나 할 때 감정적·정치적으로 이를 구제하는 경우가 나올 수 있다. 그러면 앞으로 계속 그런 상황이 벌어질 때마다 구제를 해줘야 할까? 일자리를 잃는 사람이 안쓰럽고 동정이 가는 것은 인지상정이지만, 진화라는 측면에선 오히려 구제가 진화를 거스르는 것이다. 택시가 집단행동한다고 '우버'나 '타다'를 몰아낸 것처럼, 모든 분야에서 집단행동으로 문제를 풀어버리면 그 손해는 결국 보편적인 다수 시민들과 소비자들이 본다. 산업적 진화, 일자리 구조 변화에 따라서 앞으로도 이런 문제는 더 자주 드러날 것이다. 이럴 때 공정과 특혜는 입장의 차이, 이해관계의 차이가 되어선 안 된다. 일관적이어야 한다.

Core-MZ세대가 주도하는 '돈쭐내기'

'돈쭐내기'는 돈으로 혼쭐내는 것을 말한다. 착한 일을 한 사람에게 우리 사회가 늘 정당한 보상을 해주는 건 아니다. 오히려 착하게 살며 손해만 보는 사람에게 바보 같다고 얘기한다. 착하게 살아야 한다고 말은 하면서 막상 착한 사람을 바보 취급하는 기성세대, 사악하고 탐욕적이어도 돈만 많으면 떵떵거리며 대접받고 사는 우리 사회를 밀레니얼 세대와 Z세대는 못마땅하게 여긴다. 기성세대의 표리부동하고 내로남불의 태도, 위선과 가식을 싫어한다. 그래서 이들을 꼰대라고 부르고, 이런 사회를 헬조선이라고 부른다.

돈쭐내기는 지금 시대의 2030대식 보상법이다. 세상이 보상해주지 않으니 자기들이 직접 나서서 보상해주겠다는 것이다. 착하고 보범이 되는 가게, 사람들에게 감동을 주는 기업의 물건을 적극적으로 사주며 돈으로 보상을 해주는 것이다. 이런 돈쭐내기에 가장 적극적인 것이 MZ세대 중에서도 Core-MZ세대다. 돈쭐내기는 하나의 놀이문화이자 사회적 행동이다. 심각하거나 진지하지 않다. 즐겁게 놀이하듯 돈쭐내기에 동참하고, 그걸 소셜네트워크에 인증하고 퍼뜨린다. 돈쭐내기가 성공하여 사람들이 줄을 서고 돈을 많이 버는 것을 보면서 만족감과 희열을 느낀다. 독립운동은 못 했어도 일본 상품 불매운동은 한다는 말도 이들에게 잘 받아들여진다. 그들은 거창하게 세상을 바꾸는 걸 얘기하지 않는다. 일상의 작은 행동을 통해 공정을 얘기한다.

고등학생인 18살 형과 7살인 동생은 어릴 적 부모님을 잃고 할머니와 산다. 형은 음식점에서 아르바이트를 하며 돈을 벌었는데, 코로나19로 아르바이트마저 끊어지며 생계의 어려움을 겪는다. 동생이 치킨을 너무 먹고 싶어 해서 수중에 있던 5천 원으로 치킨집에 들러 5천 원어치만 먹게 해줄 수 있냐고 물었지만 들른 곳마다 거절당한다. 자신의 가게 앞을 서성이던 형제를 들어오게 한 박재휘 사장은 흔쾌히 1만 9,900원짜리 치킨 세트를 주고, 형제가 내려던 돈도 돌려준다. 감사함에 형은 다음 날 돈을 가지고 가게를 찾았지만 사장은 돌려보낸다. 프랜차이즈 치킨 가게를 하는 자영업자도 코로나19로 어렵긴 마찬가지다. 손님도 줄고 매출도 줄었을 때다. 그럼에도 불구하고 대가 없는 선행을 베푼 것이다.

서울 마포구의 치킨 가게 '철인7호 홍대점' 박재휘 사장은 가정 형편이 어려운 형제에게 대가 없이 무료로 치킨을 줬고, 이후에도 찾아온 동생에게 다시 치킨도 주고 미용실에도 데려가 머리도 깎아주었다. 감사함을 표할 방법을 찾던 형은 치킨 프랜차이즈 본사로 이 사연을 적은 편지를 보내게 되었고, 이것이 인터넷으로 퍼졌다. 사람들은 이 사연에 감동했고, 치킨 가게는 소위 돈쭐내기를 당하며 주문이 폭발적으로 들어왔다. 전국에서 주문이 이어졌다. 심지어 치킨은 먹은 걸로 할 테니 돈만이라도 받아달라며 결제를 하

대가 없는 선행으로
치킨집 사장을 '돈쭐나게' 한
'치킨 형제'의 손편지
(출처 : 인스타그램)

거나, 선물을 보내오거나, 좋은 일에 써달라며 돈봉투를 두고 가는 손님들도 생겼다. 선한 영향력을 보여준 가게가 돈을 많이 벌어야 하는 것이 공정이라 여긴 사람들 때문이다. 2021년 2월 치킨 가게에 돈쭐내기가 시작되었는데, 놀랍게도 3월 중순 치킨 가게 박재휘 사장은 마포구청 복지정책과 꿈나무지원사업(결식아동 및 취약계층 지원금)에 600만 원을 기부한다. 손님들이 후원 목적으로 결제한 돈과 손님들이 준 돈봉투, 거기에 자신도 100만 원을 보태서 총 600만 원을 기부한 것이다. 선한 영향력의 선순환이란 바로 이런 것이다.

서울 마포구의 이탈리안 식당 '진짜파스타'는 2019년부터 돈쭐내기의 타깃이 되었다. 구청에 갔다가 알게 된 결식아동 꿈나무 카드를 대신해 자체적으로 결식아동들에게 VIP 카드를 만들어줬다. 결식아동 꿈나무 카드가 사용 금액(5천 원) 제한이 있어서 먹고 싶은 음식을 마음대로 먹기도 어렵고 정산받는 방법도 복잡해서 아예 결식아동에겐 돈을 안 받겠다며 무료로 이용하는 VIP 카드를 만든 것이다. 가게에 올 때 눈치 보지 말고 들어오고, 금액에 상관 없이 먹고 싶은 걸 먹고, 다 먹고 나갈 때 카드 한 번 보여주고 미소 한 번 보여주고 가면 좋겠고, 매일 와도 괜찮으니 부담 갖지 말고 찾아오라는 등의 요청사항을 붙여놨다.

이 식당의 오인태 사장이 자발적으로 결식아동 무상급식을 하고 있는 사실이 알려지자 사람들이 돈쭐내러 몰려가기 시작했다.

이후 이 식당의 사례는 전국으로 퍼져서 수많은 식당들이 동참하게 되었다. 경제적 어려움이 있어 결식이 우려되는 아동들을 대상으로 하는 서울시의 결식아동 꿈나무 카드는 2009년부터 도입되었고, 현재 1만 8천여 명이 이용하고 있다. 이용 금액이나 이용 점포의 제한으로 실제 이 카드를 가진 아이들은 편의점이나 빵집에서 주로 사용했다고 한다. 물론 제도의 한계를 개인 자영업자의 선의에만 의존할 수는 없다. 결국 제도도 개선되었는데, 2021년 4월 말부터 서울시의 결식아동 꿈나무 카드 사용처가 이전 7천 곳에서 13만여 곳으로 20배 정도 늘었다. 선한 행동이 돈쭐내기와 결합하고 결국은 제도까지 바꾸는 선순환이 이루어진 것이다.

소비를 할 때 신념(Meaning)을 적극 드러내는(Coming out) 것이라고 해서 이를 줄여 미닝아웃Meaning out이라 부른다. 제품과 서비스의 품질, 기능, 가격 등만 고려해 소비하는 게 아니라, 그 제품을 만든 기업이나 오너의 환경, 윤리, 사회적 책임 등에 대해서까지 고려하겠다는 의미기에 소비자의 진화된 소비 행태로 볼 수 있다. 소비에서 자신의 가치관과 신념에 부합하는 제품이나 서비스를 구매하고, 그렇지 않은 제품과 서비스에는 불매를 하는 태도다.

미닝아웃에 가장 적극적인 건 Z세대와 밀레니얼 세대다. 나이로 보면 10대 후반부터 20대, 30대 초반까지, 즉 밀레니얼 후기와 Z세대 전기다. 일본 제품 불매에도 가장 적극적이었던 것이 이들이고, 돈쭐내기 이슈가 생길 때 적극 반응하는 것도 이들이다. 돈이 많아서가 아니다. 이는 소비에 대한 태도다. 이는 잠시 그 나이 때만 그러다 말 것이 아니다. Core-MZ세대는 나이가 계속 들어갈 것이고, 이들이 30대를 넘어 40대가 되는 것도 조만간 도래할 일이다. 돈쭐 내기에 반응하고, 미닝아웃을 기본적 소비 태도로 가지는 사람들이 계속 확장된다는 얘기다. 10대, 20대, 30대, 이어서 40대까지도. 이건 대기업 소비재 브랜드에 대한 소비 태도로도 이어지고, 기업으로선 점점 환경과 윤리, 사회적 책임을 중요하게 다룰 수밖에 없게 된다는 것이다.

Core-MZ세대가 지지하는 공정은 투명해야 하고, 합리적이어야 하며, 정당한 보상이 따라야 한다. 지극히 상식적이고 단순하다. 그런데 이런 상식이 잘 안 지켜지던 것이 한국 사회였고, 기성세대가 주도하던 사회였다. 이러한 상식이 지켜지도록 직접 행동으로 나서는 것이 Core-MZ세대다. 그들이 할 수 있는 범위 내에서의 행동이지만, 이런 변화는 기성세대식 사회에 계속 균열을 만들어낸다. 소비만 바꾸는 것이 아니라 사회의 많은 것을 바꿀 태도로 이어지기 때문이다.

브레이브걸스의 '롤린' 역주행도 공정인가?

최선을 다해 노력하고, 포기하지 않고 도전하며 오래 버틴

자에게 보상이 주어지는 걸 공정이라고 여긴다. 지금 시대 2030대가 유일하게 할 수 있는 선택지가 그것이기 때문이다. 밀레니얼 세대가 20대가 된 2000년대 초반부터 기성세대는 이들을 위로한다면서 아프니까 청춘이라고 하거나, 실력을 더 키우고 스펙을 더 쌓아서 도전하라거나, 20대는 원래 힘든 시기라며 열심히 노력하라는 식의 '노오오오오력'을 조언이랍시고 해줬다. 양질의 일자리도 계속 줄어들고, 내 집 마련은커녕 전셋집도 불가능해 월세로 주거 불안에 떨고 있는 20대에게 현실도 모른 채 공염불 같은 립서비스를 떠들었다.

지금 시대 20대가 실력이 없어서 일자리가 없는 걸까? 실력만 놓고 보면 회사에 있는 4050대보다 요즘 2030대가 결코 부족하지 않다. 4050대가 2030대보다 먼저 태어난 덕분에 좀더 취업하기 쉬운 시대를 살았던 것뿐이다. 4050대가 누린 기회도 엄밀히 그 이전 세대가 만들어준 것이다. 20대가 겪은 가혹한 현실을 만들어낸 게 바로 기성세대들이면서, 자기들 책임은 없는 척 20대가 알아서 잘하란 식으로 얘기하는 걸 보는 20대들의 심정은 어떨까? 믿을 건 자기 자신뿐이고, 막연한 미래가 아닌 당장의 현실에서 성과를 보상받고 정당하게 평가받고 싶어 하지 않겠는가? 앞서 성과급 이슈가 대기업에서 나온 배경도 결국 이것과 무관하지 않다. 지금 시대의 20대들에겐 꿈을 위해 도전하며 오래 버티는 것 자체가 사치다. 당장 먹고살아야 하는 현실, 당장 취업 가능한 일자리에서 경력을 쌓아야 하는 현실에서 아무리 실력이 있더라도 막연히 꿈만 믿고 불안한 미래를 감수하는 건 쉽지 않다.

걸그룹 브레이브걸스는 데뷔 이후 오랜 무명생활을 했고 그룹이 해체될 직전까지 갔다. 군부대 공연을 많이 해서 군통령 소리까지 듣고, 4년 전에 발표한 노래 '롤린'은 밀보드(군인들 사이에서 음악 인기 순위를 일컫는 밀리터리 빌보드의 줄임말) 1위 격인 노래지만, 그들이 무명인 건 변하지 않았다. 사실 군부대 공연은 비싼 공연이 아니다. 아주 잘나가는 걸그룹이 지속적으로 군부대 공연을 가는 일은 많지 않다. 대개 데뷔 초반에 조금 가다가 인기가 높아지면 안 간다. 더 크고 비싼 행사와 공연들이 많기 때문이다. '롤린'을 4년 만에 역주행으로 음악 차트 1위에 올린 일등공신은 Core-MZ세대다. 무명이지만 포기하지 않고 활동하는 데다, 군부대 공연에서 보여준 열정적이고 최선을 다하는 태도에 군인들이 환호하며 좋아했다. 이들이 제대하며 후임에게 노래를 소개하고, 제대한 이들은 주위에 노래를 알리며 그들 나름의 역주행을 시도한 것이다. 이것도 일종의 돈쭐내기다. 무명의 역주행에 박수를 보내는 건 무명의 설움에 대한 보상이다.

심지어 브레이브걸스 멤버 유정은 〈포켓몬스터〉에 나오는 캐릭터 꼬부기를 닮아 닉네임이 꼬북좌인데, 팬들이 오리온의 과자 '꼬북칩' 광고모델로 유정을 발탁해달라며 오리온의 공식 소셜네트워크와 고객센터 등에 요청을 했고, 심지어 오리온 주식을 매수하며 주식계좌를 인증하는 열풍도 번졌다. 이에 오리온의 마케팅 담당자가 브레이브걸스 응원글을 올리자 100만 조회수가 넘을 정도

Core-MZ세대가 역주행시킨 브레이브걸스의 '롤린' (출처 : 연합뉴스)

로 화제가 되고, 결국 유정은 '꼬북칩' 광고모델로 발탁되었다. 이에 팬들은 온라인에서 '꼬북칩'을 주문해 배송지를 지역아동센터로 하는 기부 릴레이를 펼쳤다. 이것 역시 돈쭐내기다. 팬들이 걸그룹을 밀어주고 광고모델로 발탁한 제품도 밀어주는데, 이 모든 것이 팬들의 자발적 행동이다.

능력 있는 사람이 더 많은 것을 가져가는 능력주의는 공정해 보이지만, 그 시작이 애초에 기울어진 운동장이라면 얘긴 달라진다. 기회가 균등하지 않은 상황에서 능력주의 자체의 한계는 클 수밖에 없다. 처음부터 공정은 공평이 아니다. 누구나 같은 출발선을 가질 순 없다. 세상엔 수많은 무명이 있고, 실력 있는 무명도 많다. 이런 역주행으로 기회를 얻는 것은 극소수다. 수많은 무명은 그냥 사라지고 만다. 그나마 Core-MZ의 영향력, 소셜네트워크가 가진 힘이 중요해지면서 이런 무명의 역주행이 좀더 가능해진 것이다.

브레이브걸스의 '롤린' 역주행은 소수의 팬심이 소셜네트워크를 통해 집중적으로 집단행동을 한 덕분이다. EXID 역주행도 마찬가지다. BTS도 처음부터 슈퍼스타가 된 게 아니다. 무명을 거쳤고, 세계적 스타가 된 과정에서 소셜네트워크를 통해 Z세대와 Core-MZ들과 적극적으로 소통하면서 팬덤을 키워간 것도 큰 몫을 했다. 사회 전체로 보면 Core-MZ나 Z세대는 약자다. 기성세대에 비해 돈과 지위, 권력에서 열세다. 하지만 사이버 공간에선 역전된다. Core-MZ가 소셜네트워크의 주도권을 가지고, 이중에서 Z세대 파워는 점점 더 커진다. 즉, 사회적으로는 분명 약자지만 소셜네트워크에선 강자다. 유튜브나 틱톡에선 이들이 최강자다.

이들은 실력이 있는데도 무명으로 사라지는 걸 못 봐준다. 그것이 지금 시대 Core-MZ세대의 공정이기도 하다. 기획사의 힘, 자본의 힘이 대중음악 산업에서 강력했던 시대를 지나 지금은 팬덤의 힘이 새로운 권력이 되고 있다. 그 힘을 이용할 줄 아는 사람들이 지금의 20대, 바로 Core-MZ들이다. 모든 무명을 스타로 역주행시키진 못하겠지만, 적어도 기성세대가 주도하던 시대엔 불가능했던 일들이 일어나게 만들 수는 있다.

Core-MZ세대는
무조건 옳은가?

    어떤 세대, 어떤 사람들이 무조건 옳을 수 있겠는가? 다만 세대로서 그들은 분명 기성세대에 대한 저항, 관성에 대한 반발의 목소리를 적극적으로 낸다. 그 과정에서 비이성적이고 이기적·악의적인 공격도 한다. 그런데 이건 세대 차원의 문제가 아니라 개인의 문제다. 특정 세대여서 그런 악의적인 공격성을 보이는 게 아니다. 사실 악성 댓글은 40대도 많이 단다. 아니, 연령대를 구분하기 어려울 정도로 전방위적으로 악성 댓글을 달고, 온라인에서 타인에 대한 사이버 공격도 한다. 이건 온라인 환경이 가지는 익명성과 더불어 악성 댓글이나 사이버 공간에서의 인신공격, 명예훼손 등에 대한 심각성을 인식하지 못하는 이들이 많아서다.

    연예인이나 명사들 중에선 악성 댓글이나 사이버 공간에서의 명예훼손 등에 대해 선처하는 경향도 있었고, 설령 법적 처벌을 받더라도 생각보다 무겁지 않았다는 점도 영향이 있을 것이다. 기존의 법으로 보면 대부분 모욕죄가 되는데, 약식기소여서 처벌받지 않거나 처벌이 가볍다. 누구나 마음껏 자기 주장과 의사 표현을 하는 건 법적 권리이자 자유지만, 그것이 타인의 권리를 침해하고 심각한 위해를 가하는 문제가 되었을 때는 강력한 처벌을 받아야 한다. 결국 시대 변화에 따라 법제도적 변화가 필요한 셈이다.

악성 댓글을 달거나 사이버 범죄를 저지르는 사람들을 보면 20대가 상대적으로 많다. 이건 아주 단순한 이유다. 댓글을 다는 사람이 가장 많은 게 20대여서 그렇고, 사이버 범죄를 저지를 수 있을 사이버 공간에 대한 원활한 접근도 20대가 가장 앞서서 그렇다. 악성 댓글로 처벌받는 이들 중에 40대도 꽤 있지만, 1020대는 선처가 많이 되어 상대적으로 처벌이 적은 것뿐이다.

Z세대는 디지털 네이티브다. 즉, 디지털 환경에서 나고 자란 사람들이다. 어렸을 때부터 스마트폰과 소셜네트워크에서 놀았고, 디지털 디바이스를 장난감처럼 만지고 자랐다. 당연히 사이버 공간에서 활동이 많을 수밖에 없다. 소셜네트워크나 게임 플랫폼, 동영상 플랫폼 등에서 Z세대는 가장 영향력이 큰 사람들이다. 그런 공간에서 발생하는 사건 사고에서 Z세대 비중이 높은 건 그런 이유 때문이다. 현실세계에서의 사건 사고는 기성세대가 압도적인 비중을 차지하는 것과 같은 이유다.

중요한 건 가상세계인 메타버스가 점점 더 중요한 문화적·산업적·사회적 기반이 된다는 점이다. 사이버 공간에서 사건 사고가 갈수록 더 많아지고, 더 심각한 양상으로 드러날 가능성도 크다. 그 중심에 Z세대가 있다. 대응이 필요할 수밖에 없고, 시급히 법제도가 시대에 맞게 진화해야 한다.

물론 모든 1020대가 이런 범죄에 빠져드는 건 아니지만, 사회 구조적으로 취업난과 양극화, 상대적 박탈감에 상실감을 갖거나 미래에 대한 희망을 갖지 못하는 1020대가 많아지고 있는 건 결코 가볍게 간과할 일이 아니다. 이런 부분에서도 사회적 대처가 시급하다. 이런 문제에 대해 소홀하면 결국 미래의 한국 사회에 악재가 될 수밖에 없다.

혐오 문제는 Z세대가 해결해야 할 가장 큰 숙제 중 하나다. 고려대 총학생회 비상대책위원회가 교육자치국장에 세종캠퍼스 소속 학생을 인준하자, 고려대 온라인 커뮤니티에 '너희들은 누가 봐도 고대생이 아니다', '세종캠이 본교인 척하면서 학교 이미지 망침', '이 기회에 세종캠과 안암캠 사이에 애매한 교류제도를 없애도록 공식 건의하면 좋겠다' 같은 글이 쏟아졌다. 신상털기와 조롱, 비난이 난무했다. 결국 인준은 무효되었다. 대학에서 본교와 분교는 입시 점수에 차이가 있어, 고려대뿐 아니라 다른 대학에서도 본교와 분교 간 갈등은 있어왔다. 하지만 이렇게 노골적인 혐오와 비하, 학벌주의를 대놓고 드러내는 것은 생각해볼 문제다. 학칙에 따라 인준이 가능한지를 문제 제기할 수는 있어도, 혐오와 비하의 방식은 비겁했다. 남이 나에게 해선 안 되는 행동은 나도 남에게 해선 안 되는 것이다. 차별과 혐오를 당하는 것은 원치 않으면서 남을 차별하고 혐오하는 건 어리고 철없어서 그런 것도 아니고, 잘 몰라서 그런 것도 아니다. 심각한 범죄이고, 처벌받고 책임져야 할 일이다.

혐오 문제의 연장선상에 일베 문제도 있다. 편 가르고, 혐오하고, 비하하고, 차별하고, 공격하는 건 가장 비겁한 행동이기 때문이다. 물론 일베는 극히 소수이고, 보편적인 20대 남자도 일베를 싫어한다. 일베가 문제 있음은 그들도 다 안다. 20대 남자들 중에서 페미니즘에 극단적 거부감을 가지고 있고, 소위 일베 용어라고 하는 것들을 쓰는 경우도 있지만, 그것만 보고 일베를 지지한다고 볼 수는 없다. 하지만 일베 중에는 20대 남자 비중이 높은 것도 사실이다. 일베나 메갈리아나 극단적 혐오주의는 보편적 다수가 아닌 소수다. 이들을 부추기거나, 보편적 다수가 되도록 방치하는 건 결국 미래 사회의 시한폭탄을 만드는 것이다. 분명한 건, 자신의 행동에 대해선 책임을 져야 한다는 것이다. 애들이니까 선처한다는 식은 문제 해결이 아니다. 잘못을 했으면 책임을 지고, 잘했으면 보상이나 평가를 정당하게 받는 것이 바로 공정이기 때문이다.

무서운 10대, Z세대 강력 범죄자의 증가 _____

통계청 '2020 청소년 통계'에 따르면, 18세 이하 소년 범죄자의 수가 2009년 11만 3,022명에서 지속적 감소세를 보이면서 2018년엔 6만 6,142명으로 41.4% 줄었다. 그런데 강력범죄(살인, 강도, 방화, 성폭력 등) 비중은 2009년 2.8%에서 지속적 증가세를 보이면서 2018년에 5.3%까지 높아졌다. 지난 10년간 소년 범죄 수는 반 가까이 줄었는데, 4대 강력범죄는 두 배 정도 비중이 높아진 셈이다.

10대 중에서도 촉법소년의 강력범죄가 심각해지고 있다. 형법과 소년법에 따르면, 만 10세 이상부터 14세 미만까지 형벌법령에 저촉되는 행위를 한 자를 말하는 촉법소년은 범죄를 저질러도 형사처벌을 받지 않고 보호처분으로 처벌을 대신한다. 아무리 강력범죄를 저질러도 2년간의 소년원 송치가 최대 처벌이다. 14~18세는 형사처분은 가능하지만 소년법이 정한 특례에 따라 형이 완화된다. 청소년들이 정신적·신체적으로 미성숙하고 합리적 사고를 하지 못할 가능성이 있다는 판단에 근거한 법이다.

그런데 이런 제도를 악용하는 청소년들도 있다. 경찰청 자료에 따르면, 소년부 송치 촉법소년은 2015년 6,551명이었으나 2019년엔 8,615명으로 31.5% 늘었다. 더 심각한 건 촉법소년의 강력범죄율이다. 2015~2018년까지 소년부로 송치된 촉법소년 중 4대 강력범죄가 77%였다. 촉법소년 중 만 13세가 64%로 가장 많은데, 이 나이는 초등학교 6학년이거나 중학교 1학년이다. 촉법소년 중 가장 어린 나이인 만 10세가 5.4%인데, 2015년 대비 2018년에 42.4%나 늘었다는 사실도 주목해야 한다. 만 10세면 정말 어리다. 초등학교 3학년 정도인데 범죄를 저질러 촉법소년이 되는 경우가 급증세라는 건 간과해선 안 된다.

강력범죄를 저지르는 흉악범은 30대 중후반이 많았다. 처음부터 흉악범이 아니라, 10대 때 방황하다 작은 범죄부터 시작해서 교도소를 다녀오고 범죄 경력이 많아지며 점점 흉악해지는 과정을 거치는 것이 보편적이라고 한다. 이건 특정 세대와 상관없는 일이다. 그런데 최근 들어 20대 중반에 강력범죄를 저지르는 흉악범들이 속속 등장한다. 대표적인 이들이 노원구 세 모녀 살인사건의 김태현(1996년생), 텔레그램 박사방 사건의 조주빈(1995년생), 텔레그램 N번 방을 처음 만든 문형욱(1995년생), 다크웹에서 세계 최대 아동 성착취물 사이트를 운영한 손정우(1996년생) 등이다. 잡혀서 재판을 받는 나이가 25세 전후인 것이지, 실제 이들이 범죄를 시작한 건 10대로 거슬러 올라가고, 강력범죄를 저지른 것도 10대 후반과 20대 초반이다.

이들 네 명은 공교롭게도 또래다. 세대로 보면 밀레니얼 세대 끝이니 Core-MZ세대라 할 수 있고, Z세대에 가깝게도 볼 수 있다. 물론 이들의 범죄와 특정 세대는 전혀 상관없다. 다만 과거와 달리 강력범죄를 저지르는 나이가 어려진 것엔 주목할 필요가 있다. 특히 조주빈, 문형욱, 손정우는 모두 성범죄로, 온라인을 기반으로 저지른 범죄이고, 암호화폐로 거래하기도 했다. 온라인과 기술 환경을 적극 이용한 범죄에 1020대가 많아지는 건 이러한 환경에 대한 접근성도 높고, 또 이를 악용할 역량도 크기 때문이다. 사이버 범죄에선 기존과 다른 대처가 시급한 것이다.

참고로, 경찰청 국가수사본부가 2020년 12월 1일부터 2021년 4월 30일까지 '불법 합성물 제작·유포 사범 집중수사'를 진행했는데, 검거한 피의자 중 10대가 69.1%, 20대가 18.1%였다. 딥페이크 기술 등을 이용한 불법 합성물 수사에서 1020대가 전체 87.2%로 압도적으로 많은 건 IT 기술에 대한 능숙함 때문이다. 그리고 이를 범죄로 인식하지 못하는 비중도 크게 차지한다. 1020대에게 사이버 범죄에 대한 인식 개선과 교육이 시급한 이유다.

Core-MZ세대는
왜 인성 문제를 용서하지 않을까? _____

스포츠계와 연예계의 학폭(학교폭력) 미투가 2021년에 아주 뜨겁다. 잘나가던 스포츠 스타, 걸그룹, 배우 등 20대 스타들이 학폭 이슈로 활동을 중단했다. 피해자들로선 가해자가 스타가 되어 방송에서 활동하는 모습을 보는 것이 아주 불편했을 것이다. 앞서 브레이브걸스의 '롤린' 역주행에서 보았듯 실력 있는 무명이 스타가 되게 만드는 것이 공정이었던 것처럼, 학폭 문제가 있는 스타를 추락시키는 것도 공정이 된다. 인과응보이자 사필귀정이다.

성폭력 미투가 성공한 기성세대의 추악한 실체를 밝히며 그들을 끌어내렸다면, 학폭 미투는 주로 2030대 스타, 그중에서도 20대 스타가 유독 많다. Core-MZ세대가 가장 적극적으로 학폭 미투에 나선다는 것이고, 이중 Z세대가 많다. Z세대에게 유난히 학폭이 많았던 걸까? 기성세대에선 학폭이 없었던 걸까? 그건 아니다. 기성세대는 학폭을 나중에 문제 삼지 않았다. 문제 삼아봤자 해결되지도 않았고, 잘나가던 이들이 학폭 문제 제기되었다고 불이익을 받지도 않았다. 그러니 학폭 미투가 나오지 않은 것뿐, 실제 학폭은 기성세대 때도 꽤 있었다.

학교폭력은 혐오 문제다. 소위 일진이 왕따를 괴롭히거나, 외모나 빈부를 차별의 요인으로 삼는다. 이는 장애 혐오, 소수자 혐오와도 연결된다. 과거 시대는 폭력과 혐오, 차별에 민감하지 않았다. 하지만 이제 다르다. 밀레니얼 세대도 이런 부분에 민감하지만, Z세대는 더 민감하다. 인성 문제는 앞으로도 계속 불거질 것이다. 자신의 잘못은 성인이 되어서 책임져야 하는 분위기가 당연시될수록, 청소년들도 행동에 대해 스스로가 더 책임지는 태도가 많아질 것이다. 선순환으로 이어지길 기대하며 지켜볼 일이다. 아울러 공교육에서 인성을 중요하게 다뤄야 한다. 공부만 잘하면 다 용서되는 관성은 지워야 한다. 기성세대 때와는 달라졌다는 것을 인식하는 게 중요하다.

분명 그런 의도로 만들어진 것이 아니지만, 청와대 국민청원 게시판에는 이기적이고 문제적인 청원들도 종종 올라온다. 아주 파렴치한 청원도 올라온다. 국민청원 게시판의 역기능이다. 이건 특정 세대의 문제가 아니다. 악의적인 집단행동이나 이기적인 행동으로 사회적 물의를 일으킨 이들이 스스로의 행동에 책임지게 하는 것도 Core-MZ세대가 말하는 공정이다.

참고로, 결혼정보회사 듀오가 2021년 4월 설문조사 회사 마크로밀 엠브레인을 통해 미혼남녀 500명(남녀 각 250명씩)에게 조사한 결과에 따르면, 연인이 학교폭력 가해자였다는 사실을 알았다면 어떻게 하겠냐는 질문에서 72.6%가 헤어진다고 답했다. 남녀로 나눠보면 여성(84.8%)이 남성(60.4%)보다 '헤어진다'는 의견이 더 많았다. 폭력과 혐오에 여성이 더 민감한 것이다. 이는 한국 사회에서 상대적으로 폭력과 혐오에서 더 많은 피해를 보는 대상이 여성이어서 그렇기도 하다. 중요한 건, 지금 시대는 인성 문제도 공정의 이슈다. 적어도 나쁜 인성을 가진 사람이 잘되는 걸 방관하지는 않겠다는 의지가 2030대들에겐 기본이 되어간다.

Core-MZ세대가 인성 문제를 중요하게 인식하는 것이 Z세대 전반으로도 이어지게 될 것이다. 학교폭력뿐 아니라 범죄를 저지른 10대가 성인이 되고 사회생활을 할 때 그에 따른 책임을 더 강력하게 지게 될 것이다. 있었던 일이 없었던 일이 되는 것도 아니고, 영원한 비밀도 없다. 이런 상황이 긍정적으로 작용해 1020대 범죄를 줄이는 효과를 만들어내면 좋겠지만, 그 반대로 묻지마 범죄나 증오 범죄로 이어지는 부작용도 배제할 수 없다. 어떤 변화든 생각지도 못한 나비효과를 만들어낼 수 있고, 결국 그 영향은 미래가 겪는다.

Part 3

요즘
젊은이는
자기 권리만
주장한다?

> 한국갤럽 여론조사연구소가 최근 '어른들은 요즘 젊은이(20대)들을 어떻게 보고 있는가'를 주제로 전국 30세 이상 남녀 1,020명을 대상으로 조사한 결과에 따르면, 기성세대는 요즘 젊은이들은 '자기 권리만 주장한다'가 86.9%, '이기적이다'가 86.6%, '예의를 모른다'가 79.9%, '감각적으로 사물을 판단한다'가 71%, '일에 대해 무책임하다'가 54.4% 등 부정적으로 보는 것으로 나타났다. 기성세대 중 요즘 젊은이를 보며 이질감을 느끼는 사람이 85.7%였는데, 주된 이유로 '예의가 없다'(24%), '이기적이다'(17%), '자기 주장이 확실하다'(10%) 등을 꼽았다.

여러분은 이 조사 결과에 동의하는가? 과연 얼마나 동의하는가? 각자 동의하는 정도를 100점 만점의 점수로 머릿속에 떠올려 보자. 전적으로 동의한다는 사람도 있을 것이고, 부분적으로 동의한다는 사람도 있을 것이다.

사실 위에 인용한 내용은 1992년 9월 5일 동아일보 기사다. 즉, 조사는 1992년 당시의 20대인 X세대에 대해 당시 30대 이상의 기성세대들이 평가한 것이다. 지금 40대이고 일부는 50대에 진입한 X세대가 정말 저렇게 자기 권리만 주장하고, 이기적이고, 예의 없고, 무책임한 사람이었던가? 아이러니한 건 저런 소리 듣던 X세대가 지금의 20대를 보면서 비슷한 얘길 한다. 왜 그러는 걸까? 이건 둘 중 하나일 것이다. 한국에선 20대가 대물림하듯 싹수없고 이기적이거나, 아니면 기성세대는 늘 20대를 부정적이고 못마땅한 시각으로 보거나이다.

기성세대는 자기처럼 살지 않는 후배 세대가 제일 불편하고 불안하다. 자기처럼 살면 자기가 통제하고 주도권을 가지기 쉽다. 어떻게 살아갈지, 어떤 것에 끌리고 어떤 것에 약할지도 파악된다. 충분히 통제할 수 있고 관리하기도 수월하다. 그리고 후배가 잘돼봤자 자기만큼밖에 안 된다. 길이 뻔히 보이고, 조언도 가능하다. 그

당시 20대인 X세대에 대한 기성세대의 평가가
실린 1992년 9월 5일자 동아일보 기사

런데 자기처럼 살지 않는 후배 세대는 파악도 안 되고, 조언도 안 되고, 우위에 서기도 만만치 않다. 그리고 자기가 생각지 못한 방법으로 자기보다 더 잘될까 봐 두렵기도 하다. 나이 서열화가 강한 한국 사회에서 어린 후배가 더 잘나가거나, 후배가 상사가 되고 후배가 돈을 더 버는 것에 대해 못마땅해하고 자존심 상해하는 선배가 꽤 있다.

어쩌면 베이비붐 세대가 파격적이고 도발적인 신세대였던 X세대를 두려워한 것처럼, 지금 X세대도 Core-MZ에 대한 경계심이 있는지도 모르겠다. 분명한 건, 어느 시대였던 20대는 정말 버릇없고 이기적인 애들은 아니란 점이다. 일부 그런 애들이 있을 순 있겠지만, 그건 특정 세대, 특정 나이대의 문제가 아닌 그냥 개별적 인성 문제다. 기성세대 중에서도, 나이가 엄청 많은 어르신들 중에서도 이기적이고 못된 사람이 있듯이 말이다.

사실 20대가 가진 힘이 있다. 20대는 대학생도 많고, 책임질 가족이 있기보단 자기 자신에게 집중하기 좋은 때이기도 하다. 새로운 문화와 트렌드에 대한 호기심도, 수용력도 상대적으로 크다. 지금뿐 아니라, 사회가 훨씬 경직된 1970년대에도 20대는 그 시대의 가장 자유롭고 도전적인 사람들이었다. 이런 20대가 가진 특성이자 행태는 기업에겐 중요한 마케팅 정보이고, 정치적·사회적·문화적으로도 대응해야 할 중요한 이슈를 만들어낸다. 그 어떤 시대에도 당시 20대를 외면하거나 방치하지 않았다. 그럴 수도 없었고,

그렇게 해서도 안 돼서다. 지금 시점에 우리가 Core-MZ를 필두로 Z세대에 관심을 갖는 것도 같은 이유다.

20대는
늘 주목할 대상이었다 _____

세대보단 연령대다. 세대 단위가 15~20년 정도인데, 이것보다는 10년 단위의 연령 단위가 더 특정 집단의 특성을 파악하는데 명확하다. 연령 단위로는 단연 20대다. 이건 지금뿐 아니라 예전에도 그랬다. 소비 트렌드에서 가장 중요하게 파악하는 변화의 대상도 2030대이고, 그중에서도 20대는 중요했다. 1980년대는 정치적으로 20대의 존재감이 컸고, 1990년대는 소비와 문화적인 면에서 20대의 존재감이 컸다.

X세대가 한국 사회에서 존재감을 드러낸 건 그들의 20대 때다. 당시 신세대로 불리며 1990년대 한국 사회와 기성세대들에게 도발적인 모습을 보여주었다. 한국 사회에서 특정 세대를 새로운 소비세력으로 중요하게 다루기 시작한 것이 그때부터다. 가장 강력한 소비세력으로 기존에 없던 소비의 행태이자 자신을 위한 적극적인 소비를 시작한 본격적 세대였다. 1988년 서울올림픽 이후 해외문화가 본격적으로 개방된 시대, 해외의 유명 브랜드와 대중문화가 대거 유입되고, 해외여행 자유화로 유럽 배낭여행을 비롯해

본격적인 해외여행의 막이 열린 시대다. 어학연수와 해외 유학을 대중적으로 받아들인 시대다. 한국의 경제가 역대 가장 뜨겁게 성장했던 시기고, 미래에 대한 희망도 넘쳤던 시대다. 그 시대의 20대가 바로 X세대다. 세대의 존재감은 시대가 선택한 결과물이기도 하다. 그래서 우린 세대를 파악할 때 그 시대를 중요하게 연결시켜 바라봐야 한다.

1995년과 2019년, 각기 당시 20대들의 패션을 보라. 세대는 다르지만, 그 시기에 가장 과감하고 새로운 패션스타일을 받아들이고 있다. 패션만 그런 게 아니다. 대중문화와 라이프스타일, 소비에서도 마찬가지다. 기업들이 새로운 소비세력으로 가장 적극적으로 분석하고 대응하는 사람들이 이들이다. 사실 그 이상의 연령대에겐 이전부터 꽤 팔아왔고, 경험과 성과를 통해 검증된 마케팅 전략을 갖고 있다. 새롭게 부상하는 당시의 20대들에 대해서만 그 검증과 성과가 부족했고, 기존의 방법이자 전략이 잘 안 통해서 새로운 답을 찾게 된다.

소비세력으로서의 20대뿐 아니라 유권자로서의 20대도 마찬가지다. 때론 그 앞 세대의 20대에게 통했던 방식이 그대로 통할 때도 있지만, 시대 변화가 빨라지면서 점점 안 통한다. 그래서 새로운 답을 자꾸 찾게 된다. 지금 시대의 20대가 정치권에서 볼 때 가장 답을 찾기 어려운 사람들일 것이다. 물론 1970년대의 20대에 대해서도 그 당시 기성세대와 사회로선 낯설고 모르는 것이 많았을 것

1970년대 초중반 여름 20대 패션
—베이비붐 세대 (출처 : 뉴스뱅크)

1995년 여름 20대 패션—X세대
(출처 : 연합뉴스)

2019년 여름 20대 패션—Core-MZ세대
(출처 : 무신사 거리 패션)

이다. 하지만 지금과 달리 20대의 영향력이 적었기에 1970년대 20
대에 대해 기성세대가 그렇게까지 고민하거나 두려워하진 않았다.

　　1970년대 초중반 서울 명동 일대의 20대 패션을 보라. 패션의
과감성 자체로만 보면 지금의 20대나 1990년대의 20대에 전혀 밀
리지 않는다. 오히려 더 과감하게도 보인다. 역사상 멋 부리겠다고
경찰에게 쫓겨본 유일한 세대다. 그때의 20대가 지금의 70대. 청
바지, 통기타, 미니스커트로 대표되는 것이 1970년대의 20대 문화
다. 1968년 가수 윤복희가 미국에서 귀국할 때 미니스커트를 입었
는데, 이때를 기점으로 20대에서 미니스커트 유행이 시작되었다.
1970년대 초중반 미니스커트 유행이 더 번지며 이어지자 이를 못
마땅해한 당시 기성세대들이 1973년에 경범죄 처벌법을 만들어
미니스커트와 장발을 단속했다. "긴 머리 짧은 치마 아름다운 그
녀를 보면 무슨 말을 하여야 할까 오 토요일 밤에~"로 시작되는 김
세환의 '토요일 밤에'가 1973년에 발표되었고, 당시 최고 히트곡이
되었던 것이 이런 배경과 무관하지 않다.
　　시대를 막론하고, 세대와 무관하게 현대 사회에서 20대는 늘 주
목할 필요가 크다. 기성세대가 가장 낯설어할 문화를 받아들이는
사람들이자, 새로운 트렌드에 가장 잘 반응하는 사람들이다. 당연
히 새로운 기회가 가장 많이 나오고, 그 기회를 기성세대와 사회는
주목할 수밖에 없다.

2021년 기준 20대를 보면 밀레니얼 세대와 Z세대가 반쯤 섞여 있다. 엄밀히 밀레니얼 세대 중에서도 후기, Z세대 중에서도 전기다. 그래서 이들은 나이로는 20대, 세대 구분으로는 MZ세대로 통칭하기보다는, 보다 더 좁혀서 부를 이름이 필요했다. 그래서 MZ세대의 중심부이자 중간이란 의미로 Core-MZ(혹은 Center MZ)로 명명하기로 했다.

굳이 이 명칭에 민감할 필요는 없다. 다만 MZ세대라고 하면 2021년 기준으로 나이 9~39세까지가 된다. 솔직히 초등학생하고 대기업 과장을 같은 부류로 놓고 볼 수 있을까? 심지어 밀레니얼 세대의 맏이들에겐 Z세대 막내가 자식뻘이다. 그래서 MZ세대

Core-MZ세대의 구분

2021년 기준 20대									
20	21	22	23	24	25	26	27	28	29
Generation Z (1997 ~ 2001)					Millennials (1990 ~ 1994)				

2023년 기준 20대									
20	21	22	23	24	25	26	27	28	29
Generation Z (1997 ~ 2003)							Millennials (1992 ~ 1994)		

도 좀더 세분화시킬 필요가 생긴다. 지금 MZ세대의 중심세력이 Core-MZ이고, 시간이 지날수록 Z세대가 지금의 Core-MZ 역할을 완전히 잠식한다. 그 시간도 몇 년 안 남았다. 지금의 MZ세대 트렌드를 얘기하면서 Core-MZ에 포커스를 맞춰서 봐야 하는 것과 함께, 이제 Z세대에 대해서도 본격적으로 준비하고 대응해야 할 이유다. 한해 한해 다르게 그들의 영향력은 빠르게 커지고 있고, 20대를 온전히 장악할 날도 멀지 않았다.

2021년의 20대는 정확히 밀레니얼 세대와 Z세대가 5:5지만, 2023년이면 7:3이다. 2017년 대선과 2020년 총선에선 Z세대의 존재감이 없었다면, 2022년 대선에선 꽤 커질 것이고, 2024년 총선과 2027년 대선에선 아주 중요한 존재가 될 것이다. 시간과 시대는 Z세대 편이다.

20대 땐 안 그랬는데 왜 나이가 들면 달라질까? _____

여기서 질문이 하나 나온다. 왜 20대 땐 기성세대가 낯설어 하는 도발적인 신세대, 자유롭게 자기 색깔을 드러내던 그들이 나이가 들면 달라질까? 앞서 사진으로 본 것도 1970년대 중반, 1990년대 중반, 그리고 최근까지, 시대와 세대는 다르지만 20대의 패션

스타일을 보면 하나같이 자유롭고 과감했다. 패션만 과감한 것이 아니었다. 당시 기성세대와 사회의 기득권과 관성에 대해서 문제를 제기하고 비판하던 20대였다. 그랬던 사람들이 왜 바뀐 걸까?

나이는 그냥 숫자가 아니다. 나이에 따라 지위와 입장이 생길 수 있기 때문이다. 우린 자연인으로서만 살아가는 게 아니라, 사회적 관계 속에서 서로 연결되어 살아간다. 사회적 관계는 위계와 조직으로 얽힌다. X세대는 한때 신세대였고 기성세대의 관성에 빠지지 않으려 도발했던 혁신 세대였지만, 지금은 기성세대가 되어 기성세대식 관점으로 밀레니얼 세대를 통제하고 관리하려 든다. 밀레니얼 세대에게 지금의 X세대는 꼰대 이미지다. 이건 X세대가 못돼서 그런 게 아니라 조직에서의 입지이자 위치 때문이다. 그들이 조직의 관리자 역할인데, 기성세대식 조직문화와 관리 스킬에 익숙하다 보니 자기가 배우고 아는, 자기가 익숙한 방식을 선택하는 건 누구나 마찬가지다. 여기서 서로 다른 세대 간에 문화의 차이와 입장의 차이가 생길 수밖에 없다. 기업에서도, 정치권에서도 밀레니얼 세대를 공략하거나 대응하는 역할을 기성세대 중 X세대가 맡는다. 엄밀히 X세대라서 그걸 맡는 게 아니라, 4050대가 그 역할을 맡았는데 하필 지금 그 연령대가 X세대여서 그런 것뿐이다. 그리고 이건 사회적 관계, 즉 서로 얽혀 있는 이해관계 구도 속에서 드러나는 일이다.

여기서 하나의 질문이 추가된다. 지금의 Core-MZ도, Z세대도 나이를 더 먹으면 달라질까? 물론 달라지긴 할 것이다. 그들의 입장과 입지가 바뀌는데도 전혀 변화가 없을 순 없다. 그렇다고 기성세대처럼 되진 않을 것이다. 지금 기성세대가 된 X세대도 기성세대가 된 베이비붐 세대와 같지는 않다. 세상은 짧게 보면 별로 바뀐 것 없어 보이지만 10년, 20년 단위로 보면 꽤 많이 바뀐 걸 볼 수 있다. 수십 년 전 극좌파가 주장하는 정책들을 지금 시대엔 우파들이 주장하고 있다. 그러니 기성세대라는 포지션은 같지만 태도와 삶의 방식에선 조금씩 차이를 가질 것이다. 시대 변화의 영향이다. 물론 나이의 힘을 무시할 수 없다.

나이 들면 달라질 수 있는 건 나이 자체가 아니라, 나이가 만들어내는 생애 주기와도 연결된다. 20대는 주로 대학생이거나 직장 초년생들이 많다. 자기 자신만 책임지면 된다. 자신을 꾸미고, 자기가 좋아하는 것에 투자하고, 노는 것도 가장 적극적으로 할 때가 20대다. 몸과 마음 모두 자유롭다 보니, 이는 태도로 연결된다. 그러다가 30대가 되고, 결혼을 하고 아이를 낳고, 가족에 대한 부양과 내 집 마련 등 들어갈 돈과 책임져야 할 상황이 점점 많아진다.

40대, 50대가 되어가면서 책임도 더 커지고, 가진 것도, 지켜야 할 것도 점점 많아진다. 이해관계에 따라 생각과 행동이 바뀌기도 한다. 사회에서도 도전자가 아니라 방어자의 역할, 기득권을 가진 기성세대의 역할이 된다. 직장에서도 지위와 연차는 높아지지만, 퇴사할 날은 점점 가까워진다. 퇴직과 노후의 삶, 경제에 대해서 민감해지게 된다. 부동산 문제가 그냥 주거의 문제가 아니라 가장 큰 자산의 문제이자, 이는 곧 자신의 노후와도 연결된다. 정치적 신념도 이해관계에 따라 바뀔 수도 있다. 돈이 가진 위력을 나이가 들면서, 또 사회생활을 하면서 점점 더 경험하다 보니 돈을 지키고 불리는 것을 최우선 과제로 삼기도 한다.

그동안 우린 한때 20대들이 나이가 들어 40, 50대가 되고, 60, 70대가 되면서 어떤 태도 변화가 생기는지를 지켜봐왔다. 가장 대표적인 사람들이 86세대다.

20대 때 세상을 바꾸려 나섰던 86세대, 왜 그들은 지금 20대를 철없는 애들로 봤을까? _____

일종의 부메랑이자 데자뷔다. 86세대가 대학생이자 20대이던 1980년대에 군부독재에 맞서 민주화 투쟁을 벌였다. 당시 기성세대 중에선 "부모가 힘들게 번 돈으로 대학 보내놨더니 하라는 공부는 안 하고 데모만 한다"면서 철없고 세상 물정 모르는 애들이라며 이들을 지탄하기도 했다. 박정희 정권을 찬양하고 군부독재에 순응했던 기성세대 중에선 박정희와 전두환으로 이어진 군부독재에 가장 격렬하게 저항하고 민주화 운동에 적극 나선 86세대가 못마땅했을 것이다. 당시 86세대는 정권에 의해 수배되어 구속

되고, 강제징집되어 군대로도 가고, 퇴학도 맞았다. 힘들게 들어간 대학에서 제대로 공부하기는커녕 졸업장도 못 받고 나온 자식에 속상한 마음을 보였던 부모도 많았을 것이다. 나중에 이들 중 일부는 정치인이 되어 금배지까지 달고, 일부는 강남 사교육 시장을 주도하며 부를 만들어낼 줄은 1980년대 당시에는 상상도 못했을 것이다.

하지만 시대 변화는 86세대를 선택했다. 86세대가 386세대라 불리던 30대 때 1980년대 대학 총학생회장을 비롯한 학생운동권의 리더들이 대거 정치권에 들어갔다. 김영삼 정부를 시작으로 정치권에 유입된 이들은 김대중 정부를 거치며 본격 등용되며 정치적·사회적 영향력을 키워갔다. 그렇게 힘이 커지고 수시로 언론에서 언급되는 이들을 두고 언론에선 이름을 부여할 필요가 있었다. 86세대라는 명명은 프랑스 68세대에서 영향받았을 가능성도 크다. 1968년 5월 프랑스 학생운동을 주도하여 전국적인 총파업을 이끌어내고, 결국은 정치의 변화를 만들어낸 것이 68세대다. 이런 변화는 프랑스를 비롯해 유럽 전역으로 퍼졌고, 미국으로까지 이어졌다. 68세대가 1970년대부터 정치권력에 유입되고, 1980~90년대에는 정치의 주도세력으로 성장했다. 한국에서도 1987년 6월 항쟁이 중요한 기점이 되는데, 이때 주도세력 중 하나가 86세대이기도 하다.

언론에서 어떤 배경과 이유로 명명을 했건 간에 결과적으로 한국 정치에서 386세대는 1990년대를 시작으로 2020년대까지도 중요한 입지를 이어오고 있다. 특히 민주당에선 이들 86세대의 입지가 견고하다. 그런데 50대가 된 86세대 민주당 정치인들이 서울시장 보궐선거 과정에서 20대를 철없는 애들로 발언하기까지 했다. 자신들이 20대이던 때는 철이 다 들었다고 인식했으면서, 요즘 20대는 철이 없다고 본 것이다. 이건 정치권력이 자신들에게 유리할 땐 20대를 치켜세워주다가 불리해지면 그들을 깎아내리려는 태도로, 과거 1980년대 정치권력이 20대를 깎아내릴 때도 썼던 태도다.

아무리 선거전에서의 정치공학적이자 전략적인 워딩이라고 해도 그걸 86세대들이 대놓고 쓸 줄은 몰랐다. 다급해서 그랬겠지만, 과거 자신들의 20대 때의 모습은 잊어버린 채 꼰대가 되고 권력이 된 50대의 모습을 고스란히 드러내는 역효과를 냈다. 1980년대 86세대가 철없이 투정부린 게 아니라 독재와 민주화에 대한 중대한 문제 제기이자 투쟁을 한 것처럼, 지금 20대도 일자리 문제와 양극화, 공정에 대한 중대한 문제 제기를 하는 것이지 철없는 투정이 아니다. 당면한 사회 문제이자 20대가 느낄 미래의 위기를 해결해주지 못하는 무능한 정치에 대해 문제 제기한 것을 철없는 애들로 인식하는 건 정치권이 가진 심각한 시대착오다.

권력을 지키는 게 정치의 목적일까? 권력을 지키기 위해 수단 방법을 다 동원하는 게 정치의 본성일까? 만약 이걸 동의한다면 군부독재가 민주화를 가로막은 것도 정치의 본성이라고 하겠는가?

정치는 권력을 지키는 게 아니라, 국민과 국가의 더 나은 미래를 만드는 것이다. 한국의 보수 정치권이 부패 이미지로 지지를 잃었고, 그 반사이익을 한국의 진보 정치권이 얻었다. 그런데 국민들이 힘을 실어줬던 진보 정치권도 내로남불하며 부패에선 자유롭지 않았고, 당면한 중요 문제들을 제대로 풀지 못한 무능을 드러내며 지지를 잃었다. 국민들이 지지하는 것은 보수나 진보 어느 한쪽이 아니라, 당면한 문제를 제대로 풀어낼 수 있는 유능함이다. 부패하지 않고 무능하지 않은 정치권력을 원하는 건 지극히 당연한 기본인데, 한국 사회에선 그걸 원하는 게 어쩌다 이렇게 어려운 일이 된 걸까?

한국 기성세대 정치권은 여야, 보수와 진보를 막론하고 강력한 반성과 함께 과감한 퇴장, 그리고 다음 세대에 정치권력을 적극 물려주는 선택을 해야 한다. 물론 이 명쾌하고 상식적인 답을 선택하지 않으려 할 것이고, 2022년 대선에서 20대, Core-MZ세대의 원망을 더 듣게 될 가능성도 크다. 이는 곧 Core-MZ세대의 정치세력화로 가는 촉매제가 될 수 있다. 기성세대 정치권에 기대할 수 없으니 직접 정치세력으로 나설 수밖에 없다. 20대는 결코 철없는 애들이 아니다. 20대에게 당면한 문제는 단지 그들만의 문제가 아니라 미래 한국 사회의 핵심 문제다. 이건 지금 20대를 위해서도, 미래의 한국 사회를 위해서도 반드시 풀어야 할 문제다.

Z세대가 가장 혐오하는 기성세대 모습 : 내로남불과 선민의식 _____

내가 하면 로맨스, 남이 하면 불륜이라는 의미로 쓰는 '내로남불'은 정치권이 만들어낸 말이다. 1996년 15대 총선 직후 여소야대 상황에서 여당의 의원 빼가기에 대해 야당이 공격할 때 당시 박희태 신한국당 국회의원이 응수하며 썼던 말로 알려졌다. 이미 당시에 사회적으로 '내가 하면 투자, 남이 하면 투기', '내가 하면 합법, 남이 하면 불법', '내가 하면 예술, 남이 하면 외설', '내가 하면 오락, 남이 하면 도박' 같은 식으로 쓰이고 있었는데, 이걸 정치인이 정치적 이슈에서 사용하면서 내로남불은 정치에서 쓰는 수사가 되었고, 2010년대 이후 여야에서 서로를 공격할 때 자주 쓰는 말이 되었다.

정치권의 이중 잣대는 여야, 진보·보수를 막론하고 드러나는 것이 국민의 정치권 혐오, 불신의 대표적 이유가 된다. 사실 인간은 누구나 내로남불의 경향을 가진다. 심리학에선 이를 방어기제로 보는데, 그렇다고 이것이 정치권의 내로남불을 정당화하진 못한다. 정치권이 내로남불을 반복적으로 저지르고, 또 상대를 공격하는 무기로 계속 쓰면서도 정작 달라지지 않는 건 심각한 오만이다. 잘못을 했는데도 반성도 개선도 없다는 건 진심으로 잘못이라 여기지 않아서다. 국민을 우습게 여기거나 정치인 스스로가 자신들을 우월한 특권계층이라 여기지 않고서야 이럴 순 없다. 선민의식選民意識은 한 사회에서 남달리 특별한 혜택을 받고 잘사는 소수의 사람들이 가지는 우월감을 일컫는다. 특권층의 안하무인이다. 신기한 건 내로남불과 선민의식이 팽배한 정치인들이 선거에선 계속 당선된다는 사실이다. 이러니 2030대가 정치에 어떤 희망을 품겠는가? 매번 선거마다 차악 타령을 할 수밖에 없는 가혹한 현실도 참아주기 힘들다. 헬조선 얘길 할 수밖에 없게 만든 원인 제공자가 현재 기득권을 가진 기성세대라는 점은 분명하다.

이 당이나 저 당이나, 이 정치인이나 저 정치인이나 도덕성이나 능력에서 다를 바도 없고 그게 그거라면, 아예 새로운 당과 새로운 정치인에게 기회를 준다 해도 손해 볼 것도 없다. 어차피 기대할 것이 별로 없고 유능하지도 않으니 누가 해도 그보다 못하기도 어렵다. 이런 상황을 겨냥해 2030대가 정치세력화한다면 어떨까? 기성의 정치권이 그들에게 기회를 줄 때까지 기다리는 것보다 직접 나서는 게 더 빠르고 효과적일 수 있다. 지금 정치권의 중심세력 중 하나인 86세대도 20대 때 세상을 바꾸려 나섰다. 당시 정부와 정치권, 기성세대에 저항했던 것처럼 지금의 Core-MZ가 그렇게 한다면 어떨까? 지지하며 힘을 보태줘야 하지 않을까? 미얀마 민주화 시위에 Z세대가 선봉에 서고, 그들을 지지하고 후원하는 것이 우리의 86세대와 X세대에 해당되는 사람들인 것은 생각해볼 일이다.

같은 얘기를 보고서 왜 누구는 뼈 때리는 사이다라고 하고, 누구는 거슬리는 독설이라고 할까? 우린 얘기 그 자체를 판단하는 게 아니다. 누가 했는지, 나에게 어떤 이해관계가 있는지부터 따진다. 적어도 판단을 할 때는 옳고 그름을 판단하자. 싫고 나쁨으로 판단하지 말고. 꼰대가 아닌 어른이 되기 위한 최선의 방법이다.

맹목적 꼰대 타령을 그만하라 _____

누구든 꼰대라는 말로부터 자유로울 수 없다. 나이 서열문화를 가진 한국 사회에선 대학 4학년은 1학년들에게 엄청난 꼰대고, 심지어 초등학교나 유치원에서도 한두 살 많다는 이유로 꼰대짓 하는 경우를 본다. 누가 꼰대냐 아니냐라는 논쟁은 쓸데없다. 후배(혹은 상대)의 잘못이나 문제를 지적하면 '꼰대짓'이라고 되받아치는 것도 엄밀히 폭력이다. 나이 많고 지위 높다는 이유로 다른 사람에게 잔소리나 자기 방식을 강요하는 것만 '꼰대짓'이 아니다. 꼰대라는 프레임을 이용해서 상대를 공격하거나 협박하는 것도 꼰대짓이다. 누구나 자유롭게 문제 제기하고, 그 문제에 대해서 이성적·논리적 토론을 하고, 거기서 나온 더 나은 답을 적극 수용하는 태도는 나이와 상관없이 모두에게 필요하다. 그런 태도가 꼰대로부터 자유로울 유일한 방법이 아닐까.

20살 넘으면 다 꼰대라는 얘기도 한다. 성인이면 다 꼰대라는 얘기인데, 나이를 기준으로 꼰대다 아니다를 얘기하는 것만큼 위험한 것도 없다. 나이 자체가 무슨 죄인가? 나이가 무슨 잘못을 저지르는가? 문제는 사람이다. 꼰대라는 말은 가장 직설적으로 권위적이고, 위선적이고, 관성적인 사람들을 저격하는 데 좋다. 하지만 너무 과하게 쓰면 감정 싸움만 시킨다. 우리가 세대 얘기를 하고 꼰대 얘기를 하는 건 어떤 세대가 이기고 지고 싸우자는 게 아니다.

꼰대는 아버지나 교사 등 나이 많은 남자를 청소년들이 부르던 은어였는데, 지금은 자신의 사고방식을 타인에게 강요하는 것을 비롯해, 나이와 지위를 통해 권위를 내세우며 상대를 통제하거나 우위에 서려는 행동을 하는 사람들을 일컫는다. 이 말이 생겼을 땐 나이가 꼰대의 중요한 기준이었는데, 지금은 나이가 아닌 태도가 꼰대의 기준이 된다. 만약 한국 사회의 나이 서열문화가 강력하지 않았다면 어땠을까? 그랬어도 꼰대가 이렇게 중요한 화두가 되었을까? 꼰대, 갑질은 해외 언론에서 쓸 때도 따로 영어로 그 말을 찾지 않고 우리말 그대로 소리나는 대로 'Kkondae', 'Gapjil'로 표기한다. 한국적 특수성을 가진 현상인 것이다. 우리는 유독 나이를 서열이나 계급처럼 구분시켜 동갑과 한 살 선배, 후배를 명확히 구분하고 위아래로 나누는 문화를 일제강점기부터 근 100년을 이어왔다. 결국 이런 나이 서열문화를 버리는 게 필요하다. 후배가 능력이 있어서 상사가 되어도 누구나 기쁘게 축하하며 받아들일 수 있어야 선배라는 이유로 무조건 우위에 서려 하지 않을 것이다. 나이를 기준으로 서열을 매기는 건 참 구시대적이다.

"너의 젊음이 너의 노력으로 얻은 상이 아니듯, 나의 늙음도 나의 잘못으로 받은 벌이 아니다." 영화〈은교〉를 통해 한국인에게 널리 알려진 이 말은, 미국의 시인으로 1954년 퓰리처상을 받은 시어도어 로스케Theodore Roethke가 한 말이다. 누구나 나이를 먹는다. 노력 없이도 먹는 것이 나이다. 공짜로 받은 것을 가지고 서열을 나누는 것도 난센스이고, 젊음과 늙음을 비교하며 우위를 가르는 것도 난센스다.

어느 세대가 다른 어느 세대보다 더 우월하다는 식의 접근은 무모하고 위험하다. Z세대가 가장 위대해서 미래의 한국 사회를 지배하는 게 아니다. 그들에게 주어진 시간이자 기회이기 때문이다. 수명이 길어지며 은퇴도 늦어지고, 사회적 역할과 경제적 영향력에서도 점점 나이 든 사람들의 입지가 쉽게 줄어들지 않는다. 반대로 새로운 젊은 세대의 역할과 영향력도 어리다고 적지 않다. 모든 세대가 지금 시대에 동시에 공존하는데, 모든 세대가 각기 가진 힘들이 더 커지고 있다. 충돌이 생기고, 이를 갈등으로 볼 수 있는 여지가 자꾸 늘어나는 건 분명 맞다.

하지만 갈등은 현상일 뿐이고, 갈등의 배경이자 원인을 이해하고 풀면 갈등이란 현상은 금세 해소된다. 그럼에도 불구하고 갈등을 현상을 넘어 패러다임이라 규정하고, 갈등 자체를 당연시 여기면서 그 다음의 문제를 바라보는 건 계략이 있거나 아니면 멍청하거나 둘 중 하나다. 세대갈등을 정치적이든 경제적이든 무언가 이용할 가치가 있어서 이득을 취하기 위해 일부러 더 조장하고 부각시키는 계략은 사악하다. 결과적으로 그들은 이익을 보겠지만, 사회 전체로선 손해다. 멍청해서 그런 거면 이익은 누구도 보지 못한 채 다 손해만 본다.

2030대는 왜
1947년생 윤여정에 열광할까? _____

　　1947년생 윤여정은 1966년 연극배우를 시작으로 1971년 〈화녀〉를 통해 영화배우로 데뷔했다. 배우 인생 55년, 만 74세의 그녀는 영화 〈미나리〉로 미국 배우 조합상 여우조연상, 영국 아카데미 여우조연상, 미국 아카데미 여우조연상을 수상했고, 상을 받을 때마다 재치 있고 솔직한 그녀의 수상 소감도 이슈가 되었다.

　　2030대는 '탈권위적이고 솔직한' 윤여정 어록에 열광한다. 왜 세대차이가 날 수 있는 70대 윤여정을 그들이 적극 애정하고 지지하는가? 어떻게 그녀는 2030대가 따르는 멋진 어른의 대명사가 되었을까? 먼저 그녀의 어록들을 살펴보자.

"다섯 후보는 각자의 영화에서 다른 역할을 했다. 내가 운이 더 좋아 이 자리에 있는 것 같다."

- 오스카 시상식 여우조연상 수상 소감 중

"오스카를 탔다고 윤여정이 '김여정'이 되는 건 아니다. 살던 대로 살 것이다."

- 오스카 시상식 후 기자회견 중

"미국에서 제안이 오면 한국인들은 제가 '할리우드를 동경할 것'이라고 생각하겠지만, 난 할리우드를 동경하지 않는다. 다만 계속 미국에 오는 이유는 미국에서 일을 하면서 (미국에 거주 중인) 아들을 한 번 더 볼 수 있기 때문이다."

- 미국 NBC 방송 '아시안 아메리카'와 생방송 인터뷰 중

상대에 대한 배려와 함께 자신에 대한 소신으로 당당하다. 남 눈치 안 보고 자기 갈 길 가는 사람의 메시지다. 사실 〈미나리〉로 세계적인 유명세를 얻어서 2030대가 윤여정을 따르는 게 아니다. 윤여정 어록은 그 이전부터 회자되고 있었다.

"서진이가 메뉴를 추가하자고 했어요. 젊은 사람들이 센스가 있으니 들어야죠. 우리는 낡았고, 매너리즘에 빠졌고, 편견을 가지고 있잖아요. 살아온 경험 때문에 많이 오염됐어요. 이 나이에 편견이 없다면 거짓말입니다. 그런데 어른들이 젊은이들에게 '니들이 뭘 알아?' 하면 안 되죠. 난 남북통일도 중요하지만 세대 간 소통이 더 시급하다고 생각해요."

- 2017년 tvN '윤식당' 촬영 이후 언론 인터뷰에서 했던 말

"60세가 되어도 인생은 모른다. 나도 처음 살아보는 거니까. 나도 67살은

아카데미 여우조연상을 수상한
윤여정은 탈권위적이고 솔직한
모습으로 2030대가 열광하는
멋진 어른의 전형을 보여주었다.
(출처 : 뉴스뱅크)

처음이다. 처음 살아보는 것이기 때문에 아쉬울 수밖에 없고 아플 수밖에
없다. 그냥 사는 거다."

- 2013년 tvN '꽃보다 누나'에 출연해서 했던 말

"세상은 서러움 그 자체고, 인생은 불공정·불공평이다. 그런데 그 서러움은
내가 극복해야 한다. 나는 극복했다."

- 2017년 tvN '택시'에 출연해서 했던 말

세상에 잘난 어른은 많다. 대개 잘난 척하고 좋은 말, 멋진 말은
잔뜩 하지만 책임지지 않거나 내로남불하는 경우가 많다. 어른다
운 어른이 별로 없는 사회다. 2030대가 기대하는 어른의 모습이 바
로 윤여정 같은 모습이다. 나이가 많고 지위가 높다는 이유로 청년
들에게 함부로 조언하고 값싼 위로를 던지는 기성세대에게 실망한
것이 2030대다. 특히 20대들이 더더욱 그렇다.

그동안 기성세대는 성공한 자신들의 모습을 롤모델 삼아 따르

라고만 했다. 남처럼 사는 게 아니라 나처럼 살라는 것은 지금 시대 2030들에게 중요한 화두다. 기성세대 롤모델 따라한다고 그대로 이뤄지지도 않는다. 시대도 상황도 다 바뀌었기 때문이다. 솔직히 롤모델이 왜 필요해? 나는 나같이 살면 된다. 나이가 들수록 삶의 지혜가 생기고 실수가 잦아들지만, 여전히 처음 살아보는 오늘이니 완벽하지 않아도 그럴 수 있다. 이런 메시지를 윤여정도 말하고 있다.

공교롭게도 2030대에게 사랑받는 또 다른 1947년생 할머니가 있다. 바로 구독자 131만 명이 넘는 유튜브 크리에이터 박막례다. 50년 이상 식당 일을 한 박막례는 2016년 의사로부터 치매를 주의하라는 소견을 듣게 되는데, 이때 손녀가 치매 예방 겸 유튜브 영상 촬영을 하자고 제안했다. 그렇게 시작한 유튜브로 인생의 새로운 전성기를 만들었는데, 70대 할머니지만 20대는 물론이고 10대와도 소통을 한다. 1020대가 할머니에게 상담을 청하는데, 박막례는 탈권위적이고 열린 사고로 답한다. 박막례 어록이자, 그녀가 주고받은 질문에 대한 답을 살펴보자.

Q 결혼할 생각이 별로 없어요. 결혼해서 행복해 보이는 사람보다 불행해 보이는 사람이 더 많아서요. 근데 저도 평범한 사람인지라 조금 흔들리긴 해요. 노년에 쓸쓸할까 봐요. 결혼은 그래도 하는 게 좋을까요? - 꽉찬여자
박막례 "능력 있으면 혼자 살아. 개 키우면서 살아."

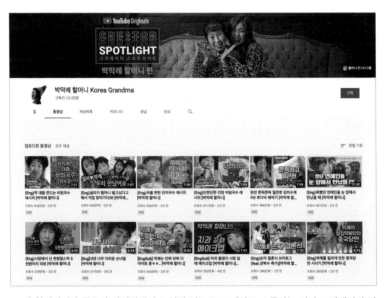

70대 할머니지만 특유의 탈권위적이고 열린 사고로 10대와도 소통하는 인기 크리에이터 박막례의 유튜브 채널 동영상

Q 좋은 사람이 되고 싶어요. 그래서 주변 사람들에게 늘 친절하려고 노력하죠. 그런데 '이게 정말 좋은 사람이 될 수 있는 방법일까?' 싶네요. 좋은 사람은 어떻게 될 수 있어요? - 응두응두

박막례 "이거 질문한 사람 꿈이 혹시 정치인이여? 정치인 아니면 그 꿈은 진즉 접는 게 좋을 것이여. 모두에게 좋은 사람은 이 세상에 있을 수가 없는 것이여. 내가 70년 넘게 살아보니까 그래. 왜 남한테 장단을 맞추려고 하냐. 북 치고 장구 치고 니 하고 싶은 대로 치다 보면 그 장단에 맞추고 싶은 사람들이 와서 춤추는 거여. 응두응두 양이 그런 사람이 됐음 좋겠어요~!"

Q 예전엔 새로운 사람을 만나는 게 즐겁고, 사람들과 함께 무언가를 하는 게 좋았어요. 그런데 지금은 남자친구와 제일 친한 친구들 빼고는 아무도 안 만나요. 인간관계에 권태기가 온 거 같아요. 새로운 사람에 대한 궁금증도 없고요. 굳이 사람을 만나야 되나 싶기도 하고. 아직 20대인데 저 왜 이럴까요? 그냥 이렇게 살아도 될까요? - 늦깎이신입생

박막례 "뭐여? 뭐가 문제여? 그게 짱이여. 사람 많이 만나면 돈만 많이 쓰지 뭐가 좋대?"

Q 화목한 가정에서 별 어려움 없이 자랐고 좋은 대학을 나와 남부럽지 않은 대기업에서 인정받으며 일하고 있어요. 여태 제 인생에 고난이란 건 한순간도 없었어요. 배부른 소리로 들릴지 모르겠지만, 알 수 없는 불안감이 있습니다. 저도 남들처럼 고군분투의 과정이 있어야만 할 것 같은데, 제가 마치 옳은 길로 가고 있지 않은 듯한 생각이 저를 계속 괴롭힙니다. - 고독한20대

박막례 "고난은 누구에게나 찾아오는 거여. 내가 대비한다고 해서 안 오는 것도 아녀. 고난이 올까 봐 쩔쩔매는 것이 제일 바보 같은 거여. 어떤 길로 가든 고난은 오는 것이니께 걍 가던 길 열심히 가."

이렇듯 세대차이가 훨씬 크게 나는 70대 할머니도 20대를 자발적으로 따르게 할 수 있는데, 4050대가 그걸 못한다고 하면 말이 되겠는가?

경기도청은 2019년 7월 1일부터 직원들의 반바지 차림을 허용했

다. 첫날 민관협치과에서 근무하는 구자필(48세) 주무관이 반바지를 입고 출근해 '경기도청 반바지 공무원 1호'가 됐다. 이 덕분에 그 다음날부터 47세 밑으로는 누구나 반바지를 입을 수 있게 되었다.

수많은 기업, 조직에서도 별의별 제도와 정책들이 있다. 좋은 것도 꽤 많다. 그런데 명문화되고 실천이 안 되는 것이 많다. 특히나 조직이 경직되고 위계구조가 견고한 곳일수록 더하다. 가장 대표적인 곳이 공무원 조직이다. 말만 무성할 뿐 실천하는 선배, 먼저 모범을 보이는 선배 찾기가 쉽지 않다. 그깟 반바지 입기가 뭔 대수냐 하겠지만, 이런 작은 실천도 먼저 본을 보이는 선배가 필요하다. 그래야만 눈치 보던 후배들이 좀더 편하게 여름철 반바지 입기를 할 수 있다. 구 주무관은 자신의 페이스북에 "남들 시선이 불편해서 못하는 게 아니라 변하려고 노력하지 않는 조직의 보수성이 문제가 아닐까 한다"며 "어렵다고 생각하지 않고 나부터 변해보려고 한다"고 반바지 차림에 도전한 이유를 밝혔다.

오스카 수상 직후 한국 사회가 윤여정에 열광하니, 윤여정과 인연이 있는 이들의 인터뷰가 여러 매체에 가득 실렸다. 윤여정을 직접 인터뷰하지 못하는 매체들이 윤여정과 인연이 있을 법한 이들을 인터뷰하고, 윤여정 열풍에 숟가락 얹기를 한 셈이다.

그런데 신기하게도 윤여정을 오래 알고 지낸 나이 많은 유명인들(정치인부터 연예인에 이르기까지 다양한)이 한결같이 지금 윤여정의 탈권위적이고 솔직한 모습이 과거에도 그랬고 지금도 그렇다고들 얘기한다. 멋진 노인, 아니 멋진 어른의 대명사가 된 윤여정을

구자필 주무관이 페이스북에 올린 글

칭찬하며 자기 일처럼 기뻐하는 건 좋은데, 여기서 왜 그들 스스로
는 멋진 노인, 멋진 어른과는 거리가 있을까?

2030대에서 번진 윤여정 신드롬을 보며 기성세대는 부러웠을
것이다. 70대가 2030대, 심지어 10대들에게서도 사랑받고 지지받
고 존경받는 걸 보면서 4050대는 어땠을까? 분명 세대차이로 보면
자신들이 더 가까운 위치인데, 자기들은 받아보지도 못한 지지와
존경, 애정을 70대가 받는 걸 보며 어떤 생각이 들었을까? 세계적

인 상을 받고 유명해져서 그런 게 아니다. 이건 지금의 기성세대들이 생각해야 할 문제다. 당신은 어떤 어른인가? 행동하고 책임지는 어른인가? 세대가 달라서, 세대차이가 나서 소통이 안 되는 게 아니다. 나이가 많아서 거리감이 생기는 게 아니다. 우리는 세대차이와 나이를 자주 핑계로 대지만, 나이는 아무 죄가 없다. 다만 나이만 먹고 어른이 안 된 오만한 기성세대는 죄가 있다.

Part 4

기업과 정치는 왜 '세대 이슈'를 왜곡해서 대응할까?

기업이 먼저 삽질을 했고, 정치는 여전히 삽질을 한다. 바로 2030대에 대한 대응 얘기다. 밀레니얼 세대가 기업에 본격적으로 들어오면서 기업에서 세대론이 부각되었다. 세대차이와 세대갈등이 조직문화의 심각한 변수가 되었다고 여겼다. 기성세대가 밀레니얼 세대를 어떻게 이해해서 그들과 소통하고, 또 그들을 어떻게 관리하고 이끌 것인가에 초점이 맞춰졌고, 밀레니얼 세대의 특성을 분석하는 데 급급했다.

밀레니얼 세대에 이어 Z세대가 기업에 들어오기 시작하면서 'MZ세대'에 대한 대응은 기업에서 더더욱 중요하게 인식되었다. 주로 임원급을 비롯해 과장급 이상 관리자, 직책자들에게 MZ세대 대응을 위한 세대론 교육이 이뤄졌다. 신입사원과 저연차 직원들에게는 기성세대 상사에 대한 이해와 그들과의 소통, 그리고 조직문화에 어떻게 잘 적응할 것인가에 대한 교육이 이뤄졌다. 이런 교육이 대기업부터 중소기업, 공기업과 공무원 조직에 이르기까지 수년간 확산되었다. 과연 교육의 효과는 어땠을까?

효과가 있을 리 없다. 애초에 문제를 바라보는 관점이 잘못되었기 때문이다. 세대가 '서로 다르다' 혹은 '요즘 2030대가 좀 특이하다' 같은 관점으로는 풀 수 있는 문제가 전혀 없다. 언제는 같은 세대끼리만 일했던가? 늘 다른 세대가 함께 일했고, 2030대는 사회에서도 늘 기성세대와는 다른 태도와 문화를 가졌었다. 그렇다면 '다르다', '이해하자' 같은 식의 접근이 필요한 것이 아니다. 이런 식의 접근에선 옳고 그름의 문제, 더 합리적이고 효율적인 답을 찾기보다, 서로의 공감이나 소통 같은 모호한 식의 답으로 귀결되기 때문이다. 기업에서나 정치에서나 기성세대식 관점으로 이 문제를 푸는 키를 쥐다 보니 삽질을 하고, 배가 산으로 가는 것이다.

제대로 알고 싶은 걸까, 아니면 과거 방식을 주입시키고 싶은 걸까? _____

2020년 11월, 구인구직 매칭 플랫폼 사람인에서 '요즘 세대 신입사원'이란 주제로 392개 기업을 대상으로 조사한 결과에 따르면, 응답 기업의 42.6%가 과거(기성세대) 신입사원과 비교해 지금의 Z세대 신입사원에 대해 불만족했다는 응답이 나왔다. 만족한다는 응답은 17.9%였고, 비슷하다가 39.5%였다. 흥미로운 건 여기서 답한 Z세대 신입사원의 약점 내용들이다. 즉, 기업에서 이들에게 가장 불만인 것이 바로 이런 것들이란 얘긴데, 복수 응답한 결과에 따르면, Z세대 신입사원의 약점 1위는 책임감(41.6%), 그다

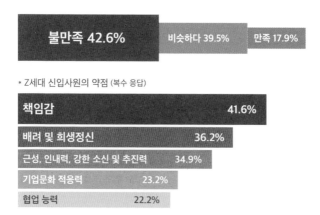

기업 10곳 중 4곳, Z세대 신입사원 불만족!
(기업 392개사 설문조사. 자료 제공 : 사람인)

불만족 42.6% 비슷하다 39.5% 만족 17.9%

* Z세대 신입사원의 약점 (복수 응답)

책임감 41.6%
배려 및 희생정신 36.2%
근성, 인내력, 강한 소신 및 추진력 34.9%
기업문화 적응력 23.2%
협업 능력 22.2%

음이 배려 및 희생정신(36.2%), 근성, 인내력, 강한 소신 및 추진력
(34.9%), 기업문화 적응력(23.2%), 협업 능력(22.2%) 순이었다.

흥미로운 건 앞의 조사보다 약 2년 정도 앞선 2019년 1월의 조
사 결과다. 당시 기업 인사 담당자 479명을 대상으로 '밀레니얼 세
대 신입사원 특징'을 조사했는데, 인사 담당자들이 꼽은 밀레니얼
세대 신입사원의 강점(복수응답)은 SNS 등 신기술 활용(44.1%), 다
양한 활동 경험(28%), 글로벌 역량(26.1%), 창의력(17.7%), 강한 소
신 및 추진력(15%) 순이었다. 반대로 밀레니얼 세대 신입사원의 약
점이 근성, 인내력(40.7%), 책임감(38.6%), 배려, 희생정신(38.4%),
기업문화 적응 및 협동(36.5%) 순이었다. 기업의 기성세대 시각에
선 밀레니얼 세대나 Z세대나 같은 약점을 얘기한다.

시차가 2년 가까이 있고, 하나는 신입사원을 밀레니얼 세대로, 다른 하나는 신입사원을 Z세대로 보고 한 조사다. 그런데 놀랍게도 신입사원의 약점으로 책임감, 근성, 인내, 배려, 협동, 희생정신 등이 제기되는 건 같다. 기업에서 신입사원을 바라보는 시각의 변화가 전혀 진전되지 않았다는 의미다. 아울러 신입사원의 약점으로 지적된 그 내용들이 모두 과거 평생직장 시대의 조직문화에서 중요시 여기던 것들이다. 평생직장과 수직적 위계구조의 산물을, 평생직장이 사라진 시대, 기업 스스로 조직의 수평화를 얘기하는 시대에도 여전히 요구하고 있는 셈이다. 이 자체가 오류다. 기업이 바라는 인재상, 시대상과도 어긋나는 과거식 조직문화를 신입사원

신입사원 연수 프로그램에 여전히 존재하는 해병대 캠프나 행군 등 군대식 집단문화는 지금 20대에겐 전혀 맞지 않는 교육 방식이다. (출처 : 뉴스뱅크)

에게 받아들이길 요구한다.

　기업의 기성세대 관리자나 인사 담당자들이 신입사원의 약점으로 지적하는 내용들이 고스란히 신입사원 교육 프로그램으로 들어가는 건 당연하다. 여전히 해병대 캠프나 행군을 주요 프로그램으로 하는 기업들이 있다. 그나마 코로나19 팬데믹 때문에 집합교육이 불가능해지면서 이런 프로그램이 대거 사라졌지만, 여전히 이런 태도는 그대로다. 사실 신입사원 연수 프로그램에서 군대식 문화이자 강제적 집단행동이 지금 시대 20대에겐 전혀 맞지 않는다는 것은 오래전부터 제기되어왔지만, 기업들은 그 부분을 적극 반영하지 않고 있다. 이는 20대 신입사원(한때는 밀레니얼 세대였고, 지금은 Z세대인)을 바라보는 시각과 대응 방법에서 심각한 오류가 있음을 보여주는 대목이다.

　취업 포털 인크루트가 2015년 12월 신입사원들을 대상으로 조사한 결과를 보자. 조사 대상 신입사원의 34%가 기업연수원 교육을 받은 뒤 입사를 포기하고 싶은 생각이 들었다('실제 퇴사를 했다' 포함)고 응답했다. 이들에게 이유를 물었더니 '나와 맞지 않을 것 같은 기업문화를 확인했기 때문'(26%), '연수 기간 내내 적응하기 힘들었기 때문'(10%)이란 답이 많았다. 군대문화, 극기훈련, 반말, 음주 강요, 조직문화 세뇌식 교육, 야외활동과 레크리에이션 참여 강제 등에 대한 불만이 컸다.

　신입사원이 기업연수원 교육을 받은 후 입사를 포기하고 싶어

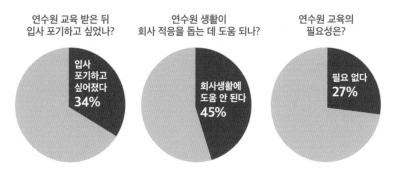

신입사원들의 기업연수원 교육에 대한 설문조사
(인크루트, 2015년 12월)

연수원 교육 받은 뒤
입사 포기하고 싶었나?

입사
포기하고
싶어졌다
34%

연수원 생활이
회사 적응을 돕는 데 도움 되나?

회사생활에
도움 안 된다
45%

연수원 교육의
필요성은?

필요 없다
27%

지는 건 누구 책임일까? 기껏 인재 뽑느라 시간과 돈 쓰고, 교육시키느라 시간과 돈 썼는데 입사를 포기하면 기업이 고스란히 손해다. X세대 때나 통하던 신입사원 연수 프로그램을 밀레니얼 세대에게 적용하다가 문제가 되고 효과도 떨어졌음을 확인한 지 꽤 되었음에도 그 이후로도 기업에선 계속해서 신입사원에게 책임감, 근성, 끈기, 희생정신 같은 걸 바란다. 그리고 이걸 이끌어내는 방법도 과거식으로 한다. 분명 지금 시대, 아니 미래에도 직원들의 애사심, 책임감, 근성이 필요하지만, 이들에게 과거처럼 집단행동이나 군대문화 같은 방식으로 이를 이끌어낼 순 없다. 밀레니얼 세대, Z세대에 대한 실질적 이해를 통해 이들에게 맞는 방법을 쓰는 게 필요한데도 과거의 방법을 계속 쓰는 건 안일하고 무능한 것이다.

혹시
이런 후배를 원하는가? _____

- 상사(선배)의 말 잘 듣고 (상명하복)
- 조직(팀)을 위해 희생하고 (연대책임/충성)
- 상사(선배)에 대한 의전 잘하고 (예의/충성)
- 회식(술자리)에서 잘 놀고 (상명하복/예의)
- 개인보다는 조직(팀)을 우선하는 (집단주의)

정말 이런 후배를 원하는가? 솔직히 앞선 조사 결과를 보면 합리적 의심이 가능하다. 기성세대 선배들이 조직에서 바라는 2030대 후배상을 여전히 군대문화의 잔재에서 찾는다는 건 시대착오다. 이런 후배가 없다는 걸 힘들어하고 불만이라고 얘기할 게 아니라, 이런 후배를 원하는 선배들의 관성을 지우는 게 우선이다. 거느리고 통제할 후배가 아니라, 함께 일할 동료가 필요하다. 조직문화에서 수평화와 애자일 프로세스 등 기업들이 변화를 받아들이려는 이유도 빠르게 진화하는 산업 환경에서 살아남기 위해서이지, 기성세대 선배를 힘들게 하려고 그러는 게 결코 아니다.

"잘하는 기업이 아니라 위대한 기업을 만들고 싶다. 구성원이 노예가 아니라 공화국의 자유민이 되면 영웅이 나온다."

"토스는 구성원을 어른으로 대한다. 신뢰와 위임의 문화 속에서 역량을 펼칠 분인지를 채용 과정에서 확인하고, 이후엔 걸맞은 신뢰와 자율을 준다."

이는 비바리퍼블리카 이승건 CEO가 2020년 12월 중앙일보와의 인터뷰에서 했던 말이다. 비바리퍼블리카는 국내 유일의 핀테크 유니콘(기업 가치 1조 원 이상 스타트업)이자 누적 가입자 1,800만의 금융 앱 '토스' 운영사다. 계열사로 토스증권과 토스뱅크, 토스페이먼츠(LG유플러스의 PG 계열사 인수), 보험 대리점인 토스인슈어런스가 있는데, 전체 직원 수가 2019년 말 380명이었던 것이 2020년 말 780명을 넘고, 2021년 1분기까지 1천 명을 넘었다. 급성장하는 회사다 보니 직원의 2/3가 2020년 이후에 입사했다. 심지어 2021년 1분기 때 300명을 뽑으면서 전 직장의 연봉 1.5배, 1억 원어치 스톡옵션이라는 파격적 조건을 내걸었던 것도 인재의 필요성 때문이다. 첨단의 테크 기업이라도 일은 결국 사람이 한다. 인재가 모여들게 하고, 인재가 역량을 펼치게 만드는 게 가장 중요한 조직문화다.

지금 시대 선배들이 후배들과 일할 때 가질 5가지 소통 전략이자 업무 태도를 소개한다. 5가지 모두 공통적으로 후배를 '부하' 같은 개념이 아니라 '동료'로 바라보고 존중한다. 애사심은 돈으로만 이뤄지지 않는다. 인정과 존중이 중요하다. 그리고 비전이 중요하다. 자신의 미래가 보이고, 자신의 가치가 커지는 것을 본다면 애사

지금 시대 후배들과 일할 때 가질 5가지 소통 전략과 업무 태도

일방적 지시가 아니라 구체적이고 빠른 피드백을 원한다
(1:1 수평적 소통에 적극적·상호의존적 협업 지향)

↓

진짜 (쌍방향) 소통을 하라

**왜 이 일을 하는지, 이 일이 어떤 기여와 성과를 내는지
Why를 공유해주길 원한다**
(정보 수평화이자 존중)

↓

'왜'를 설명해 동기부여를 키워라

업무 과정과 평가 과정에서 투명성과 공정성을 원한다
(부당함과 정보 통제를 거부 / 업무 자체로만 평가되길)

↓

공정한 시스템을 구축하라

자신의 전문성과 능력을 계속 성장시켜주는 조직과 리더를 원한다
(교육에 투자 않고, 하던 일만 반복하는 회사를 거부)

↓

성장할 수 있음을 보여줘라

자율과 책임을 지는 어른이자 프로로서 동등하게 대해주길 원한다
(아랫사람 취급을 거부 / 선택의 자유와 권리 보장)

↓

동등한 동료로 대하라

심은 커질 수밖에 없다. 이런 것 없이 돈으로만 애사심을 이끌어내려면 엄청나게 줘야 한다. 그리고 더 많은 돈을 주는 곳이 있으면 그마저도 소용없다. 실제로 밀레니얼 세대부터 시작된 조기 퇴사는 Z세대에게도 그대로 이어진다. 1년 된 신입사원이 사표를 쓰는 이유가 '끈기 없는 요즘 애들이라서'가 아니다. 조직에서 인정과 존중을 받지 못하고, 비전도 없어 보여서가 가장 많다. 기업이 밀레니얼 세대 대응을 중요 화두로 제기한 건 2010년대 중반이다. 그로부터 시간이 꽤 지났다. 하지만 여전히 기업에서 세대 이슈는 갈등과 대립 이슈로 전개되며, 기업 경영진과 인사 파트에 더더욱 큰 숙제를 안겨주고 있다. 수년간 문제를 제대로 풀지 못한 건 결국 이 문제를 바라보는 관점이 시대착오적이었다는 결론으로 이어진다.

참고로, 아래 이미지는 삼성그룹 창업자 이병철 회장(1910~1987)의 1981년 8월 훈시 내용이 담긴 문서 일부다. 저 당시에 요즘 젊은

요즈음 젊은이는 과거와 다르다
세계가 바뀌어서인지 요즈음 젊은 사람들은 책임감과 도덕심, 애사심 등이 과거와는 많은 차이가 있는 것 같다.
이러한 사원들을 올바르게 이끌어주고, 지도하는 것이 곧 관리자의 임무이다.

1981. 8. 15. 임원교육 훈시에서

삼성그룹 창업자 이병철 회장의 훈시 내용이 담긴 문서 일부

이들로 거론된 그들은 베이비붐 세대다. 다름을 인정하고 문제 해결이 시작되어야 한다. 그들이 틀린 것이 아니라 다르기에 왜 다른지, 무엇이 더 나은 방법일지를 찾는 게 상사이자 선배의 역할이다.

상대를 이해하고, 상대를 이끌기 위해선 상대를 존중하고, 상대를 있는 그대로 왜곡 없이 바라보는 것이 중요하다. 그동안 기업과 정치권이 세대 이슈를 꺼내면서 늘 삽질과 실패를 해온 건 기성세대 관점과 입장에서 이 문제를 바라봤기 때문은 아닌지 되새겨봐야 한다.

문제는
워라밸이 아니야! _____

정치권이 참 좋아하는 단어가 워라밸이다. 마치 그 말이면 밀레니얼 세대가 열광할 거라 생각했나 보다. 워라밸은 분명 중요하다. 하지만 워라밸에도 양면성이 있다. 비전 없고, 월급이나 꼬박꼬박 받으면서 편하게 일하겠다고 한다면야 워라밸이 최고다. 하지만 더 큰 미래를 바라보는 이들에게 워라밸은 하나의 옵션일 뿐이다.

전 세계 유명 기업 중 가장 많이 일을 시키는 곳을 꼽자면 단연 테슬라Tesla와 스페이스XSpaceX가 최상위권일 것이다. 두 회사의 공통점은 CEO가 워커홀릭의 대명사 일론 머스크라는 점이다. 그는 평소 "사람들이 세상을 바꾸려면 일주일에 80~100시간 정도 일해야 한다. 일하기 쉬운 곳도 있겠지만, 일주일에 40시간씩 일해서 세상을 바꾼 사람은 아무도 없다"는 말을 당당히 하는 사람이다. 일론 머스크는 2018년 11월 IT 전문매체 리코드Recode와의 인터뷰에서 "모델 3 세단 생산을 늘리기 위해 주당 120시간씩 근무하고, 테슬라의 모든 직원들도 100시간씩 일했다. 지금은 80~90시간으로 줄어 정말 일할 만하다"라고 했다. 한국에선 주 52시간, 대부분 대기업 사무직은 주 40시간 근무를 얘기하는데, 주 80~90시간을 일할 만하다고 얘기하는 일론 머스크다. 미국의 법정 근로시간은 주 40시간이지만, 연장 근로시간 제한은 없다. 초과 근무 조건은 노사가 협의해 결정하며, 초과 근무 수당은 통상 임금의 1.5배를 준다. 실제로 테슬라, 스페이스X 직원들은 평균 주당 80~90시간 정도 일하는 것으로 알려져 있다. 워라밸과는 거리가 멀다. 그런데도 밀레니얼 세대와 Z세대의 인재들이 몰려든다.

글로벌 HR 컨설팅사 Universum이 발표한 'United States Most Attractive Employers 2020 보고서'(2020년 7월)에 따르면, 미국 공대(Engineering/IT 전공)생이 가장 가고 싶어 하는 기업 순위에서 테슬라와 스페이스X가 1, 2위다. 지금 시대 기업들이 가장 선호하는 인재는 소위 공대생이다. Z세대 공대생이 워라밸을 원해서 테슬라와 스페이스X를 지망했겠는가? 공대뿐 아니라 Business 전공 대학생들이 가고 싶어 하는 기업 순위에서도 테슬라는 8위에 있고,

미국에서 가장 선호하는 기업 Top 10
(Business, Engineering/IT, Computer Science 전공 대학생 기준)

Top 10 Most Attractive Employers in the U.S.

Source : United States Most Attractive Employers 2020, Universum, 2020. 7

Rank	Business	Engineering/IT	Computer Science
1	Google	Tesla	Google
2	Apple	SpaceX	Apple
3	The Walt Disney Company	Lockheed Martin	Microsoft
4	Amazon	Google	Amazon
5	Nike	Boeing	Tesla
6	J.P. Morgan	National Aeronautics and Space Administration (NASA)	Facebook
7	Netflix	Apple	SpaceX
8	Tesla	Microsoft	Netflix
9	Goldman Sachs	The Walt Disney Company	Nintendo
10	Spotify	Amazon	Spotify

Computer Science 전공 대학생들은 테슬라와 스페이스X를 5, 7위로 선호했다.

구글, 애플, 마이크로소프트, 아마존, 페이스북 등 전 세계 잘나가는 빅테크 기업 중 테슬라는 연봉이 많은 편에 속하진 않는다. 돈이 이들의 선호를 이끈 우선 이유가 아니라는 것이다. 대부분의 실리콘밸리 빅테크 기업들은 공채가 없다. 호봉제도 당연히 없다. 능력 있는 인재를 스카웃하고, 연봉도 개인별로 다르고 서로 공유하지도 않는다. 대개 빅데크 기업은 연봉과 별도로 입사 시 주식을 주는 경우가 많다. 연봉을 상대적으로 낮출 수 있는 방법이면서, 직원들에게 주인의식이자 애사심을 고취시키는 방법이다. 회사가 성장하고 주가가 오르면 그만큼 직원도 이익이기 때문이다. 당장 돈 많이 주는 기업도 좋겠지만, 미래 전망이 좋은 기업이자 성장세가 가파른 기업을 선호하게 된다. 아울러 세상을 바꾸고 미래를 앞당기는 데 일조한다는 자부심도 생긴다.

돈 벌기 위한 것이 일하는 유일한 목적이 아니다. 특히 인재일수록 더더욱 이런 경향이 크다. 세상에 구직자는 많지만 기업이 찾는 인재는 늘 부족하다. 기업들이 진취적이고 도전적인 인재를 원하면서도 막상 일하는 방식이나 조직문화에선 전혀 진취와 도전이 허용되지 않는다면, 들어갔던 인재도 사표 쓰고 나오지 않겠는가? 밀레니얼 세대도 그렇지만, Z세대에겐 평생직장이란 개념이 애초에 머릿속에 들어간 적이 없다. 그들이 워라밸 좋아하고 노는 것 좋아한다는 선입견을 가지고, 야근은 무조건 싫어할 거라고 생각하는 기성세대에게 다음의 자료를 보여주고 싶다.

한국리서치가 2019년 10월, 100인 이상의 기업에 다니는 20세 이상 회사원 1,558명을 대상으로 야근에 대한 설문조사를 한 결과다. 야근은 무조건 싫다고 할 거라 예상했는데 실제로는 3/4 이상이 야근에 대한 합리적 태도를 보여주었다. 할 일이 있으면 하고, 개인 시간 허용 범위 내에서 하겠다는 것이다.

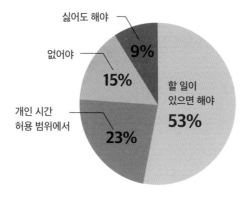

2030, 야근에 대한 당신의 생각은?
(한국리서치, 2019년 10월)

싫어도 해야 9%

없어야 15%

개인 시간 허용 범위에서 23%

할 일이 있으면 해야 53%

  2030대가 무조건 야근에 대한 맹목적 거부감을 가진 것이 아니다. 다만 야근이라도 다 같은 야근이 아니다. 야근을 통해 조직에, 기업에 이익이 되고 그것이 자신에게도 이익이 된다면 얼마든지 받아들일 수 있다. 하지만 일 시키는 상사가 무능해서 헤매다가 시간 낭비해서 하게 되는 야근은 싫다는 것이다. 선배의 무능을 후배가 야근으로 책임지는 것은 거부하고 싶다는 것이다.

  무능한 상사일수록 상명하복과 절대복종, 충성심 같은 말을 좋아한다. 지위와 나이라는 무기를 전혀 동원하지 않고서도, 실력과 리더십으로 후배들보다 우위에 서는 선배이자 상사라면 굳이 군대문화를 찾을 필요도 없다. 다음의 표에 두 가지 유형의 선배가 있다. 위에 있는 선배는 기성세대가 좋아하던 선배상이다. 하지만 지금의 2030대, 밀레니얼과 Z세대 후배들이 좋아하고 따르는 선배상

당신은 어떤 선배상을 원하는가?

> **"친하게 잘 어울리고, 야근 안 시키고, 말 잘 통하고, 술 잘 사주고, 문제 생기면 해결해주는 선배"**

VS

> **"업무 지시와 피드백을 빠르고 명확(구체적)하게 하고, 성장할 수 있게 해주는 선배"**

은 아래에 있다. 기업에서 세대 이슈가 부각되면서 선배들이 꼰대 소리 안 들으려고 후배들 눈치 보는 경우도 있는데, 업무 능력으로 후배가 성장하도록 이끌어주는 선배가 될 궁리를 하는 게 후배가 안 따른다고 걱정하는 문제의 진짜 해결책이 된다. 선배가 무능해도 직급과 연차가 높다는 이유로 따랐던 과거, 자신이 손해를 보고 조직에서 비전을 못 찾아도 참고 버텼던 과거는 이제 잊어야 한다.

놀랍게도 서로가 서로의 근무 태도에 대해 불만이 있다

40대이자 조직의 관리 역할을 맡고 있는 X세대 직장 선배가 Core-MZ세대인 20대 후배에게 가지는 가장 큰 불만은 근무 태도다. 그런데 공교롭게도 20대 후배가 40대 선배에게 가지는 가장 큰 불만도 근무 태도다. 같은 '근무 태도'라는 말 속에 서로 다른 것을 불만으로 삼고 있는 것인데, 이를 달리 보면 둘 다 서로의 일하는 방식에 대해 개선을 요구한다는 의미다.

먼저 40대 선배 입장에선 20대 후배들이 휴가나 수당, 퇴근 같은 권리 요구는 적극적이면서 막상 업무 능력을 향상시키는 부분에 있어선 소극적인 것에 불만을 갖는다. 일한 지 얼마 안 되어 낯설고 잘 모르는 게 많은 건 이해하겠는데, 막상 퇴근 시간이 되면 가장 먼저 일어서고, 휴가도 팀의 사정이나 상사 신경 안 쓰고 당당히 내고, 부서의 화합이 필요해서 잡은 부서 회식도 자기 약속 있으면 단호히 거절하는 것도 선배 입장에선 낯설다. 즉, 할 일은 제대로 안하면서 자기 권리는 칼같이 챙기는 것도 당황스럽고, 싫어도 조직을 위해서 감수하는 것도 필요하고, 선배나 팀을 배려하는 것도 필요한데, 20대 후배는 전혀 그렇지 않은 것이 영 못마땅하다. 그렇다고 이런 걸 일일이 지적하자니 꼰대라고 할 것 같아 거슬려도 억지로 참는다는 이들도 꽤 있다.

20대 후배 입장에선 자기가 해야 할 업무를 후배에게 다 떠넘기거나, 후배나 팀의 공을 가로채는 선배가 부당하게 여겨지고, 일을 그런 식으로 하면서도 정작 하는 일에 비해 월급은 선배가 훨씬 많이 받는 것도 불만이다. 정당한 문제 제기를 하면 해결해주지는 않고 "원래 그렇다"라는 대답으로 묵살하는 것도 불만이다. 휴가나 퇴근, 수당 등 정해진 규정이 있고 정당한 권리임에도 그걸 행사하는 데 눈치 보게 만드는 것도 불만이다.

40대 선배의 입장, 20대 후배의 입장을 들어보면 이해가 가고 수긍되는 부분이 있다. 분명 각기 지적한 근무 태도에 대한 불만은 개선될 여지가 있기 때문이다. 이건 세대와 선후배를 떠나서 개선할 부분이다. 그리고 서로 느끼는 상대의 근무 태도에 대한 불만은 오해나 편견과도 연결된다. 서로를 이해하지 못한 채 소통마저 부족하면 같은 행동도 다르게 해석되기 마련이다.

후배들의 솔직하고 당당한 문제 제기를 선배들은 낯설어한다. 분명 문제 제기한 내용만 따져보면 맞기도 하고 충분히 수용할 수 있지만, 문제 제기하는 방식이 낯설다. 이유는 그렇게 해보지 않아서다. 그렇게 문제 제기하는 조직문화에서 일해보지 않아서 그런 것이다. 반대로 선배들이 이어온 조직문화를 20대 후배가 선뜻 수용하긴 쉽지 않다. 선배들의 조직문화는 지금 시대가 아닌 과거 시대의 잔재들이 많기 때문이다. 결국 선배와 후배 모두 각자의 문화와 서로가 경험하지 못한 문화에 따른 충돌을 경험한다. 서로의 이유를 합리적이고 논리적으로 설명하면서 이해하는 과정이 필요한 것이다.

과거 조직에서 소통이란 말은 상사 위주의 하향식 전달 문화였다면, 지금 조직에서의 소통은 쌍방향으로 주고받는 문화가 핵심이다. 근무 태도이자 일하는 방식은 결국 일을 더 잘해서 성과를 더 잘 내기 위해 존재한다. 일 더 잘하고 성과가 커지면 선배든 후배든 구성원 모두가 이익이다. 후배나 선배가 경쟁 관계도 적대 관계도 아닌 동료이자 파트너 관계라는 인식이 중요해진 시대다.

군림하는 선배, 복종하는 후배 상은 구시대의 유물이다. 시간이 지나면 알아서 승진하는 것도 20세기 유물이다. 이젠 나이와 연차를 넘어 더 능력 있는 사람이 더 빨리 승진하고, 30대 대기업 임원도 본격적으로 나오는 시대다. 그러니 입사 연도나 나이를 기준으로 하는 선배, 후배 같은 구도는 문화적으론 존재하되, 업무에선 그 구도가 계급이 되진 않는다. 조직 수평화가 조직문화의 중심으로 대두되는 건 이런 시대의 당연한 선택이다.

'배달의민족'으로 유명한 우아한형제들은 2017년 2월 CEO 김봉진 명의로 '송파구에서 일을 더 잘하는 11가지 방법'이라는 화두를 제시했다. 우아한형제들 회사는 현재 송파구에 위치하고 있다. 여기서 회사를 '평범한 사람들이 모여 비범한 성과를 만들어내는 곳'으로 정의했고, '좋은 조직은 개인의 강점을 극대화하고 약점은 무력화할 수 있어야 한다'는 피터 드러커의 경영 철학을 바탕으로 두고 있다고 밝혔다. 우아한형제들은 주 4.5일 근무로, 월요일 출근 시간이 오후 1시다. 자유롭되 책임을 지는 조직문화는 스타트업들이 가진 기본 방향이다. 지금은 대기업도 스타트업의 조직문화를 흡수하는 경우가 많다. 그건 지금 시대에 더 맞는 방식이기 때문이다.

2030대가 가고 싶어 하는 테크 기업 상위권에 들어가고, 직원들

우아한형제들

송파구에서
일을 더 잘하는
11가지 방법 몽촌토성역 편

1 9시 1분은 9시가 아니다. 12시 1분은 12시가 아니다.

2 실행은 수직적! 문화는 수평적~

3 잡담을 많이 나누는 것이 경쟁력이다.

4 쓰레기는 먼저 본 사람이 줍는다.

5 휴가나 퇴근시 눈치 주는 농담을 하지 않는다.

6 보고는 팩트에 기반한다.

7 일의 목적, 기간, 결과, 공유자를 고민하며 일한다.

8 책임은 실행한 사람이 아닌 결정한 사람이 진다.

9 가족에게 부끄러운 일은 하지 않는다.

10 모든 일의 궁극적인 목적은 '고객창출'과 '고객만족'이다.

11 이끌거나, 따르거나, 떠나거나!

우아한형제들의 CEO가 명시해 공유한 회사의 조직문화이자 일하는 방법 (출처 : 우아한형제들)

의 근무 환경에 대한 만족도도 높다. 우아한형제들이 단기간에 급성장한 것도 이런 조직문화와 무관하지 않다. 인재가 오지 않는 조직은 미래도 없다. 우아한형제들이 제시한 11가지 방법은 여러 스타트업에서도 패러디되며, 많은 기업이 자사의 조직문화이자 일하는 방법을 이렇게 리스트로 명시해 공유하고 있다.

흥미롭게도 우아한형제들 사무실에는 '평생직장 따윈 없다. 최고가 되어 떠나라!'라는 문구가 여기저기 붙어 있다. 이건 최고가 되어서 떠나라는 말과 함께, 최고가 되기 위해 노력하자는 말, 그리고 실력이 없어도 떠나자는 말이 되기도 한다. 기업은 성과를 내는

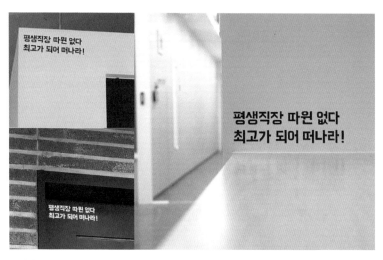

우아한형제들 사무실 여기저기에 붙어 있는 문구 (출처 : 우아한형제들)

곳이다. 계속 성장하는 인재들이 많아야 기업의 미래도 밝다. 넷플릭스의 조직문화에서 핵심 메시지가 "훌륭한 일터는 멋진 동료들이 있는 곳이다"인 것도 같은 맥락이다. 선배든 후배든, 기성세대든 Z세대든, 일 자체에선 서로 최고를 지향해야 하고, 일은 일 자체로만 봐야 한다. 근무 태도에서 같은 행동을 누군 해도 되는데 누군 하면 안 되고, 누군 그 일로 큰 보상을 받는데 누군 같은 일을 하고서도 보상이 다르다면 곤란하다.

기업의
세대갈등 프레임은
오류다 _____

　어떤 문제가 생기면 대개 '뭐가 문제야?'를 따지고 그다음
에 '누가 문제야?'를 따진다. 그런데 뭐가 문제인지는 따지지 않고
누가 문제인지만 자꾸 따지려 드는 경우를 본다. 바로 세대 이슈를
대할 때 기성세대의 모습이다. 엄밀히는 세대 이슈가 아닌데도 세
대 이슈라고 인식하고 다루는 이유가 이 때문이다. 특히 기업 조직
에서의 세대갈등 이슈는 잘 들여다봐야 한다. 세대가 달라서 생긴
갈등인지, 아니면 일하는 방식이나 조직문화가 가진 문제로 인해
생긴 갈등인지에 따라 답이 달라지기 때문이다. 옳고 그름에 대한
문제를 판단할 때 '세대' 혹은 '성별'을 빼고 봐야 한다. 세대나 성별
의 문제가 아닌, 사회 구조이자 시대의 문제인 것이 대부분이고, 결
국은 구조와 제도에 대한 개선으로 해결될 것들이 많다. 그런데 문
제 판단에서 '세대'나 '성별'로 바라보기 시작하면 쉽게 풀 수 있는
문제도 왜곡되어 못 풀게 된다.

　기업들이 세대갈등이라고 하는 문제들의 대부분은 '세대'가 아
닌 '시대' 변화의 문제다. 핵심은 세대갈등이 아닌데 세대갈등으로
인식하고 문제를 풀려고 하는 건, 상황에 대한 인식을 제대로 하지
못하는 기성세대 관리자 혹은 경영자 때문이다. 서로 다른 세대가

함께 일하는 건 과거에도 있었고, 서로 다른 세대 간 이해차이나 갈등은 처음 겪는 문제가 아니다. 산업구조와 일하는 방식의 변화, 아울러 사회의 변화 등에 따라 조직문화도 변화해야 한다. 특히 수직적이고 경직된 한국식 조직문화는 비효율과 불합리의 문제를 갖고 있다.

　서로 다른 세대인 선배와 후배가 대립하고 갈등한다고 보면, 그림처럼 대결구도로 이해한다. 이런 상황에선 누가 이해하고 양보하고 포용할 것인지, 이를 위해 어떻게 소통을 해야 할지에 대해 관심을 모으게 된다. 실제로 꽤 많은 기업들이 세대공감, 세대소통을 화두로 강의를 요청한다. 세대 이슈를 다룬 베스트셀러들은 세대별 특징을 얘기하며 '다르다'에 초점을 둔다. 자신과 다른 세대를 어떻게 대할지, 어떻게 소통하고, 어떻게 그들을 이끌지를 고민하게 만든다.

　분명 각 세대가 다른 게 맞다. 그런데 이건 기업의 조직문화 차

원에서 세대를 바라볼 때 필요한 프레임이 아니다. 같다, 다르다가 핵심이 아니다. 서로 대립하는 대결구도가 아니기 때문이다. 선배나 후배, 그리고 X세대건 밀레니얼이나 Z세대건, 지금 시대와 산업구조에 맞는 조직문화와 효율성을 높일 수 있는 일하는 방식과 평가방식이 필요한 건 마찬가지다. 세대가 다르다는 건 아무런 문제가 아니다. 과거식 조직문화와 지금 시대가 제기하는 조직문화가 서로 상충되는 과도기가 지금이고, 하필 과거 조직문화에 익숙한 선배 세대와 달리, 후배 세대가 지금 시대의 조직문화를 지지하다 보니 뜻하지 않게 세대 간 대립이 주인공인 양 보여졌다.

앞의 그림 구도와 위의 그림 구도는 완전 다르다. 서로 다른 세대, 선배와 후배 간의 관계를 대결, 대립이라고 봐선 결코 지금 기업들이 겪고 있는 문제를 풀지 못한다.

과연 당신은 세대 문제가 아닌 걸 세대 문제로 보고 대응하려 한

적이 있는가? 아니, 지금 당신이 고민하는 문제, 당신이 머리 아픈 그 문제를 풀면서 세대 문제로 바라보고 있는 건 아닌가? 이건 전적으로 기성세대가 스스로를 돌아보고 각성할 문제다. 지금 기업에서 경영진과 팀장급, 관리직(직책자) 등 지위에서 힘이 더 있는 건 X세대와 베이비붐 세대이기 때문이다. 세대차이는 있다. 하지만 세대차이가 반드시 세대갈등이 되는 건 아니다. 세대가 달라서 생기는 갈등이 아니라, 지금 시대와 과거 시대의 상식과 관점이 가진 충돌이다. 즉, 서로 다른 세대라 하더라도 지금 시대에 맞는 상식과 관점으로 문제를 푼다면 거기서 세대갈등이란 말은 꺼낼 필요가 없어진다는 것이다.

흥미롭게도 기업에서 세대갈등 이슈에 가장 민감한 이들은 40대들이다. X세대인 이들이 후배들 관리가 어렵고, 이로 인해 갈등

직장에서 가장 많이 부딪히는(갈등이 많은) 연령대는?
* 매경이코노미가 '오픈서베이'에 의뢰해 2021년 4월 13~14일,
20대와 40대 직장인 각각 100명에게 조사했다.

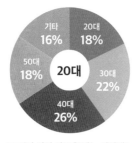

20대가 가장 갈등을 겪는 연령대는
40대, 그리고 30대, 50대, 20대 순서

40대가 가장 갈등을 겪는 연령대는
40대, 그리고 50대, 30대, 20대 순서

이 크다며 호소하는 경우가 많고, 기업의 세대 이슈를 다룬 교육에서도 이들이 주요 대상이다. 과연 40대가 조직의 갈등 문제에서 피해를 보는 사람들일까? 낀 세대로서 가장 힘든 사람들일까?

매경이코노미가 오픈서베이에 의뢰해 2021년 4월 13~14일, 20대와 40대 직장인 각각 100명씩에게 설문조사한 결과에 따르면, 40대가 가장 많이 부딪히고 갈등을 겪는 건 같은 40대다. 오히려 20대와의 갈등은 가장 적다. 20대에게 가장 많이 부딪히고 갈등을 겪는 연령대를 물었더니 40대가 가장 많다. 왜 그럴까? 이 조사 결과만 보면 20대에게도, 40대에게도 '40대'는 갈등의 대상이다. 세대와 상관없이 40대가 갈등의 주요 대상이란 점을 보면 문제는 세대차이가 아니라 40대, 즉 조직에서 직책을 가진 관리자, 팀장, 리더급들이 갈등의 중심이란 얘기가 된다. 이건 확실히 수직적 조직문화에서 권위를 가진 이들이 문제라는 얘기로도 해석 가능하다. 세대가 문제가 아니라, 바뀐 시대에 맞지 않는 조직문화로 인한 문제라는 합리적 의심을 해볼 수 있는 대목이다.

그리고 절대 오해하지 마라. 40대가 갈등의 중심에 있는 건 이들이 고약하고 나빠서가 아니다. 커뮤니케이션을 가장 많이 하는 입지에 있어서다. 지금 시대에 맞는 조직문화로 바꾸지 않으면 결국 40대도 더 힘들어지고, 불필요한 커뮤니케이션 마찰과 갈등을 겪게 된다는 의미다. 2030대를 위해서가 아니라, 40대를 비롯한 모든 구성원들을 위해서 조직문화 개선이 필요한 것이다.

왜 '시대 변화' 문제를
'세대갈등' 이슈로
해석하고 대응하려 했을까? _____

'나와 다른 건 다 똑같아'라는 식으로 붙여진 'MZ세대'라는 명칭에서 드러나는 기성세대의 오만과 무지에서 눈치챘겠지만, 시대의 문제를 세대의 문제로 보는 오류를 범한 것이 지금 시대 기성세대들이다. 후배 세대를 이해하고 배려하기는커녕 솔직히 관심도 없었다. 왜 그랬을까? 이유는 그것이 기성세대가 가장 유리해서다. 일종의 '답정너'였다. 시대 변화가 답이면 그걸 못 따라가는 기성세대가 문제가 되니, 세대를 문제로 삼아 밀레니얼 세대 탓으로 하는 게 기성세대에겐 이익이다.

지위나 권력, 부에서 우위이며 기득권을 가진 기성세대로선 변화에 대해서도 능동적이기보단 수동적이었다. 이미 기득권을 가졌는데 굳이 새로운 변화가 중심이 되고, 자칫 가진 걸 잃을지도 모를 낯선 환경을 나서서 받아들일 필요가 없다. 변화에 밀려 더이상 버티지 못할 상황일 때 마지못해 받아들여도 된다고 생각해서다. 이건 기성세대가 '변화', '혁신'이란 말은 참 좋아하면서도 막상 자신들이 변화와 혁신의 대상이 된다는 건 받아들이지 않는 것과 같다. 그러다 보니 말과 행동에서 어긋나게 되고, 말 그대로 내로남불이 된다. 기업과 정치, 왜 둘 다 '시대론'이 아닌 '세대론'에 포커스를 맞춰서 봤을까? 왜 '시대론'을 간과했을까? 기득권 때문이다. 가진 것을 지키기 위해서 자신들의 입장으로 프레임을 만들어낼 수밖에 없었을 것이다.

대립, 갈등에선 꼭 소통이나 양보가 해결책으로 대두된다. 사실 서로가 대립해 싸우는 게 아닌데 참고 양보하란다. 웃기는 노릇이다. 바꾸면 되는데, 안 바꾸고 문제를 풀려고 하니 양보하고 이해하는 식으로 다루게 된다. 수술을 해야 하는데 진통제만 먹이고 있다. 수술할 시간을 자꾸 놓치면 상황만 악화된다. 간단한 수술로 해결할 수 있을 것을 방치해서 목숨까지 위태롭게 만든다. 바로 지금의 조직문화 얘기다. 한국의 기업들이 조직 내 세대갈등이라고 오해하는 상황의 진짜 문제는 세대가 아닌 조직문화다. 서로 다른 세대가 함께 모여 일하는 게 기업이다. 원래 그랬고 앞으로도 그럴 것이다. 세대가 다르다고 문제가 되는 게 아니다. 산업구조 변화와 시대 변화에 맞게 조직문화와 일하는 방식이 바뀌는 게 핵심이지 결코 세대가 다른 게 핵심이 아니다.

기성세대는 MZ세대의 등장을 '세대론'으로 대응하려 들었지만, 사실 실체는 '시대론'인 것도 이미 알고 있다. 세대가 달라서 생긴 문제가 아니라 시대 변화가 만들어낸 문제다. 일자리 문제, 젠더 이슈, 경제와 산업의 뉴노멀, 경쟁과 공정의 문제 모두 특정 세대가 만들어낸 게 아니라 지금 시대가 만들어낸 것이다. 결국 시대 변화에 대한 근본적 대응 없이, 특정 세대를 겨냥한 현상 중심적이고 근시안적인 대응으로는 문제를 풀기는커녕 더 악화시킨다.

사실 세대 간의 갈등, 대립, 대결 구도를 만들어낸 것도 그런 프레임이 기성세대에게 유리해서다. 그리고 밀레니얼 세대와 Z세대가 기성세대처럼 살아주길 바랐는지도 모른다. 기성세대가 통제하는 범위 내에서만 변화를 받아들이려 했을지도 모르겠다. 갑에게 절대복종하고 갑이 시키는 대로, 갑이 정한 대로 문제 제기나 저항 없이 일이 이루어지던 시대는 이미 끝난 지 오래다. 그런데도 그런 시대에나 했던 태도를 가지는 이들이 여전히 있다. 우리 사회에서 갑은 누구인가? 기업 조직에서 갑은 누구인가? 아직은 X세대와 베이비붐 세대다. 결국 이 문제를 푸는 키도 그들에게 있다.

현재의 한국 사회는 어떤 세대가 주도하고 지배할까?

정치 권력을 보면 5060대 베이비붐 세대가 여전히 힘이 가장 세다. 대통령을 필두로 장관, 국회의원, 지자체 단체장 등 정치인들은 베이비붐 세대가 가장 많다. 21대 국회의원 300명의 당선 시점(2020년 기준) 평균 나이는 54.9세다. X세대는 넓게 1965~1981년까지, 좁히면 1969~1981년생으로 보는데, 2020년에 만 39~51세(넓게 보면 55세까지)다. 300명 중 X세대에 해당되는 40대가 38명으로 전체의 12.7%이고, X세대와 베이비붐 세대가 섞여 있는 50대가 177명으로 압도적 비율인 59%를 차지한다. 6070대가 72명으로 24%다. 국회의원의 나이 분포를 봐도 확실히 한국 정치의 주도권은 베이비붐 세대가 쥐고 있고, X세대가 그다음이다.

한국의 세대 구분에서 베이비붐 세대(1955~1964년 출생자)와 X세대(1969~1981년 출생자) 사이에 간극이 있다. 1965~1968년 사이가 비어진 세대가 아니라, 이들은 베이비붐 세대로 포함해도, X세대에 포함해도 된다. 그리고 이들이 포함되는 한국적 세대명이 86세대다. 86세대는 1980년대 대학을 다닌 60년대생인데, 이들은 일부가 베이비붐 세대이고 일부는 X세대다. 이들이 처음 존재감을 드러낸 게 30대였기에 386세대로 처음 명명되었고, 현재는 나이가 들어 586이 되었는데, 여전히 정치권력의 중심에 있다.

20대 대통령 선거 후보군으로 거론(여론조사기관에서 리스트에 올려두고 지지율을 조사하는)되는 정치인들 중 이재명(1964년생), 윤석열(1960년생), 이낙연(1952년생), 안철수(1962년생), 홍준표(1953년생), 유시민(1959년생), 심상정(1959년생), 유승민(1958년생), 추미애(1958년생), 원희룡(1964년생), 임종석(1966년생) 등의 나이대를 보면 주로 50대 후반에서 60대까지다. 노무현 대통령은 2003년 취임 때 56세였다. 전임이던 김대중 대통령이 73세 때 취임했으니 17년을 줄인 셈이지만, 다음 대통령인 이명박 대통령이 67세, 박근혜 대통령이 61세, 문재인 대통령은 64세로 60대 대통령이 연속적으로 나왔다. 이중 가장 유력하게 거론되는 빅3를 보더라도 노무현 대통령 취임 때 나이보다는 많다. 이는 정치 권력에선 세대교체가 잘 이뤄지지 않음을 단적으로 보여준다.

정치권의 연령대가 여전히 높지만 과거에 비해선 꽤 젊어졌다. 앞으로 더 낮아질 여지는 충분하다. 선진국에서 X세대가 대통령이나 총리 등 국가 지도자가 되고, 밀레니얼 세대가 장관이 되는 경우도 계속 나오고 있다. 한국 정치에선 아직 세대교체가 충분히 되지 않았지만, 대세의 흐름을 거역할 수는 없을 것이다. 곧 X세대가 주도권을 쥐겠지만, 그다음 순서로 밀레니얼 세대, 다음다음 순서로 Z세대라고 할 수는 없을 것이다. 시대 변화가 빨라지면서 밀레니얼 세대와 Z세대가 동시에 X세대 다음의 정치권력으로 진입할 가능성이 크기 때문이다. 2030년이 되면 Z세대(1997~2012년 출생자)는 만 18~33세가 되어, 830만 명 모두가 유권자가 된다. 전체 인구 중에선 16% 비중이지만, 유권자 중에선 18%다. 이들이 정치세력화를 이룬다면 정치권에서 영향력이 커질 수밖에 없다.

경제권력에선 X세대의 힘이 세다. 대기업 총수 중에 베이비붐 세대도 여전히 있지만, 영향력에선 X세대 파워가 강하다. 삼성전자 부회장 이재용(1968년생), 현대자동차그룹 회장 정의선(1970년생), LG그룹 회장 구광모(1978년생) 등 재벌그룹 빅4 중 3곳의 총수를 비롯, 신세계그룹 부회장 정용진(1968년생), 현대백화점그룹 회장 정지선(1972년생), 효성그룹 회장 조현준(1968년생), 한진그룹 회장 조원태(1967년생) 등 주요 대기업 그룹사의 총수가 된 후계자들이 X세대다. 아울러 IT 스타트업에서 시작해 대기업이 된 카카오 이사회 의상 김범수(1966년생), 네이버 이사회 의장 이해진(1967년생), 엔씨소프트 대표 김택진(1967년생), 넷마블 이사회 의장 방준혁(1968년생), 넥슨 대표이사 김정주(1968년생) 등도 X세대다.

대기업 총수가 X세대다 보니, 임원급은 X세대가 주류이고 밀레니얼 세대가 계속 늘어나는 추세다. 조만간 Z세대 대기업 임원 등장도 현실이 될 것이다. 나이와 연차가 아닌 능력이 우선되는 대기업 인사가 본격적으로 시작되었다. 밀레니얼 세대는 기성세대와 조직 내에서의 갈등 문제를 첨예하게 겪으며 직장생활을 하지만, Z세대가 직장에서 비중이 높아질 시점엔 이미 조직문화가 변화하여 나이와 연차를 둘러싼 대립, 즉 조직 내에서의 나이 서열문화가 초래한 갈등에선 벗어나게 될 가능성도 크다. 호봉제도 사라지고, 공채도 사라져 기수문화도 사라지고, 군대식 상명하복도 사라지면서 능력과 성과를 발휘하면 입사한 지 얼마 안 되었어도 중책을 맡는 것이 당연해진다. 불필요한 갈등과 소모 없이 실력 발휘할 기회가 더 주어지는 게 Z세대일 것이다.

문화계에서도 밀레니얼 세대가 급부상하고 있지만, 여전히 X세대가 주도하고 있다. 영화계의 세계적 거물이 된 봉준호 감독(1969년생), BTS를 만든 빅히트 엔터테인먼트 대표이사 방시혁(1972년생), JYP 엔터테인먼트 박진영(1971년생), YG 엔터테인먼트 양현석(1970년생), 방송 예능계의 양대 산맥인 나영석 PD(1976년생)와 김태호 PD(1975년생) 등이 대표적인 X세대 문화권력이다. 확실히 정치계보다 경제계가 조금 더 젊고, 문화계가 이보단 조금 젊다.

정치·경제·문화에서 아직 주도권은 베이비붐 세대와 X세대가 주로 갖고 있고, 밀레니얼 세대까지는 내려오지 않았다. 그런 시점에서 Z세대가 세상을 주도하고 지배한다는 얘기는 너무 앞서가는 것이 아닐까 생각하는 이들도 있을 것이다. 하지만 과거에서 현재까지의 속도보다, 현재에서 미래까지 이르는 속도가 훨씬 빠르다. 이건 산업적 변화, 기술적 진화뿐 아니라, 사회적·정치적·경제적 변화도 마찬가지다. 기업의 직장은 이미 밀레니얼 세대가 주도하고 있다. 대기업 직원 중 밀레니얼 세대 비중이 절반을 넘어 2/3에 육박할 정도다. 밀레니얼 세대가 기업에서 차지하는 위상이 급상승하기 시작한 건 겨우 10년도 안 된 일이다. Z세대 중 빠른 이들은 벌써 수년 새 기업에 진출하기 시작했다. 10년도 안 돼서 우린 직원 중 Z세대 비중이 1/3을 넘어 절반에 가까워지는 상황을 지켜보게 될 것이다.

시간은 베이비붐 세대와 X세대의 편이 아니다. 시간은 밀레니얼 세대에게도 유리하게 작용하겠지만, 베이비붐 세대와 X세대의 견제를 받느라 기회가 많지 않았던 밀레니얼 세대보다는 Z세대가 더 많은 기회를 가지고, 더 강력하게 성장할 것이다. 확실히 밀레니얼 세대가 과도기적 긴 세대에 가깝다면, Z세대는 더 많은 기회가 주어질 세대다. 이건 Z세대가 더 유능하고 똑똑해서가 아니라 시대 변화 때문이다. 사실 세대론의 실체는 시대론에 가깝다. 시대가 세대를 선택한다. 순차적으로 물려받는 것은 시대 변화가 느렸을 때다. 하지만 지금처럼 시대가 급변하며 뉴노멀이 계속 제기되면 순차적으로 권력이 이전되지 않을 수 있다. 우리가 Z세대를 더 주목해야 할 이유다.

리빌딩과 세대교체 : 기성세대가 나서야 할 권리 _____

프로스포츠 팀에선 리빌딩Rebuilding을 주기적으로 한다. 리빌딩은 재건축, 즉 팀의 주축선수를 바꾸는 작업이다. 아무리 잘하는 선수라도 영원할 수는 없다. 프로스포츠는 막대한 돈이 들어가는 산업이다. 최고의 팀을 지속적으로 유지하기 위해선 물갈이도 주기적으로 필요하고, 미래를 위해 기회를 더 주면서 키우는 시간도 필요하다. 루키가 잘 성장해야 에이스가 된다. 성장할 기회를 주지 않고 지금 당장 좀더 잘한다는 이유로 선배들만 계속 쓰다간 어느 순간 성적이 급락하는 시점을 맞는다.

경제 전문지 포브스가 선정한 '2021년 전 세계에서 가장 가치 있는 팀 top 50' 순위에서 1위는 NFL(미국프로풋볼)의 댈러스 카우보이스(57억 달러, 1960년 창단), 2위는 MLB의 뉴욕 양키스(52억 5천만 달러, 1901년 창단), 3위는 NBA의 뉴욕 닉스(50억 달러, 1946년 창단), 그다음은 스페인 라리가의 FC바르셀로나(47억 6천만 달러, 1899년 창단)와 레알 마드리드(47억 5천만 달러, 1902년 창단)다. 이들 빅5도 창단된 지 최소 60년에서 120년이 넘은 곳까지 있다. 순위에 있는 팀은 주로 미국의 NFL, MLB, NBA, 그리고 유럽 프로축구 리그(스페인 '라리가', 잉글랜드 '프리미어리그', 독일 '분데스리가', 프랑스 '리그 1' 등)에 속한 팀들이다. 만들어진 지 100년 내외도 수두룩하다. 이 순위의 50위도 23억 5천만 달러, 즉 한화로 2조 6,300억 원 정도다.

중요한 건, 이런 비싼 팀들도 주기적으로 리빌딩을 한다는 사실이다. 바꿔 말하면 리빌딩을 계속하기에 그들이 최고의 팀, 비싼 가치를 이어온다고 할 수 있다. 아무리 연봉 수백억 원씩 받던 스타급 선수들도 노쇠해지고 경기력이 떨어지면 리빌딩의 대상이 되어 밀려난다. 냉정해 보이지만, 반대로 생각하면 리빌딩 없이는 미래도 없다. 팀은 현재의 성적도 유지하며 미래도 대비하는 것이 가장 좋다.

전 세계에서 조직문화 벤치마킹 대상으로 가장 많이 주목하는 기업 중 하나인 넷플릭스는 "We're a team, not a family(우리는 스포츠 팀이지 가족이 아니다)"라는 조직문화 슬로건도 갖고 있다. 프로 스포츠 팀처럼 리빌딩한다는 의미이기도 하고, 입단 연차나 나이, 연봉이 아니라 실력이 가장 뛰어난 임직원이 중책을 맡고 보상도 충분히 해준다는 의미다. 심지어 한국의 재벌 대기업들도 경영자 수업, 후계자를 위한 리빌딩을 주기적으로 했다. 처음부터 바로 최고의 실력자가 되는 게 아니다. 기회를 부여받고 실전에서 트레이닝을 거치며 실력이 올라가는 것이다.

잘 키운 후배 세대가 선배 세대의 미래를 지켜준다는 관점으로 우린 Z세대의 성장을 지원해야 한다. 830만의 Z세대가 잘 성장해서 한국 사회의 핵심 권력이 되도록 만드는 것이 기성세대에게 주어진 의무이자 권리기도 하다. 이는 아직 힘이 있고 왕성하게 활동하는 X세대 & 86세대가 진지하게 생각할 숙제다. 이들에게 Z세대는 자녀세대이기도 하다. 미얀마의 Z세대가 민주화 운동에 나설 때, 미얀마의 88세대(우리의 X세대 & 86세대에 해당될)가 적극 지원한 것은 우연이 아니다.

한국의 X세대 & 86세대가 Z세대를 위해 희생하라는 게 아니다. 좋고 싫음이 아니라 옳고 그름의 문제로 판단해서 행동하고, 더 합리적이고 효율적인 답을 지지하고, 더 실력 있는 사람에게 기회를 주는 것에 익숙해지자는 것이다. 이건 Z세대가 부족한데 봐주고 비켜주자는 게 아니다. 적어도 익숙한 관성을 지키려고 더 나은 답을 외면하는 것만은 하지 말자는 것이다. 실력이 아니라 나이빨, 직급빨, 돈빨로 후배 세대를 누르고 우위에 서는 건 솔직히 창피한 일이 아니겠는가. 그렇게 행동하는 사람을 꼰대라고 우리 모두가 욕해왔지 않는가?

실력에서 가장 냉정한 세계가 스포츠다. 갓 데뷔한 루키여도 실력이 탁월하면 얼마든지 에이스가 될 수 있다. 야구선수 박찬호는

1994년 LA 다저스와 계약하고 이례적으로 마이너리그를 거치지 않고 그해 바로 메이저리그 데뷔까지 한다. 당시(MLB 90년 역사상) 이런 경우가 역대 17번에 불과했다. 얼마나 탁월한 루키였는지 짐작된다. 박찬호는 1994~2010년까지 17시즌 MLB 선수 생활을 했다. 불펜투수로 시작해 리그 적응을 했고, 선발투수로 최고의 전성기도 누렸고, MLB 선수 생활 후반기엔 불펜투수로 여러 팀을 옮겨다녔다. 초반 12시즌간 2팀에서, 그후 5시즌간 6개 팀에서 보냈다. 후반에 그의 실력과 입지가 크게 떨어졌음을 짐작케 하는 부분이다.

시속 160km에 육박하는 강속구로 한때 메이저리그를 호령했고, 2001년엔 LA 다저스의 개막전 선발, 즉 메이저리그 최고 팀의 에이스급 투수였다. 그해 올스타전에도 출전했고, 성적도 MLB에서 최상위권이었다. 그해가 끝나고 FA계약으로 텍사스 레인저스로 옮길 때 5년에 6,500만 달러라는 특급 계약을 했다. 당시 계약 규모는 첫손에 꼽힐 정도였다(지금 최고 투수로 손꼽히는 류현진 투수가 2019년 MLB 전체에서 평균자책점 1위(메이저리그 역사상 아시아 투수가 처음으로 1위), 사이영상 투표에서 2위를 차지하며 최고의 조건으로 토론토 블루제이스의 에이스 투수로 계약을 맺을 때 4년에 8천만 달러였다. 무려 18년 전의 금액이라 단순 비교는 안 되겠지만, 박찬호의 가치를 충분히 짐작케 한다).

박찬호는 최고의 위치까지 올라갔던 선수다. 하지만 MLB 선수 생활 후반에는 마이너리그 계약을 맺거나 방출, 의도치 않은 트레이드 등을 겪었다. 만약 그가 흔들린 입지와 방출의 수모에 자존심 상해서 은퇴를 결단했다면 어땠을까? 에이스도, 선발투수도 아니게 되었지만, 불펜투수로서 여전히 그는 경쟁력이 있었다. 그는 감정적 자존심보다 자신의 실력을 발휘할 기회를 선택했다. 결국 자신의 MLB 17시즌째이던 2010년 10월에 메이저리그 124승째를 거뒀다. 메이저리그에 진출한 아시아 투수 역대 최다승 기록을 이루며, MLB 17시즌이자 그의 메이저리거 선수 생활을 마감한다. 역대 2위가 노모 히데오(123승)이고, 그후 어떤 아시아 특급 선수도 80승 고지조차 못 넘었다. 지금 MLB에서 에이스급 투수로 활약하는 다르빗슈 유와 류현진은 100승 기록도 쉽지 않다. 박찬호가 얼마나 대단한 야구선수인지를 알 수 있는 기록이다. 그가 1994년 미국으로 출국하면서 기자들 앞에서 "100억 원 벌어올게요"라고 농담을 했는데, MLB 17시즌 동안 번 돈은 1천억 원 정도다. 프로스포츠 선수는 돈으로 실력과 가치를 말한다.

그는 국가대표로서도 1998년 방콕 아시안게임(금메달), 2006년 월드베이스볼 클래식(3위), 2007년 베이징올림픽 예선 격인 아시아 야구 선수권 대회 등에서 총 8게임에 나와 2승 3세이브 26⅔이닝 2자책점 평균자책점 0.68이란 기록을 세웠다. 특히 2006년, 2007년은 상대적으로 그의 전성기 이후였음에도 국대에선 최고의 활약을 했다. 선발투수이자 최고 스타라는 이름값을 버리고 불펜투수로 던졌다. 그의 집념이자 야구선수로서의 자존심이 느껴지는 대목이다.

당신은 어떤 선배인가?
(출처 : 뉴스뱅크)

　스포츠에선 실력이 모든 것을 말해준다. 자존심이 아니라 실력
이 역할을 규정한다. 그걸 받아들이는 것도 중요한 태도다. 박찬
호는 17년간의 MLB 선수생활을 뒤로하고, 2011년 상대적으로 하
위 리그라 할 수 있는 일본 프로야구(오릭스 버팔로즈), 2012년에 그
보다 더 하위 리그라 할 수 있는 한국 프로야구(한화 이글스)를 거쳐
은퇴를 했다. 총 19년의 프로스포츠 선수로 최선을 다했고, 40세에
선수생활을 끝냈다. 야구선수의 전성기는 보통 20대 중반에서 30
대 초반까지로 본다. 스타급 선수여도 대개 30대 중반부터 은퇴를
하기 시작해 30대 후반이면 끝이 나는데, 야수가 좀더 길고 투수는
더 짧다. 그는 이름빨로 끝까지 버틴 게 아니다. 사실 한국 프로야
구에서 선수생활 1~2년 더 이어가도 될 정도로 은퇴 때까지도 투
수로서 경쟁력이 있었다.
　흥미로운 점 중 하나는 박찬호가 한화에서 구단 직원 모두에게
존댓말을 했다는 점이다. 나이 어린 직원에게 존대하는 것은 물론

이고, 심지어 당시 팀의 투수코치인 정민철은 친구 사이였음에도 팀에선 꼬박꼬박 코치님이라고 불렀다고 한다. 선수 후배들에게도 자신을 어려워하지 말라며 MLB 선수 때 별명이던 찹CHOP이라고 부르라고 했다. 한국에선 스포츠 선수들의 위계가 아주 강한데, 대선배이자 스타인 자신을 스스로가 낮춘 것이다. 실제로 당시 팀에 있던 1987년생 류현진이 1973년생 박찬호에게 주로 찹이라고 불렀고, 당시 류현진은 박찬호에게 투심패스트볼, 컷패스트볼(커터) 그립을 전수받았다. 박찬호 본인도 전성기 때는 포심패스트볼이 주무기였으나 후반에 투심패스트볼, 컷패스트볼을 잘 배우고 가다듬어 선수생활 기간을 늘렸다. 자신의 가치, 역할을 이어가기 위해 최선을 다했고, 계속해서 노력했던 것이다. 그렇게 배우고 쌓은 노하우를 자신이 선배가 되어서는 후배들에게 아낌없이 전해줬다. 그는 선수로는 은퇴했지만 여전히 야구를 한다. 2019년부터 MLB 샌디에이고 파드리스 특별 고문으로 활동하고 있다.

당신은 어떤 선배인가? 누구나 선배가 되고, 기성세대가 된다. 리빌딩, 세대교체라는 말이 기성세대나 선배들에겐 부정적인 말로 다가올 수 있다. 하지만 올라가는 방법만큼이나 내려오는 방법도 중요하고, 그러면서 새로운 기회와 길도 만들어진다. 기회를 부여받지 못한 미래세대는 미래를 위해 제대로 성장할 수도 없다. 변화를 받아들이지 않고 과거에 머무는 선배 세대는 미래에 더 위기가 커진다. 결국 이 두 가지 명제의 귀결점은 기성세대가 좋은 선배로서 리빌딩과 세대교체에 주도적 역할을 하는 것이다. 서로 다른 세대가 함께 공존하고 서로 윈윈하는 최선의 방법은 서로가 대결, 대립이 아니라 협업하고 역할 분담하는 것이다.

Part 5

이것이
진짜
Z세대다

: 그들이 바꿀 미래의 단서들

앞서 Part 2, 3, 4를 통해 진짜 Z세대를 만날 준비를 해왔다. Z세대를 이해하기 위해 필수적인 Core-MZ를 살펴봤으며, 한국 사회에서 그동안 새로운 세대에 대해 어떤 태도를 보여왔는지, 최근 수년간 한국 사회에서 왜 세대 이슈가 중요한 화두가 되었는지 등을 알아보았다. Z세대는 독립적으로 존재하는 게 아니다. 이들이 밀레니얼 세대, X세대, 베이비붐 세대 등 다른 세대와 어떤 관계를 가지는지, 이들이 살고 있는 현재의 한국 사회는 어떤지를 보는 건 Z세대를 제대로 만나기 위한 필수 과정이다.

Part 1에서 Z세대에 대한 기본 이해를 했다면, Part 5에서는 Z세대에게 당면한 이슈이자 그들이 주도할 미래의 한국 사회에서도 중요할 이슈를 이야기한다. Z세대뿐 아니라 현재 2030대들의 중요 문제이자, 미래를 살아갈 모든 세대에게 영향을 주는 문제다. 그들이 바꿀 미래의 단서들을 통해 피상적으로만 생각했던 '요즘 애들'이 아니라 '미래의 권력'을 만날 것이다.

Z세대가 한국 사회의 미래를 지배하는 건 이미 정해진 미래다. 그 시기가 언제이고 어떤 모습이 될지는 시대 변화와 사회적·경제적·산업적·정치적 변수에 따라 조금씩 달라질 수는 있다. 지금 드

러난 Z세대의 모습에서 우린 현재 한국 사회의 변화도 읽어내지만, 동시에 그들이 바꿀 미래의 한국 사회도 가늠해볼 수 있다. 미래의 권력으로 자랄 Z세대의 실체를 이해하는 질문을 던지고자 한다. 질문에 대한 필자의 답도 제시하지만, 독자 스스로도 각자의 답을 고민해보면서 읽길 당부한다. 우리 사회가, 그리고 기성세대가 어떻게 하느냐에 따라서 답은 바뀔 수도 있기 때문이고, 더 나은 답을 만들어가는 건 우리 모두의 몫이기 때문이다.

Z세대가 B급을 좋아한다고 그들이 B급은 아니다 _____

기업들이 가장 적극적이고 성공적으로 Z세대를 대응한 것은 소비자로서의 그들을 공략했을 때다. 소위 B급과 병맛 코드가 들어간 마케팅이 잘 먹혔다. B급 마케팅 전성시대라고 해도 과언이 아닐 만큼 너무 과하게 하고 있다. 때론 선을 넘는 경우도 있어서 종종 역풍을 맞는 기업들도 있는데, 그럼에도 B급 마케팅 트렌드가 꺾일 것 같지는 않다. 한동안은 그 효과가 이어질 것이기 때문이다.

B급이 효과적인 이유는 자극성과 중독성 때문이다. 지금 시대는 미디어의 홍수, 콘텐츠의 홍수다. 접할 수 있는 미디어와 콘텐츠가 너무나 많다. 기성세대는 TV를 중요 미디어로 소비하다 보니 채널

숫자가 아무리 많아도 셀 수는 있었다. 하지만 유튜브를 중요 미디어로 소비하는 1020대에겐 채널은 무한대에 가깝다. 별의별 이상하고 특이한 콘텐츠도 찾아보면 어딘가엔 있다. 다수가 좋아할 콘텐츠를 매스미디어가 다뤘다면, 유튜브에선 극소수만 좋아할 아주 마이너한 콘텐츠도 적극적으로 만들어낸다. 유튜브 채널은 개개인이 만들 수 있다 보니 1억 명이 만들면 1억 가지가 될 수 있기 때문이다.

유튜브뿐인가. 동영상 플랫폼 중엔 틱톡도 있고, 인스타그램, 페이스북 등 소셜네트워크도 있고, 포트나이트나 로블록스 같은 게임 플랫폼도 있다. 콘텐츠 기반의 플랫폼이 너무나 많다. 이러니 짧은 순간에 시선을 끌고 광고 효과를 만들어내기 위해선 자극적이고 강렬할 수밖에 없다. 유치하거나, 선정적이거나, 특이하거나, 참신하거나, 아주 웃기거나 등 광고 자체가 즐길 만한 콘텐츠가 되어야만 시선이 머문다. 비속어나 비논리도 통용된다. 기성세대 시각에선 저런 게 어떻게 마케팅이 될까 싶겠지만, 기성세대에게 익숙하고 편한 것은 1020대에겐 지루하고 식상하게 여겨진다. 이러니 1020대를 사로잡고 싶어 하는 기업들은 B급 광고를 할 수밖에 없고, 소셜네트워크에서 잘 퍼뜨려지고 입소문을 내기 위해서도 B급이 선택되는 것이다. 여기에 반응하는 102030대를 타깃으로 하는 B급 마케팅도 자연스레 활발해질 수밖에 없다.

한때 '가성비'를 마케팅에서 강조하기도 했었는데, Z세대에겐

1020대를 공략하기 위한 B급 마케팅과 가잼비 (출처 : 페이스북)

'가잼비'를 더 강조한다. 이러는 이유는, Z세대는 특이한 것을 무작정 좋아할 거라고 생각하거나, B급 마케팅을 하면 재미있어서 잘 받아주고, 이쁜 쓰레기라 불릴 만큼 실용성이 떨어지더라도 굿즈를 적극 소비하는 것으로 생각하는 기성세대가 많기 때문이다. 실제로 Z세대 마케팅에서 B급 마케팅, 굿즈 마케팅이 유독 많은 것도 그런 이유다.

그런데 오픈서베이가 2020년 9월에 발표한 'Z세대 트렌드 리포트 2020'에 따르면, 굿즈 마케팅에 재미있다고 생각하는 Z세대가 54.9%인 반면에, 구매하고 싶다는 답변은 18.0%에 불과했고, 별로 구매하고 싶지 않다는 답변이 그보다 두 배 많은 36.8%였다. 재미는 있어도 사지는 않겠다는 사람이 상대적으로 많았는데, 이는 이미 굿즈 마케팅이 너무 많아졌기도 하고, 굿즈 마케팅이 소비자를 현혹하는 상술이라는 것에 대해 인식하고 있어서이기도 하다. Z세대가 나이 어리다고 쉽고 단순하게 대응할 소비자로 보면 안 되는 것이다.

Z세대는 확실히 말장난을 좋아한다. 그런데 이걸 오해하면 안 된다. 언어파괴와 언어유희는 하나의 소통 전략이기 때문이다. 언어는 누구와도 잘 통하기 위해서도 필요하지만, 자기들끼리만 통하기 위해서도 필요하다. 신조어를 자꾸 만들어서 쓰는 이유다. 사실 신조어는 밀레니얼 세대나 Z세대만의 전유물이 아니다. X세대도 20대 땐 '킹왕짱' 같은 줄임말과 신조어를 만들어서 썼었다. 다만 신조어는 X세대보다는 밀레니얼 세대, 밀레니얼 세대보다는 Z세대가 더 많이 만들어낸다. 이유는 Z세대가 더 언어유희와 언어파괴를 태생적으로 좋아해서 그런 게 아니라, 그들이 디지털 네이티브이기 때문이다. 소셜네트워크에서 가장 활동적인 Z세대가 소셜네트워크의 문법을 가장 잘 따른다. 소셜네트워크에는 실시간으로 무수히 많은 콘텐츠가 쏟아진다. 그 속에서 눈에 띄려면 자극적이어야 하고, 짧아야 한다. 이런 공간에서 살아가는 Z세대가 자극적이고 중독적인 것에 더 반응하다 보니, 언어유희와 언어파괴를 통해서 강렬하고 짧은 신조어를 만들어내는 건 당연한 일이다.

X세대가 1990년대 신조어를 만들고 유통하는 경로는 PC통신이었다. 만들어서 퍼뜨려지는 데 시간도 걸리고, 범위 또한 제한적이었다. 하지만 지금은 순식간이다. 실시간으로 계속 만들어내도 금세 퍼뜨려지고 통용된다. 기성세대는 이들의 신조어가 만들어지는 속도를 따라잡을 수 없다. 줄임말로 된 신조어가 유독 많은데, 소통

을 지속적으로 하면 금방 알게 된다. 또래들은 자연스럽게 알게 되는 걸 기성세대는 학습을 해야 알게 된다. 그만큼 소통이 없거나 적어서다. 소통하고 어울리는 사이냐 아니냐를 구분하는 기준점이 바로 신조어인 셈이다.

Z세대는 전방위적으로 말장난 같은 언어유희에 능한데, 이건 밀레니얼 세대와 Z세대가 열광하는 힙합과도 연결된다. 힙합은 랩 가사가 중요한 음악 장르로서 메시지를 통해 자기 표현을 한다. You Only Live Once의 줄임말인 YOLO(욜로), 여유와 허세, 잘난 척을 의미하는 SWAG, (돈과 능력을) 자랑하고 과시하는 FLEX 등, 20대가 반응한 주요 트렌드 코드는 다 힙합에서 유래했다. 모두 삶의 태도를 이야기하는 트렌드 코드다. Z세대가 자기주장이 강하고, 자신을 드러내고 표현하는 데 적극적인 것도 우연이 아니다. Z세대가 B급 코드를 좋아하고 말장난을 즐긴다고 그들을 가볍고 생각 없는 사람으로 여겨선 안 된다. Z세대는 환경 문제나 젠더, 윤리, 인성, 공정 같은 문제에 적극적으로 자기 목소리를 낸다. 앞으로 이들이 정치세력화할 가능성이 높은 것도 이런 이유다. 가벼운 걸 좋아하지만 그들의 생각과 행동은 결코 가볍게만 봐선 안 된다.

기성세대는 모범생과 소위 날라리로 불리는 문제아가 확연히 겉으로 구분되었다. 지금은 그걸 구분하는 게 쉽지 않다. 그러니 겉으로 드러나는 특성, 그중에서도 소비에서 드러나는 특성으로 그들을 파악하겠다는 오만은 버려야 한다. Z세대가 소비 코드에서 B

급과 병맛을 좋아한다고 그들 자체를 B급으로 여기고 대해선 안된다. 그들의 소비 코드와 정체성을 혼동하지 말아야 한다. 놀이는 놀이일 뿐이고, 패션은 패션일 뿐이다.

'내돈내산'과 명품 소비, Z세대 소비의 흥미로운 단서 _____

'Z세대 트렌드 리포트 2020'에 따르면, 대학에 입학한 Z세대의 90%가 아르바이트 경험이 있고, 옷을 살 때 본인이 직접 고르고 구매하는 비율이 90%였다. Z세대 중에서도 중고생의 경우엔 아르바이트가 현실적으로 한계가 있지만, 대학생이 된 이후 90%라는 압도적 다수가 아르바이트를 한다는 것은 확실히 소비에서의 주체적 태도가 높다는 것으로 해석 가능하다. 적어도 자기가 필요한 물건은 자기가 벌어서 자기 돈으로 산다는 식이다. 용돈도 꽤 받겠지만, 용돈에만 의존하지 않고 적극적으로 아르바이트를 하는 것은 주목할 현상이다. 이건 소위 '내돈내산' 트렌드와 연결된다.

내가 번(가진) 돈으로 내가 직접 산다는 것을 의미하는 '내돈내산'은 좋아하는 것에는 아낌없이 돈을 쓸 수 있다는 메시지이기도 하다. 이건 좋아하는 것이 뭔지 알고 있다는 의미로도 이어진다. 취향과 경험이 중요시되는 소비 트렌드는 밀레니얼 세대가 본격 받아들였는데, Z세대에게도 이런 흐름이 이어진다. 취향과 경험 소비는 더 확대될 것이기 때문에, 소비에서의 자기 소신이라 할 수 있는 내돈내산 트렌드도 계속될 것이다. 아울러 내돈내산은 바이럴 마케팅이라 할 수 있는 소셜네트워크 마케팅, 인플루언서 마케팅에 대한 거부감을 드러낸 것이기도 하다. 소셜네트워크는 일상적 공간이지만 그 속에서 유명해진 이들은 다양한 바이럴 마케팅에 동원된다. 그래서 돈 받고 한 것과 자기가 좋아서 한 것은 구분해서 대하는 게 Z세대다.

2030대는 기성세대와 비교했을 때, 필요한 정보를 검색하는 데 있어서 유튜브 등 동영상 검색을 상대적으로 많이 한다. 텍스트로 된 정보 검색에 익숙한 세대와 이미지, 동영상으로 된 정보 검색에 익숙한 세대가 다르다. 그런데 Z세대와 밀레니얼 세대도 차이가 조금 있다. 'Z세대 트렌드 리포트 2020'에서 14~24세 Z세대 600명, 25~34세 밀레니얼 세대 600명을 조사해 보편적으로 MZ세대라고 묶어놨지만, 둘 사이의 차이는 존재한다는 것을 보여주기 위해 비교하는 대목이 있다. '나는 글보다 이미지와 동영상 콘텐츠 보는 것이 더 편하다'라는 항목에서 Z세대는 68.5%가, 밀레니얼 세대는 64.0%가 그렇다고 답했다. Z세대가 좀더 이미지와 동영상에 익숙하다는 의미가 되긴 하지만, 미세한 차이라서 이것만으로 둘의 차이를 얘기하긴 어렵다. 다만 '나는 일부러 구독자가 적은 유튜버의 리뷰를 찾아보곤 한다'라는 항목에선 Z세대가 19.0%, 밀레니얼 세대가 10.2%로 답했다.

잘나가는 베스트셀러 쏠림이 컸던 이유는 '그들이 읽었으니 나도 뒤처지지 않게 읽어야겠다' 같은 의미이기도 하고, 다양성이 부족해서이기도 했다. 베스트셀러 쏠림은 가성비와도 연관된다. 이왕이면 같은 돈으로 가장 효과를 내는 선택지가 바로 베스트셀러이기 때문이다. 그런데 Z세대는 상대적으로 다양성에 대한 관심이 많다. 숨겨진, 소외된 것에 대한 관심도 찾아서 가질 만큼 콘텐츠 소비에서만큼은 다른 세대보다 개성과 취향을 더 많이 누리고 있다.

명품 시장에서 큰손은 이제 2030대이다. 중년 부인 혹은 중년 남자들이 오랫동안 주도하던 명품 시장에 변화가 생겼다. 2020년 신세계백화점의 명품 매출에서 20대 소비자는 10.9%, 30대는 39.8%였다. 2030대 합산 50.7%다. 롯데백화점 명품 매출도 2020년 2030대 합산 46%였다. 이는 최근 몇 년 동안 가파른 증가세를 보인다. 코로나19 팬데믹으로 소비가 침체된 시기였는데 명품은 예외적으로 매출이 크게 성장했다. 이런 배경에 2030대가 있다. 2030대라고 해도 소비 여력은 30대가 절대적으로 우위다. 20대는 대학생도 많고, 직장인이어도 취업한 지 얼마 안 된 상태다. 그래서 명품 매출 전체에선 20대가 30대보다 낮은 게 당연하다.

그런데 명품 중에서도 명품 시계에선 20대가 두드러진다. 2021년 1~4월 롯데백화점 명품 시계 매출은 전년 동기 대비 43% 증가했는데, 전체 매출에서 2030대 비중이 60% 정도다. 흥미롭게도 20대와 30대가 비중이 비슷했는데, 미세하게 20대가 더 많았다고 한다. 30대는 예물시계 수요가 있는 연령대다. 그런데 오히려 20대가 더 명품 시계를 샀다는 건 확실히 주목할 일이다. 이건 확실히 Z세대가 명품을 통한 플렉스를 적극 하고 있다는 의미다. 같은 기간, 현대백화점의 명품 시계 매출은 전년 동기 대비 76.7%, 신세계백화점의 시계/주얼리 매출은 63.5%, 갤러리아 백화점 명품 시계 매출은 56% 크게 올랐다.

Z세대가 왜 명품을 좋아할까? 기성세대가 계속 이어온 명품 소비에 대한 애정이 한번 식어버렸던 적이 있다. 밀레니얼 세대가 20대이던 때다. 개성을 추구하면서 평판이나 남의 시선도 덜 신경 쓰고, 기성세대와는 다른 스타일이 필요했던 밀레니얼 세대로선 부모님 세대의 유물 같은 명품 소비를 이어갈 필요를 못 느꼈다. 물론 글로벌 금융위기 이후 경제침체와 그로 인해 당시 20대들인 밀레니얼 세대의 취업이 부진하고, 구매 여력이 떨어진 것도 한 배경으로 자리한다.

그런데 Z세대는 좀 달랐다. 밀레니얼 세대로 인한 타격을 받은 명품 브랜드들이 대거 전략을 바꿔서 과감한 변신을 한 것도 Z세대의 선택을 받는 이유가 되는데, 결정적인 건 Z세대가 개성도 추구하지만 주변 사람들의 시선, 평판도 꽤 신경 쓴다는 점이다. 이러한 이유로 그들은 비싼 소비로 과시하는 플렉스 문화를 적극 받아들이기도 했다.

20대는 내일도 없고
남 눈치도 안 보며 막 산다고? _____

이런 시각이 가장 심각한 오해이자 편견이다. 세상에 내일이 없는 사람이 어디 있는가? 다만 기성세대가 바라보던 내일 같은 관점을 기대해선 안 된다. 내일을 위해 저축하고, 내 집 마련해서 직장 생활하며 오래오래 대출 갚고, 열심히 정년까지 일하다가 은퇴하는 모습은 이제 기대하기 어렵다.

조사 결과를 보면 오히려 40대보다 20대가 주변과 사회 평판에 더 민감해 보인다. 매경이코노미가 오픈서베이에 의뢰해 2021년 4월 13~14일, 20대와 40대 직장인 각각 100명에게 설문조사한 결과에 따르면, '주변과 사회 평판을 매우 중요하게 생각한다'에서

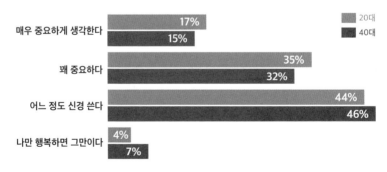

주변 혹은 사회 평판에 민감한 편인가?
* 매경이코노미가 '오픈서베이'에 의뢰해 2021년 4월 13~14일,
20대와 40대 직장인 각각 100명에게 조사했다.

	20대	40대
매우 중요하게 생각한다	17%	15%
꽤 중요하다	35%	32%
어느 정도 신경 쓴다	44%	46%
나만 행복하면 그만이다	4%	7%

20대가 17%로, 15%로 응답한 40대보다 높았다. '매우 중요하다'와 '꽤 중요하다'를 합치면 20대는 52%, 40대는 47%다. 기성세대의 눈에는 20대가 욜로YOLO 하면서 남 눈치 안 보고 자기만을 위하며 사는 것처럼 보이겠지만, 직장인이 된 20대들을 보면 그렇지 않다. 그러니 일도 제대로 안 하면서 권리만 주장할 거란 오해는 거둬두라. 간혹 그런 사람이 있을 수 있겠지만, 그걸 특정 세대나 연령대 전부의 일이라 여겨 일반화의 오류를 범하면 곤란하다.

욜로에 적극 반응했던 것은 밀레니얼 세대다. 밀레니얼 세대는 아날로그와 디지털 문화가 혼재된 환경에서 자랐다. 밀레니얼 세대는 20대 후반에서 30대 후반까지, 즉 직장과 결혼, 내 집 마련 등의 문제에 민감할 수밖에 없는 나이가 되어버렸고, 경제력이자 소비력을 어느 정도 갖고 있다. 따라서 소비문화에서 취향, 경험 중심의 소비 트렌드가 확산되는 데 일조한 일등공신이다.

Z세대는 아직 10대 청소년과 20대 초중반 정도다 보니 경제력과 소비력이 아직은 제한된다. 이들의 목소리는 소비보다는 사회에 대해서 더 적극적이다. 환경, 젠더, 윤리 이슈에 적극적으로 반응한다. 물론 Z세대가 나이를 더 먹어 20대 중후반에서 30대 중반이 되면 달라질 가능성은 있겠지만, 그들이 가진 사회적 태도가 후퇴하지는 않을 것이다. 미국의 PR컨설팅 회사 에델만Edelman의 리처드 에델만 회장은 Z세대가 향후 가장 큰 영향과 책임을 맡을 중요한 세대가 될 것이라면서 'The Significant Generation(의미 있는 세대)'이라고 명명하기도 했다. Z세대가 내는 사회적 목소리와 영

향력은 이들이 나이를 먹어갈수록 더 커질 수 있다. Z세대의 진짜 힘은 지금 당장보다 이들이 모두 20대(일부는 30대)가 되었을 때 훨씬 더 막강해질 수 있다.

미국의 콘커뮤니케이션즈CONE Communications에서 발표한 보고서 ('2017 Cone Gen Z CSR Study: How to Speak Z')에 따르면, 사회 및 환경 이슈에 대한 관심도/참여의사가 Z세대는 94%였고, 밀레니얼 세대는 87%, X세대는 83%, 베이비부머는 89%, 전체 인구 평균은 86%였다. Z세대가 다른 어떤 세대에 비해 사회와 환경 문제에 관심이 컸다. 미국 청소년(13~19세) 1천 명을 대상으로 심층 조사한 결과를 담은 Z세대 분석 보고서인데, Z세대의 90%는 사회적으로, 환경적으로 도움 되는 제품 구매 의사가 있고, 76%는 사회에 해를 끼치는 기업의 불매운동에 적극 참여한다고 답했다. Z세대가 소비를 할 때 사회·환경적 가치를 아주 중요하게 여기는 것이다. 기업들로선 사회적 책임CSR에 더 적극적일 필요가 생긴 셈이다. 그리고 Z세대는 뜻있는 일을 위해 봉사에 자원하겠다는 비율이 87%, 뜻있는 일에 기부하겠다는 비율이 85%, 뜻있는 일을 위한 청원서에 서명한다는 비율도 84%였다. 확실히 Z세대는 이전 세대와 달리 사회적 목소리를 내는 데 적극적이다. 사회적 목소리를 낸다는 건, 사회적 책임이자 평판을 고려하는 삶의 태도를 가진다는 의미가 된다. 이건 미국의 Z세대만의 얘기가 아니다.

Z세대가 소비에서
X세대를 조종할 수 있다 _____

Z세대 중에서도 20대는 아르바이트를 하거나 취업을 해서 경제활동을 하지만, 10대는 부모님의 용돈에 의존하는 비율이 높을 수밖에 없다. 그래서 이들의 용돈을 소비 여력으로 판단하는 경우가 있다. 물론 용돈도 개별적으로는 얼마 안 되어도 수백만 명을 모으면 조 단위가 된다. 이 돈이 10대가 열광하는 패션, 뷰티, 게임, 디지털 콘텐츠, 애플리케이션 등에 쓰인다. 그런데 사실 진짜는 따로 있다. 이들이 가진 영향력이 소비의 새로운 변수를 만들기 때문이다.

소비세력으로서의 Z세대는 두 가지 관점으로 볼 수 있다. 먼저 Z세대가 가진 소비 태도, 즉 Z세대가 어떤 소비 욕구를 가지고 있고, 어떤 상품과 서비스를 이용하고, 어떤 판단 기준으로 소비를 선택하느냐를 봐야 한다. 또 다른 관점으로는 Z세대가 그들과 함께 살고 있는 부모의 소비에 미치는 영향력을 봐야 한다. Z세대의 부모가 바로 X세대다. 영포티young forty로도 불리는 40대가 된 X세대는 역대 40대 중 가장 소비적이라 해도 과언이 아니다. 이들의 자녀는 1~2명이고, 한국 사회에서 권위적인 부모가 아니라 친구 같은 부모 역할을 받아들인 첫 번째 세대이기도 하다. 미국에서 전기차를 가장 많이 보유한 가구의 흥미로운 특징 중 하나가 15~29세가 포함되어 있다는 점이다. 이들이 직접 차를 살 때도 전기차를 선

호하고, 이들이 부모와 함께 사는 경우 부모가 사는 차를 전기차로
사도록 영향을 미쳤다고 해석할 수 있다.

미국의 온라인 마케팅 컨설팅기업 카산드라Cassandra가 2015년
3월 발표한 '카산드라 보고서 : Z세대(Winter/Spring 2015 Cassandra
Report: Gen Z)'에 따르면, 93%의 부모는 자녀가 가족의 지출 및 가
구 구매에 영향력을 미쳤다고 답했다. 이 조사는 1998년에서 2008
년 사이 출생자, 즉 조사 시점 2014년 말 기준 6~16세를 Z세대로
설정해두고 진행되었다. 가구 구매가 10대와 전혀 무관한 듯 보였
지만, 10대가 이들의 부모 세대인 3040의 지출에 직접적 영향력을
행사하는 셈이다. 기업 입장에선 Z세대의 소비 영향력의 범위를
그들이 직접 지출하는 영역뿐 아니라, 영향력을 행사하는 영역까
지 확장시킬 필요가 있는 것이다.

이는 전미소매협회(NRF, National Retail Federation)와 IBM 기
업가치연구소가 공동으로 연구한 '유일무이한 Z세대(Uniquely
Gen Z)' 보고서(2017년 1월 발표)에서도 비슷한 결과로 드러난다.
13~21세 Z세대 1만 5,600명을 대상으로 조사했는데, 어떤 품목
에서 본인의 용돈을 사용하거나 부모님의 지출에 영향을 미치느
냐는 질문에서, 본인 용돈 지출 항목의 우선순위에선 의류 및 신
발(55%), 도서 및 음악 실물 구매(52%), 애플리케이션(52%), 장난
감 및 게임(50%), 이벤트 및 나들이(48%), 개인위생(43%), 전자제
품(42%), 외식(42%), 디지털 스트리밍(37%), 스포츠 장비(31%), 식

품 및 음료(26%), 여행(26%), 가정용품(18%), 가구(16%) 순이었고, 가족의 지출에 영향을 미친다는 품목에선 식품 및 음료(77%), 가구(76%), 가정용품(73%), 여행(66%), 외식(63%), 전자제품(61%), 의류 및 신발(60%), 개인 위생(55%), 이벤트 및 나들이(48%), 스포츠 장비(47%), 도서 및 음악 실물 구매(41%), 디지털 스트리밍(37%), 장난감 및 게임(30%), 애플리케이션(20%) 순이었다. 흥미로운 건 Z세대 본인의 용돈으로 지출이 가장 소극적이었던 영역인 식품 및 음료(26%), 여행(26%), 가정용품(18%), 가구(16%) 등이, 부모님이 지출할 때는 식품 및 음료(77%), 가구(76%), 가정용품(73%), 여행(66%) 등에 영향력을 많이 행사한다는 점이다. Z세대의 직접 지출 품목 외에도 기업들이 그들의 영향력을 고려해 그들에게 마케팅 해야 할 필요성이 있는 것이다. 이건 미국이나 한국이나, 아니 어느 나라 Z세대나 고려할 일이다.

점점 독립하지 못하고 부모와 사는 캥거루족이 늘어간다. 취업난, 주택난이 심해지면 캥거루족은 더 늘어난다. 통계청의 'KOSTAT 통계플러스 2021년 봄호'에 실린 '저低혼인 시대, 미혼남녀 해석하기' 보고서에 따르면, 30대 미혼 인구 중 부모와 동거 중인 비율은 54.8%다. 밀레니얼 세대인 30대 캥거루족도 이렇게나 많다. Z세대는 결혼을 더 안 할 것이고, 이들의 미래에도 취업난, 주택난은 개선되지 않을 가능성이 크다. 안타깝지만 부모와 사는 Z세대가 많을 것이고, 그로 인해 소비에서 X세대를 조종하는 큰손으로 작용할 가능성도 계속될 것이다.

옷이 아니라 OOTDoutfit of the day를 팔고 산다 _____

경험과 개성, 취향을 중요하게 여기는 소비자일수록 소비에서도 자기주도적 태도가 강하다. 이들에겐 관성적·일방적인 소통이자 설득 방식으로는 마케팅 효과를 보기 어렵다. 온라인 패션 전문 쇼핑몰에서 무신사는 Z세대가 가장 애정하는 곳이다. 무신사는 '무진장 신발 사진 많은 곳'의 줄임말이다. 신발 좋아하는 사람이 시작한 온라인 동호회가 나중에 온라인 패션 쇼핑몰이 된 것이다. 시작이 동호회, 즉 커뮤니티라는 것이 무신사의 특징을 말해준다. 패션과 스타일에 대한 콘텐츠가 엄청나게 많다. 물건 파는 곳이란 느낌보단 패션 스타일링 정보 커뮤니티라는 느낌이 더 강하다.

무신사에서는 자체에서 만들어내는 콘텐츠뿐 아니라 고객(이용자)이 만들어내는 콘텐츠가 많다. 누가누가 더 멋진가를 드러내고, 자랑하고, 인정받는 공간이다. 무신사에선 입점 브랜드의 판매 순위를 집계한 랭킹을 발표한다. 음반 차트처럼 사용자들이 랭킹을 적극 소비하고, 랭킹을 통해 패션 트렌드를 읽기도 한다. 물건 파는 것이 목적이란 사실을 노골적으로 드러내는 쇼핑몰들과 달리 패션 전문 쇼핑몰에서 1020대가 애정하는 곳은 커뮤니티와 콘텐츠, 그리고 참여와 연결, 공유가 중요하게 녹아 있다. 피드나 후기 모두 자발적으로 OOTDoutfit of the day를 드러내다 보니 마케팅 목적에서 후기 조작도 어렵다. 이런 공간에서는 소위 호갱이 될 여지가 적다.

이는 Z세대가 패션스타일을 소비하고 공유하는 쇼핑몰에선 보편적이다.

스타일셰어는 네이밍에서 드러나듯 스타일을 공유하는 패션 전문 쇼핑몰이다. 누군가가 피드에 자신의 OOTD를 올려 자신의 스타일링을 자랑하면, 이것이 마음에 들면 팔로워가 되고 '좋아요'도 누르고 댓글도 단다. 피드에서 제품 정보를 넣고, 구매할 수 있는 페이지로 바로 연결도 할 수 있다. 소비자가 다른 소비자의 패션 스타일링을 보고 구매를 하게 되는 것이니, 소비와 판매가 별개가 아니다.

무신사와 스타일셰어 모두 커뮤니티와 콘텐츠가 유기적으로 연결된 쇼핑 공간인데, 1020대가 가장 좋아하는 패션 전문 쇼핑몰로 꼽히던 이 둘이 하나가 되었다. 2021년 3월말 기준 무신사의 회원 수는 840만 명(2020년에 전년 대비 회원 수 40%, 매출은 51% 증가)이다. 회원 중 1020대 남성이 많다. 무신사는 2021년 5월에 회원 수 770만 명인 스타일셰어(자회사 29CM 포함)를 인수했는데, 스타일셰어는 회원 중 80%가 15~25세 여성이다. 무신사 + 스타일셰어 조합은 Z세대 남녀를 고루 공략하게 된 것이다. 2020년 기준 무신사는 온라인 쇼핑 거래액이 1조 2천억 원이었는데 2021년 목표가 1조 7천억 원이다. 스타일셰어는 2020년 3천억 원 정도였으니, 무신사 + 스타일셰어 합쳐서 2021년 거래액 2조 원대를 바라보는 것이다. 무신사는 2019년 11월 세콰이어캐피탈로 2천억 원을 투자 유치할 때 평가받은 기업가치가 1조 원 정도였는데, 2021년 3월에 세콰이어캐피탈과 IMM 인베스트먼트에서 1,300억 원을 추가 투자 유치하면서 평가받은 기업 가치가 2조 5천억 원 정도였다.

참고로, 유통 대기업의 대표주자인 이마트의 시가총액(2021년 5월 18일 기준)이 4조 3천억 원, 롯데쇼핑이 3조 3천억 원 정도인 걸 감안하면 무신사의 가치가 얼마나 큰지 알 수 있다. 온라인쇼핑에서 이마트가 운영하는 SSG닷컴의 거래액이 4조 원이 조금 안 되었고, 롯데의 온라인 쇼핑몰 거래액은 그보다 더 적다. 종합 쇼핑몰에다 대기업이 운영하는 곳과 다르게 패션만 전문적으로 취급하고 스타트업이 운영하는 곳인 걸 감안하면 그 규모와 성장세에 대기업들이 두려워할 수밖에 없어 보인다.

물론 유통 대기업이 가장 두려워하는 건 쿠팡이다. 현재 온라인 쇼핑몰에서 시장 점유율 1, 2위는 네이버와 쿠팡이다. 2020년 네이버쇼핑의 거래액은 27조 원, 쿠팡은 22조 원이다. 쿠팡은 미국 뉴욕 증권거래소NYSE에 상장했을 당시 시가총액이 100조 원 정도였고, 그후 조금 내려가 69조 원(2021년 5월 18일 기준) 정도였다. 그래도 이마트와 롯데쇼핑보다 시가총액이 20배 정도 높다. 상장을 통해 확보된 막대한 자금력을 감안하면 쿠팡의 공격적 행보는 유통 대기업을 더욱 두렵게 만든다. 아이러니하게도 우리나라에서 가장 먼저 온라인 쇼핑몰을 만든 건 1996년 롯데쇼핑이다. 롯데쇼핑은 2015년 30조 원 정도의 매출이었는데, 2020년엔 16조 원 정도로 5년 새 반토막이 났다. 2020년 국내 온라인쇼핑 거래액은 161조 1,234억 원이었다. 이는 2019년의 134조 5,830억 원보다 26조

5,404억 원 증가한 것이고, 1년 새 증가율만 20% 정도다. 2015년의 국내 온라인쇼핑 거래액 55조 556억 원과 비교해보면 최근 5년 새 292%나 성장한 것이다.

시장조사업체 닐슨코리안클릭의 2020년 2분기 전자상거래 보고서에 따르면, 10대가 가장 많이 사용하는 쇼핑앱 순위는 1위 쿠팡, 2위 무신사, 3위 지그재그, 4위 당근마켓, 5위 번개장터, 6위 에이블리였다. 쇼핑앱 강자인 쿠팡은 전 연령대에서 1위를 차지할 정도로 가장 보편적인 쇼핑앱이기에 10대에서 1위인 건 큰 의미가 없다. 그런데 10대에서 패션 전문 쇼핑앱인 무신사와 지그재그, 에이블리가 2, 3, 6위를 차지한다는 것과 중고거래 앱인 당근마켓과 번개장터가 4, 5위를 차지한다는 점은 의미가 있다. 특히 무신사와 지그재그, 에이블리가 top 10에 있는 건 10대, 20대뿐이다. 30대 이상선 이들 세 가지 앱 중 하나도 10위 안에 없다.

확실히 1020대가 패션 전문 쇼핑앱 이용이 많은 건 이들이 패션을 소비하는 방식 때문이라 할 수 있다. 옷은 종합쇼핑몰에서도 얼마든지 살 수 있지만, 패션스타일 정보를 공유하면서 구매하기는 패션 전문 쇼핑앱이 수월하다. 패션과 스타일에 1020대가 더 민감하다는 의미도 된다. 1020대에게 OOTD는 아주 중요하다. 남과 다른 자신의 개성과 취향을 드러내는 데 패션을 적극 활용하기 때문이다. 이는 더 많은 패션 소비를 한다는 것으로도 해석될 수 있는데, 여기서 활용되는 것 중 하나가 중고 패션이다. 당근마켓은 전

연령대에서 상위권에 고루 포함되어 있지만, 번개장터는 10대 외에 다른 연령대에선 top 10에도 없다. 10대 Z세대가 다른 연령대보다 중고거래에 더 관심이 많다는 의미로 해석된다. 돈이 없다고 싼 것만 사는 게 아니라, 비싼 것을 사더라도 입다가 중고로 되팔면 그 돈으로 다른 것을 살 여력을 만들어낼 수 있다. 중고 거래가 소비의 회전 방법이 되는 셈이다.

미국 최대의 패션의류 리세일 플랫폼인 스레드업ThredUP의 연차보고서인 '2020 Resale Report'에 따르면, 중고의류SecondHand 판매 시장은 미국에서 2019년 280억 달러에서 2024년 640억 달러로 커지는데, 이중 온라인 리세일resale 부문은 2019년 70억 달러에서 2024년 360억 달러(약 42조 7천억 원)나 된다. 이러니 패션 브랜드들도 속속 리세일 시장에 진출한다. 흥미로운 건, 리세일 시장에서 가장 주도적인 소비자가 Z세대이고, 그다음이 밀레니얼 세대라는 점이다. 이런 태도 변화는 새것을 만들기보다 있던 것을 소비하는 게 더 친환경적이다 보니 패션의류에서 중고에 대한 인식이 달라진 것도 일조했다. 같은 이유로 패스트패션 소비는 점점 줄어간다. 패스트패션 새것을 사느니 명품이나 친환경 브랜드의 중고를 사서 입겠다는 태도도 늘어간다.

스레드업ThreadUp의 2020년 매출은 1억 8,600만 달러로 전년보다 14% 증가했다(2018년 1억 2,960만 달러, 2019년 1억 6,380만 달러, 2020년 1억 8,600만 달러로 계속 증가세). 스레드업은 2021년 3월 나스닥에 상장했는데, 시가총액은 17.8억 달러(2021년 5월 기준) 정도다. 미국의 중고 명품 패션 거래 온라인/모바일 플랫폼 리얼리얼The RealReal도 2019년 6월에 나스닥에 상장했는데, 시가총액이 13.2억 달러(2021년 5월 기준) 정도다.

참고로, 국내의 당근마켓 누적 회원 수는 2천만 명(2021년 3월 기준) 정도다. 당근마켓의 월간 이용자 수MAU 1,500만 명, 주간 이용자 수WAU는 1천만 명인데, 중고 물건을 사고파는 곳을 1주일에 한 번 이상 이용하는 사람이 1천만 명이 넘는 건 대단한 일이다. 당근마켓은 2019년 9월 투자받을 때 평가받은 기업가치가 3천억 원 정도였는데, 2021년 추가 투자 때는 2조 원 가깝게 기업가치를 평가받은 것으로 알려졌다.

Z세대는 구매자(소비자)이자 판매자(생산자)

당근마켓 회원 중 1020대 비율은 60% 정도다. 다른 연령대가 계속 유입되면서 1020대의 비율이 줄어들긴 하겠지만, 당근마켓의 성장을 이끈 세력이 1020대인 건 분명하고, 앞으로도 Z세대의 영향력은 클 것이다. 당근마켓에서 가장 주목할 것 중 하나가 한 번 이상 중고 물품을 판매한 이용자가 1천만 명에 가깝다는 사실이다. 중고 물품을 사기만 하는 게 아니라 직접 팔기까지 하는 사람이 많다. 구매자이자 판매자인 교집합 비중이 93.3%나 된다. 중고 거래 사이트의 특성일 수도 있는데 팔고, 사고, 되팔고가 활발하다. 이런 공간에 1020대 비율이 60%라는 것은 앞선 글에서 미국의 중고 의류 리세일 시장에서 Z세대가 가장 주도적인 소비자라는 점과 맥락이 같다.

그동안 소비자는 말 그대로 소비만 했다. 판매나 생산은 소비자의 역할이 아니었다. 그런데 이제 달라졌다. 소비자가 판매자가 되는 가장 대표적 방법이 리셀REsell이다. 되판다는 의미의 리셀은 중고는 중고지만, 엄밀히 한정품의 의미에 더 가깝다. 쓰던 걸 파는 게 아니라 새것을 사서 되파는 것이다. 한정품이니 희소하고, 희소하니 더 갖고 싶고, 갖고 싶어 하는 사람이 많으니 중고 거래가가 새것 판매가보다 더 비싸다. 한정품을 산 사람은 마진을 붙여서 파는데, 리셀러REseller가 직업이 되기도 한다.

리셀은 생각보다 큰 시장이다. 리셀 중에서도 특히 주목되는 건 스니커즈 리셀이다. 스니커즈 리셀 사이트의 대표 격인 미국의 스탁엑스stockX에서 거래되는 스니커즈가 연간 10억 달러 규모다. 스탁엑스는 거래 수수료(9~14%)를 받는 것이다 보니, 이 회사의 매출도 최소 1억 달러를 넘는다. 2019년 1억 달러 규모의 투자를 받으면서 평가받은 기업가치가 10억 달러다. 운동화 되파는 것을 중개해서 기업가치 1조가 넘는 유니콘 기업이 된 것이다. 중국의 스니커즈 리셀 사이트 두毒, Poison도 2019년 1억 달러 투자 유치 때 기업

가치를 10억 달러로 평가받았다. 이들 외에도 미국의 고트GOAT, 중국의 나이스Nice, 더우뉴斗牛, donew 등이 언젠가 유니콘 기업이 될 가능성이 있다. 국내에도 스타트업들이 주도하던 스니커즈 리셀 시장에 대기업 유통회사들까지 다 뛰어들었다. 스니커즈 리셀 시장의 주도세력은 1020대이다. 1020대 중에선 스니커즈 사서 재테크하는 이들도 있다. 기성세대가 부동산과 주식 투자를 하고, 2030들이 주식과 코인 투자에 열을 올린다면 10대는 스니커즈 투자를 하는 셈이다.

매장에서 21만 9천 원에 판매되는 스니커즈가 중고로 1천만 원에 거래된다면, 이게 말이 된다고 생각할까? 지드래곤과 나이키가 콜라보레이션해서 만든 '나이키 에어포스 1 파라-노이즈'는 지드래곤 생일(8월 18일)에 맞게 818켤레 한정 판매했는데, 선착순으로 줄 선 8,888명에게 응모권을 주고, 이걸 추첨해서 최종 구매 가능한 사람을 뽑은 것이다. 당일 솔드아웃된 신발들은 다음날부터 스니커즈 리셀 사이트에 등장해 리셀가 300~500만 원까지 오르기도 했고, 6개월 후에도 200~300만 원대로 거래가 이뤄질 정도로, 리셀은 일시적 해프닝이 아니라 상시적 시장이다. 마치 주식시장 같기도 하다. 심지어 한정품 중에서도 한정품이 되는, 친필 사인이 있는 일부 제품은 1,300만 원에 거래되기도 했다.

나이키가 디올Dior과 콜라보레이션한 '에어조던 1 OG'는 1만 3천 켤레를 생산했지만, 5천 켤레는 디올이 자체적으로 소화하고(셀럽이나 VIP 고객을 위해) 일반 소비자들에게는 8천 켤레만 팔았다. 전 세계에서 이 신발의 추첨에 응모한 사람이 500만 명이었고, 확률은 0.16%였다. 갖고 싶었지만 못 가진 사람들로선, 이걸 구하려면 리셀밖에 없다. 신발이 다 팔리자마자 스니커즈 리셀 플랫폼에는 팔려는 사람과 사려는 사람이 모여들었고, 판매가(명품 브랜드에서 만들어서 애초 판매가가 높다. 270~300만 원 정도)보다 4~5배 이상 비싼 한화 기준으로 1,500~2천만 원대에 거래가 이뤄졌다고 한다.

이 정도로 놀라면 안 된다. 나이키가 SF 영화 〈백 투 더 퓨처 2 Back to the Future II〉(1989)에 나왔던 스니커즈(신으면 자동으로 신발끈이 조여지는)를 2016년에 비슷하게 재현해서 89켤레 한정판으로 만든 적이 있다. 당시 신발 가격은 50달러에 불과했지만, 스니커즈 리셀 사이트에서 5만 달러에 거래되고 있다.

그동안 경매에 나온 희귀 나이키 스니커즈 중에 10~20만 달러였던 것도 있다. 중고 신발 한 켤레가 수억 원이 될 수 있는 건 지금 시대 사람들의 욕망 때문이다. 이걸 가장 잘 이용하고 있는 기업이 바로 나이키다. 스니커즈 리셀 시장을 주도하고 있는 데다, 비싸게 팔리는 것들 대부분이 나이키가 콜라보레이션한 한정품이고, 스니커즈 리셀 사이트에서 가장 많이 거래되는 것도 나이키 브랜드다. 나이키는 아예 스니커즈SNKRS라는 사이트를 만들어서 출시 예정인 스니커즈를 미리 공개해 지속적으로 스니커즈 한정품에 관심을 갖도록 유도해 리셀 수요를 만들어내고 있다.

요즘 한정품을 팔 때 래플Raffle(추첨)을 이용하는데, 돈이 있다고 살 수 있는 것도 아니고 무조건 빨리 온다고 다 살 수 있는 것도 아니다. 심지어 오프라인 매장에서 신상품을 사거나 래플 응모권을 원하는 소비자에게 드레스코드를 요구한 적도 있다. 되파는 게 목적인 사람들을 가려내기 위한 장치이기도 한데, 가령 나이키 특정 모델의 스니커즈를 신고, 상의는 나이키 브랜드의 옷을 입은 사람에게만 래플 응모권을 준다고 미리 공지한 경우도 있다. 응모권도 유료인 경우가 있다. 이런 허들을 만들어두는 게 오히려 마니아들을 더 열광시키기도 한다. 갖고 싶어서 한정품을 사는 사람과 그냥 지나가다 들르거나 혹은 팔아서 돈 벌 목적으로 한정품을 사는 사람은 다르기 때문이고, 적어도 나이키 스니커즈 리셀로 돈을 벌더라도 나이키 마니아들끼리만 벌었으면 좋겠다는 게 어쩌면 나이키의 속마음일 것이다.

예전엔 선착순 판매로 한정품을 파는 경우가 많았는데, 이러다 보니 밤새 줄 서고, 줄 선 사람들끼리 갈등이 생기기도 하고, 판매지(대부분 대도시) 가까이 살지 않는 사람들이 상대적으로 차별받는 문제가 생기기도 해서 좀더 공정한 방식으로 온라인 래플을 많이 한다. 회원 아이디 1개가 1회 응모할 수 있으니 가장 공평한 방식으로 보이기도 한다. 중복 응모나 한 명이 여러 켤레를 사는 걸 막기 위해 신분 확인도 철저히 한다. 공정은 1020대가 중요하게 여기는 코드인데, 금수저나 흙수저나 갖고 싶은 한정품 앞에 같이 줄 서고, 래플로 동등한 추첨 기회를 가지는 건 지금 시대정신에 부합하는 마케팅 코드다.

사실은 래플이 마케팅 측면에선 아주 효과적이다. 한정품을 사려는 소비자의 숫자가 기하급수적으로 늘어난 데다, 래플을 통해 누구나 한정품에 대한 관심을 욕망으로 이어갈 수 있다. 슈프림이 하면서 널리 퍼진 드롭Drop도 한정품을 파는 방식인데, 특정 기간, 특정 시간에 신제품을 공개해 파는 방식이다. 래플이나 드롭이나 한정품에 대한 욕망을 크게 만들고 있고, 이것이 리셀 시장을 키웠다.

Z세대는 판매자에 만족하지 않고 생산자도 된다. 10대들이 열광하는 모바일 게임 플랫폼 로블록스Roblox는 미국 16세 미만의 55%가 이용하는 대표적인 메타버스 서비스이다. 로블록스에서 할 수 있는 게임의 종류는 5천만 개 정도다. 우리나라 인구수만큼이나 되는 게임 종류가 있다는 것이 실감이 안 날 텐데, 사실 로블록스는 게임 소비뿐 아니라 게임 제작 툴을 무료로 제공해 누구나 게임을 만들고 판매도 가능하다. 자신이 만든 게임을 남들이 이용할수록 돈을 벌 수 있다. 단순한 게임도 엄청나게 많은데, 소셜네트워크 기능도 갖추고, 게임 내에서 사용하는 가상화폐를 돈으로 환전할 수도 있다.

로블록스는 2020년 매출 9억 2,390만 달러로 전년 대비 82% 증가했고, 2021년 매출 18억 달러 규모로 예상된다. 2021년 3월 뉴욕 증시에 상장했고, 시가총액은 438억 달러(2021년 5월 18일 기준) 규모다.

　게임을 소비만 하지 않고 생산도 가능한 플랫폼에 10대가 열광한다는 점에 주목할 필요가 있다. 이건 콘텐츠에서도 마찬가지다. 유튜브를 가장 적극 소비하는 연령대도 10대다. Z세대는 수동적으로 구매와 소비만 하는 것이 아니라, 직접 판매와 생산에 나서는 능동성을 다른 세대보다 더 많이 가졌다. 이는 Z세대 마케팅에서 중요하게 인식할 부분이다.

왜 Z세대는
주식과 비트코인 투자에
열광하는가?

　2021년 3월, 국내의 주식거래 활동 계좌 수가 4,064만 개를 넘었고, 주식 인구는 1천만 명으로 추산된다. 2019년 12월 말 주식 인구는 600만 명 정도, 주식거래 활동 계좌 수는 2,936만 개였다. 2020년 코로나19 팬데믹을 거치면서 주식거래 계좌가 무려 1,100만 개나 늘었고, 주식 인구도 400만 명 정도가 늘었다. 2020년은 주린이의 해였다. 주식 투자에 뛰어든 2030대가 급증했고, 동학개미에서 서학개미로 진화하며 국내외 주식 투자에 나섰다. 1년여 만에 급증한 주식 인구에서 2030대 비중이 가장 높다. 자본시장연구원에 따르면, 2020년에 주식 투자를 처음 시작한 사람 중 20

대가 28%, 30대가 26%였다. 신규 투자자 중에선 2030대가 54%인데, 전체 투자자 중에선 2030대가 31%(20대 8%, 30대 23%)다. 특히 빅테크 기업들에서 출발한 증권사가 신규로 진입하면서 투자자 중 2030대 비율이 높아졌다. 2020년 2월에 출범한 카카오페이증권은 2020년 한 해 동안 신규 주식 계좌 320만 개를 넘겼다. 이중 20대 29%, 30대 29%로, 2030대가 58%였다. 2021년 4월, 토스증권은 서비스를 시작한 지 1개월 만에 신규 주식 계좌 200만 개를 넘었다. 이중 20대가 34%, 30대가 36% 다. 2030대만 70%인 것이다.

2030대의 주식 투자 열풍은 2020년에 이어 2021년에도 계속되고 있다. 이중에서도 20대 신규 투자자의 약진이 가파르다. 이는 주식뿐 아니라 가상화폐 시장도 마찬가지다. 2021년 1분기, 국내 4대 가상화폐 거래소(업비트, 빗썸, 코인원, 코빗)에서 가상화폐 거래를 한 번이라도 한 2030대는 233만 5,977명(중복 포함)이었다. 이중 처음 계좌를 개설하고 가상화폐 거래를 시작한 2030대는 158만 4,814명(20대 81만 6,039명, 30대 76만 8,775명)이었다. 가상화폐 거래를 하는 2030대의 10명 중 7명이 2021년 1분기에 새롭게 진입한 것이다. 비트코인을 필두로 한 각종 코인들이 급등세를 보인 탓에 단기간에 큰돈을 벌 수 있다는 환상에 뛰어든 이들이 많았다. 이미 1분기 만에 가상화폐 거래소의 거래 규모가 2020년 연간 규모의 4배에 달했고, 심지어 코스피 거래액도 가뿐하게 추월했다. 주린이가 코린이가 되는 것이 이상할 일이 없는 것이다.

심지어 서울대 학생 커뮤니티 에브리타임에 가상화폐 투자 정보를 다루는 코인 게시판이 생겼을 정도다. 게시글이 줄을 잇고, 실시간 소통을 위한 오픈 카톡방에는 1천 명 이상이 오기도 한다. 서울대 학생들에게서도 코인 열풍이 감지될 정도이니 다른 학교는 오죽하겠는가. 대학마다 투자 동아리엔 사람들이 몰리고 경쟁률도 치열하다. 동아리 활동에 관심 없는 Z세대 때문에 명맥이 끊어지는 대부분의 동아리와 달리 주식 투자나 코인 투자를 다루는 곳은 몰려오는 학생들로 붐빈다. 전국의 모든 대학, 모든 20대가 코인 열풍에 촉각을 곤두세우고 있다고 해도 과언이 아닐 정도다.

온라인 재택 수업을 하면서도 주식이나 코인 거래를 실시간 들여다보고, 코인은 24시간 거래하다 보니 밤낮으로 들여다본다. 동학개미 한다고 낮에 들여다보고, 서학개미 한다고 밤에 들여다본다. 이러는데 공부가 될까? 취직 준비는 제대로 될까? 심지어 아르바이트도 안 한다. 아르바이트로 푼돈 버는 것이 시시해진 것이다. 아르바이트 할 시간에 주식 투자, 코인 투자에 더 집중하는 것이 이익이라는 생각 때문이다. 분명 소수의 누군가는 그렇게 해서 큰돈을 벌었을 것이다. 하지만 모두에게 그런 일이 생기진 않는다. 주식 광풍, 코인 광풍 속에서 학업과 취업 준비에 차질이 생기는 것도 문제지만, 그보다 더 큰 문제는 돈에 대한 관점이 왜곡되고 노동의 가치가 폄훼되는 것이다. 이런 문제는 20대에게 고스란히 부메랑이 되어 돌아올 것이고, 이는 우리 사회 전체로도 손해다.

한국도박문제관리센터에 따르면, 2020년에 주식과 코인 투자로 인한 상담 건수가 전년 대비 56% 늘었고, 투자 중독으로 도움을 요청한 경우도 71.8% 늘었다고 한다. 연령대별로 보면 단연 20대가 두드러지는데, 20대의 상담은 전년 대비 223% 늘었다. 그 전까진 이런 상담을 한 10대는 전혀 없었는데 2020년엔 10대마저도 상담을 받고 있다. 주린이, 코린이로 대표되는 투자 광풍에 Z세대도 깊이 빠져들고 있다. 투자는 제로섬 게임이다. 누가 투자로 이익을 거두려면 누군가는 그만큼의 손해를 봐야 한다. 한두 번쯤 이익을 거둘 수는 있어도, 지속적이고 장기적으로 이익을 거두기란 아주 어렵다. 개인이 기관이나 전문기업, 전문가들과 싸워서 이기기도 쉽지 않은데, 특히 20대 개인이라면 더욱 그럴 수 있다. 즉, 투자 광풍으로 돈을 벌기보다 돈을 잃은 20대가 꽤 나올 수 있고, 이는 고스란히 20대의 위기로 가중될 것이다.

이런 모습에 걱정하는 기성세대가 많다. 그런데 이유를 알고 나면 걱정이 아니라 반성부터 하게 될 것이다. 지금 2030대가 일확천금만 노리는 허황된 세대라고? 노력보다 요행을 바라는 철없는 애들이라고? 희망을 뺏아가버린 기성세대에 대한 분노가 담긴 저항이다. 20대에겐 기성세대의 방식이던 월급 모아서 내 집 마련을 하고, 미래를 계획하고 노후를 대비하는 건 불가능하다. 일자리도 없이 청년실업이 가중되는 상황, 밑천이 크게 들어가는 부동산 투자도, 주식 투자도 한계가 있고, 그나마 최소의 돈으로 큰돈을 벌어볼 희망이라도 품을 대상으로 코인을 선택한 20대가 철없고 허황된 꿈을 꾸는 세대가 아니라 안쓰럽고 불쌍한 세대로 보이지 않는가?

최근 몇 년간의 자산가치 상승에서 20대가 느꼈을 상대적 박탈감과, 그나마 있던 희망이 더 사라진 절박감을 이해할 필요가 있다. Z세대는 글로벌 금융위기도, 대학생들이 졸업 후 취업을 못 하는 현실도 계속 보며 자랐다. 어떤 세대보다 경제 문제에 가장 민감한 1020대를 보냈다. 미국의 여론조사기업 바나Barna와 임팩트 360 연구소Impact 360 Institute가 공동으로 발표한 'Gen Z' 보고서(2018)에 따르면, Z세대에게 언제 어른이 되었다고 느끼냐는 질문에서 42%가 경제적으로 독립했을 때, 23%가 감정적으로 성숙했을 때, 17%가 법적으로 성인이 되었을 때라고 답했다. 밀레니얼 세대에게 같은 질문을 했을 때, 감정적으로 성숙했을 때가 49%, 경제적으로 독립했을 때가 25%로 나왔던 걸 보면, 확실히 Z세대가 좀더 경제 관점이 우선한다고 할 수 있다.

빚지기 싫어하는 Z세대, 신용카드와 금융시장엔 변화가 없을까? _____

빚지기 좋아하는 사람이 있을까 싶겠지만, 기성세대는 빚에 관대했다. 빚도 자산이라고 얘기한다. 그런데 그건 어느 정도 소득과 경제력이 있을 때 가능한 얘기다. 일자리가 있고 고정적 소득이 있어서 대출을 충분히 감당할 수 있을 때나 빚이 자산이 되는 것이지, 그렇지 않은 사람에게 빚은 가혹한 위험일 수밖에 없다. 경제는 계속 성장했고 소득도 계속 늘었기에 부모 세대보다 자식 세대가 더 부유했다. 계속 그럴 거라 생각했겠지만, 부모 세대보다 가난해지기 시작한 첫 번째 세대가 밀레니얼 세대다.

2008년 글로벌 금융위기가 밀레니얼의 사회 진출에서 일자리 감소라는 부정적 영향을 주었다면, 2020~2021년 코로나19 팬데믹이 초래한 경제위기는 Z세대의 사회 진출에 부정적 영향을 주고 있다. 경제 위기로 일자리가 줄어들고 실업률은 높아진 데다, 자동화와 로봇 활용의 확산으로 미래가 되어도 실업률이 해소되기가 쉽지 않다. 일자리가 있어도 계약직이나 긱 고용만 늘고, 양질의 일자리는 줄어들고, 임금 상승률도 낮아진다. 반면 집값은 치솟고 물가도 만만치 않다. 밀레니얼 세대 전기는 이미 직장생활을 하는 이들이 많다 보니 덜하겠지만, 밀레니얼 세대 후기와 Z세대 전기는 청년 실업의 당사자다. 미래에 대한 불안감을 넘어 위기감이 클 수밖에 없다. 이런 사람들에게 빚은 더더욱 위험하게 보일 수밖에 없다.

신용카드는 엄밀히 빚이다. 글로벌 금융위기 이후 미국에선 2030대의 직불카드 선호가 높아졌다. 하지만 직불카드는 자신이 계좌에 갖고 있는 현금 내에서만 소비한다. 다음 달에 들어올 돈으로 미리 당겨서 소비하진 못한다. 그것이 가능한 게 신용카드인데, 고정적 수입이 없는 20대에게는 신용카드 발급이 불가능하다. 기존 신용카드는 이 문제를 해결하지 못했지만, 핀테크 업계는 달랐다. 이들을 중요한 시장으로 바라보고 문제를 해결하고 있다.

'Buy Now Pay Later(지금 사고 나중에 지불하세요)'가 핵심 메시지인데, 그래서 이런 비즈니스 모델을 앞글자를 따 BNPL로 명명한다. 신용카드도 분명 지금 사고 돈을 나중에 내는 건 같다. 하지만 신용카드가 고정적 소득이 없거나 신용등급이 낮으면 발급 자체가 안 되는 것과 달리, BNPL은 18세 이상은 누구나 스마트폰에서 앱을 설치하면 가입이 가능하다. 물건을 사면 결제업체가 먼저 구매처에 물건값 전액을 지불하고, 소비자는 물건값을 2주 단위로 몇 차례씩 무이자 할부 형식으로 내거나, 2주나 1개월 내에 일시불 방식으로 내거나, 6~36개월에 걸쳐 장기간 낼 수도 있다. 단기에선 할부이자 수수료가 없지만, 장기간일 경우 수수료가 부과될 수 있고, 연체하는 소비자에게 연체료도 부과한다.

수익은 개인이 아닌 가맹점에서 주로 얻는다. 가맹점의 수수료가 카드사보다 높다. 그럼에도 불구하고 가맹점이 되려는 건, 가맹점에 Z세대 소비자를 유입시키는 효과를 비롯한 이득이 있어서다. 신용카드는 발급받지 못하지만 소비 욕구는 있는 Z세대를 소비자로 만들어주는데, 결제업체가 리스크를 대신 지다 보니 수수료를 더 내는 걸 가맹점은 감수한다. 당장 소득이 없고 일자리가 없다고 소비 욕구도 없는 게 아니다. 긱 고용으로 일하거나, 리셀로 돈 벌거나, 유튜브로 돈 벌거나 등 기존의 월급 형태가 아니어도 돈 벌 방법은 다양해졌다.

신용카드는 1950년대에 만들어져 활성화되었지만, 신용카드의 기본 구조나 서비스 방식 등 모든 것이 20세기 방식이다. 기존 신용카드가 Core-MZ세대를 제대로 공략하지 못하는 사이 핀테크 기업들이 이 시장을 만들어가고 있다. BNPL은 신용카드 발급이 까다로운 나라에서 인기가 많은데, 대표적인 곳이 미국, 캐나다, 영국, 북유럽, 호주, 뉴질랜드 등이다. 미국의 경우에는 사회보장번호가 있어야 하고 소득증명도 제출해야 한다. 신용점수도 따지고, 200~1천 달러 정도의 보증금도 필요하다. 학생이나 취업준비생, 사회 초년생에겐 신용카드 발급이 어려운 것이다. 하지만 이들도 중요한 소비자다. 이미 GAP, Adidas, sephora, H&M 등 글로벌 브랜드의 온라인 쇼핑몰에 'Buy Now Pay Later'라는 문구가 들어가기 시작했다.

BNPL의 대표적 회사는 애프터페이Afterpay, 클라르나Klarna, 어펌Affirm 등이 있다. 호주의 애프터페이는 호주, 영국, 캐나다, 미국, 뉴질랜드 등에서 서비스를 제공하는데, 2020년 11월 기준 거래액이 전년 대비 233% 증가했다. 20대이자 Z세대의 이용이 급증했기 때문이다. 매출과 주가도 당연히 2020년에 크게 올랐다. 애프터페이의 시가총액은 250억 호주달러(미국 달러로 약 195억 달러)다. 유럽의 페이팔로 불리는 스웨덴의 클라르나는 북유럽을 시작으로 미국도 진출했는데, 2020년 11월 기준 미국 내 고객수가 1,100만 명으로, 이는 전년 대비 106% 늘어난 수치다. 2020년 1~3분기까지 전세계 거래액이 350억 달러 규모였다. 클라르나는 2021년 3월 투자

유치를 받으면서 기업가치 평가를 310억 달러로 받았다. 17개국에서 9천만 명 이상의 고객, 25만 개 이상의 가맹점을 확보하고 있고, 하루 평균 200만 건 이상이 거래된다. 페이팔 공동창업자가 만든 미국의 어펌은 나스닥에 상장되어 있고, 시가총액은 134억 달러 정도다. 중국의 알리페이도 BNPL 서비스 회사를 갖고 있다.

이런 시장의 변화는 결국 기존 금융사에 영향을 줄 수밖에 없고, 기존 금융사로선 Z세대를 고객으로 확보하기 위한 전략이 새롭게 나올 수밖에 없다. 부동산 투자에 관심 있는 2030대를 위해 부동산 금융 플랫폼을 만드는 건 국민은행, 신한은행, 하나은행, 우리은행 등 주요 은행 모두에 필수가 되었다. 자산은 베이비붐 세대가 가장 많이 가졌지만, 시간이 지날수록 이 자산이 2030대에게 상속이든 증여든 옮겨갈 가능성이 크다. Z세대가 지금 직접 버는 돈은 크지 않지만, 금융시장으로선 이들을 간과할 수 없다. 특히 Z세대가 디지털 네이티브이기 때문에 금융 서비스에서 온라인 플랫폼의 역할은 더 커질 수밖에 없고, 투자나 금융 서비스나 기성세대와 다른 방법이 계속 도출될 필요가 있다.

Z세대가 부동산과
주거공간을 바라보는 태도 _____

2020년 10월, 잡코리아와 알바몬이 MZ세대 직장인/구직자 863명을 대상으로 '취업과 결혼 등에 대한 인식' 조사를 한 결과에 따르면, 내 집 마련에 대한 질문에서 밀레니얼 세대는 '반드시 해야 한다'가 74.0%였고, Z세대는 69.4%였다. 같은 조사에서 결혼에 대한 질문을 했더니 '안 해도 된다'가 밀레니얼 세대 75.5%, Z세대 75.7%였다. 자녀 출산에 대해서도 '안 해도 된다'가 밀레니얼 세대 72.2%, Z세대 76.8%였다. 결혼과 자녀 출산을 필수로 여기는 Z세대가 10명 중 2명 정도에 불과한 셈이다. 내 집 마련은 10명 중 7명이 해야 한다고 한 것과 비교가 된다.

집은 필수인데, 결혼과 출산은 아니다. 그동안 집은 가족과 연결되는 이미지였다. 결혼을 하고 아이를 낳은 전형적인 가족의 모습이 Z세대에겐 유효하지 않다. 혼자 살더라도 집은 필요하다. 경험적 개념인 주거공간으로서 집이 필요한 것을 넘어서, 내 집 마련이라는 소유의 개념을 Z세대마저도 중요하게 여기는 건 주목할 일이다. 한국에서 부동산 가격 폭등이 초래한 Z세대의 불안감이 어느 정도인지를 짐작해볼 수 있기 때문이다.

카셰어링, 셰어하우스/코리빙, 에어비앤비 등으로 대표되는 공유경제에 가장 호의적인 Z세대마저도 내 집 마련을 중요하게 여기게 만든 건 한국적 특수성이다. 직장인이 근로소득 모아서 내 집 마련하는 것이 어려운 일인 건 전 세계가 마찬가지지만, 집을 소유하지 않고서는 주거의 안정성을 가질 수 없는 나라일수록 부동산에 대한 불안감은 크다. 지금의 (실패한) 부동산 정책들이 Z세대와 밀레니얼 세대에게 정치에 대한, 기성세대에 대한 부정적 인식이 커지는 배경으로 작용할 수 있고, 이는 앞으로 중요한 정치적 변수로 작용할 수 있다. 부동산 정책뿐 아니라 가족, 출산, 양육 관련 정책도 마찬가지다. 이런 모든 정책들은 서로 연결되어 있는데, 한결같이 기성세대식 가족관에 기초를 둔다. 이러니 2030대 입장에선 현실성 없는 정책이라 여겨진다. 밀레니얼 세대가 이를 먼저 겪었다면, 지금 Z세대는 정책과 정치의 비현실성이자 구시대적 관성을 몸소 겪기 시작했다.

지금의 Z세대는 주로 부모와 산다. 10대인 중고생들은 대부분 그렇고, 20대 대학생인 Z세대 중 일부도 그렇다. Z세대가 독립하는 건 대학 진학이 가장 큰 이유다. 기숙사에 머무는 이들도 결국은 독립하게 되고, 기숙사가 학생 중 일부만 수용할 수 있는 걸 감안하면, 대학생이 되는 건 1인 가구가 되는 첫 번째 길목이 되는 셈이다. 대학이 기숙사를 충분히 짓지 못하는 건, 대학가 주변 부동산 시장의 실력 행사 때문이다. 교육부에 따르면, 2020년 기준 전국 4년제 대학의 기숙사 수용률은 22.4%다. 수도권과 대도시는 이보다 좀 낮다. 서울이 18% 정도다. 경기, 인천, 부산 등도 17~19% 정도다. 2010년 서울의 4년제 대학 기숙사 수용률이 11.4%였던 것에 비하면 분명 높아졌다고 할 수는 있지만, 서울 소재 대학 재학생 중 지방에서 상경한 비율이 절반 정도다. 서울에 산다고 해도 학교와 거리가 멀어서 인근에서 자취하는 경우도 많다. 이런 현실을 감안하면 기숙사 수용률은 높아져야 한다.

기숙사 수용률이 높아지지 않는 건 대학이 기숙사를 짓는 데 소극적이어서가 아니다. 대학 인근 원룸, 오피스텔로 임대를 하고 있는 주민들의 반발 때문이다. 기성세대의 이해관계 때문에 기숙사를 충분히 짓지 못하고, 결국 대학생들의 거주 비용이 크게 높아지는 것이다. 이는 밀레니얼 세대도 겪었고, 지금 Z세대도 겪고 있다. 과거 세대들은 이런 부당한 상황에 속수무책이었지만 앞으로도 그럴 거라 생각하면 오산이다. 경쟁력 없는 대학은 점점 망해가고, 대학 진학을 안 하려는 Z세대도 계속 늘어가고, 대학 수업은 점점 온라인으로 전환된다. 결국 대학가 인근의 부동산 시장은 역풍을 맞을 것이다. 대학을 다니면서 부동산에 얽힌 기성세대의 탐욕과 부당함을 직접 목격하고 분노한 게 Z세대라는 사실을 잊어선 안 된다.

대학 졸업 후 직장인이 되는 것도 1인 가구가 되는 길이다. 캥거루족이 많긴 해도, 독립하는 이들도 그만큼 많다. 시간이 지날수록 점점 더 많은 Z세대가 1인 가구가 될 것이다. 1인 가구에서 가장 큰 지출은 월세, 즉 거주에 대한 비용이다. 부모님의 도움으로 소유하거나 전세로 들어가는 건 소수의 일이고, 상당수는 월세를 선택하게 된다. 반지하나 옥탑방, 고시원, 소형 오피스텔, 셰어하우스, 코리빙하우스 등 다양한 선택지가 있다. 물론 경제력에 따라 선택지가 달라진다. 하지만 어떤 선택지리도 지출 항목 중 가장 큰 것이 주택 거주비라는 사실은 같다. 이들의 주거안정을 위한 정책은 기본적 복지에 해당된다.

Z세대의 주택 거주 선택에서 셰어하우스, 코리빙하우스 같은 공동 거주 시설을 주목할 필요가 있다. 경험, 개성, 취향이 중요한 소비 코드가 된 그들은 전세, 자가, 월세라는 기준으로 주택을 보는 게 아니라, 얼마나 풍족한 라이프스타일을 누릴 수 있는지, 취향과 코드가 맞는 사람들과 어울려 지낼 수 있는지를 중요하게 본다. 거주자 각자의 독립된 공간에서 프라이버시가 보장되며, 동시에 거주자들이 공동으로 쓰는 라운지, 루프탑 등에서 서로 어울리고, 이들이 함께 어울릴 수 있도록 콘텐츠와 서비스가 제공된다. 엄밀히 공간만 빌려주는 것이 아니라 라이프스타일을 제공하는 것이다.

원래 셰어하우스는 비용 부담을 줄이기 위해 집을 여럿이 공유하는 것에서 출발했지만, 프리미엄 셰어하우스, 코리빙하우스들이 계속 확산되는 것에서 볼 수 있듯이 돈을 아끼려는 선택보다 주거의 개념을 바꾸는 선택으로 볼 수 있다. 아예 경제력 있는 밀레니얼 세대, Z세대를 겨냥한 특급호텔 같은 코리빙하우스도 속속 만들어진다. 이는 뉴욕, 런던, 도쿄, 서울 등 세계적 대도시에서 보편적인 트렌드다. 전통적인 가족 개념은 계속 퇴색되어가고, 대신 취향과 코드가 맞는 사람들과 어울리는 취향 공동체에 대한 관심은 계속 늘어나는 것이 지금 시대의 2030대다. 가족에 대한 개념 변화는 부동산과 주거에 대한 욕망 변화로 이어질 수밖에 없다.

2030대에겐 반려동물이 중요한 가족이다. Z세대는 형제자매 없이 외동인 경우가 많다. 부모와 사는 중고생의 경우에는 집에서 반려동물이 형제자매다. 독립한 Z세대에게 반려동물은 가족이다. 아예 반려동물을 키우려고 독립하는 경우도 늘었다. 이젠 가족을 결혼, 출산 같은 전통적 의미로만 바라보지 않고, 혼자서도 잘 살고, 반려동물과도 가족을 이루고, 취향 맞는 사람끼리 어울리며 대안 가족이 되기도 한다. Z세대 전기(현재 시점에서 18~24세)가 유권자이고, 이들 중 일부가 독립하고 1인 가구가 되기 시작했다. 이들을 더이상 나이 어린 아이들, 부모에 종속된 청소년 같은 분위기로 바라봐선 안 된다. 이들은 우리가 생각했던 것보다 훨씬 더 독립적이고 주도적으로 자신의 삶을 만들어가고 있다.

Z세대는 결혼과 출산을 원치 않을까?

한국일보가 한국리서치와 함께 Z세대와 X세대 각 500명씩을 대상으로 2020년 12월 조사한 'Z세대 인식조사' 결과에 따르면, Z세대의 65.1%가 '결혼을 반드시 할 필요는 없다'고 답했다. 54%

가 답한 X세대와 비교하면 차이가 보인다. Z세대는 X세대의 자녀다. 그런데 주목할 점은 Z세대 내에서 남녀 차이가 아주 컸다는 것이다. '결혼을 안 해도 된다'는 남성은 50.1%인 반면, 여성은 81.8%였다. '자녀가 반드시 있을 필요는 없다'에 대해선 Z세대 76%가 동의했다. X세대는 52%가 동의했다. 확실히 세대차이는 난다. 그리고 같은 세대 내에서 남녀 차이도 크다. Z세대 남성은 60.2%인 반면 여성은 89%다. Z세대 여성 10명 중 8명이 결혼에 부정적이고, 10명 중 9명은 출산에 부정적인 셈이다. 같은 Z세대 내에서도 여성이 훨씬 더 결혼과 출산에 부정적인 것은 결혼과 출산으로 인해 겪는 손실이 여성이 더 크다고 인식하고 있기 때문이다.

Z세대 여성들의 출산 기피에서 가장 큰 이유가 출산 후 경력단절이었다. Z세대 여성들이 이런 인식을 하고 있다는 것에 대해 기성세대로선 정말 부끄럽고 책임을 통감해야 한다. 출산이 경력단절이 되고 경제적 손실, 기회의 손실이 되는 것은 이미 오래전부터 있어왔던 일이지만 여전히 해결하지 못했기에 Z세대가 이런 생각을 하는 것이다. 솔직히 Z세대뿐 아니라 X세대도 이 문제 때문에 출산을 기피했지 않은가? 엄마의 삶을 사는 것이 주는 경제적 부담, 책임감에 대한 스트레스를 10대들마저도 인식하고 있다는 것을 우린 간과해선 안 된다. 결국 혼인율과 출산율은 더 떨어질 수밖에 없다.

'결혼을 안 해도 남녀가 같이 살 수 있다'는 항목에서 Z세대 남성

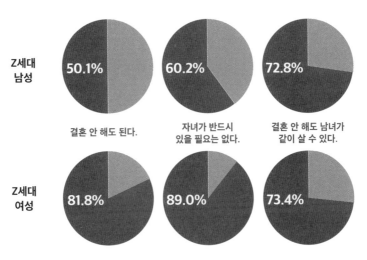

Z세대 인식조사
(한국일보 & 한국리서치, 2020년 12월)

Z세대
남성

50.1%

60.2%

72.8%

결혼 안 해도 된다.

자녀가 반드시
있을 필요는 없다.

결혼 안 해도 남녀가
같이 살 수 있다.

Z세대
여성

81.8%

89.0%

73.4%

은 72.8%가, 여성은 73.4%가 그렇다고 답했다. 이 답변에선 남녀
차이가 거의 없는데, 동거에 대한 태도가 꽤 긍정적이다. 유럽이나
북미에서 동거가 결혼을 대체하는 보편적 선택이 된 지가 꽤 되었
는데, 한국에선 동거에 대한 거부감이 컸었다. 하지만 Z세대에서
이에 대한 거부감은 거의 지워진 셈이다. 유럽의 출산율이 상대적
으로 높은 데는 동거해서 태어난 아이에 대한 사회적 편견도 없고,
육아도 개인이 아닌 사회가 책임지기 때문이다. 유럽에서 태어나
는 아이들의 40~50%, 북미에서 태어나는 아이들의 30~40%가 부
모가 동거 상태에서 낳은 경우다.

 OECD 국가에서 출산율이 가장 낮은 한국, 그다음 낮은 일본의
공통점은 동거에 대한 사회적 편견이 크고, 결혼이 줄어 출산율도

크게 줄어들었다는 점이다. 결혼은 원치 않지만 동거에 대해선 긍정적인 태도를 가진 Z세대를 고려해서라도 한국 사회에서도 변화를 받아들여 제도적 개선을 하는 것도 필요하다. 과거의 관성만 고수하며 기성세대와 사회가 "결혼해라", "아이 낳아라" 한다고 그걸 받아줄 Z세대는 많지 않기 때문이다. 그리고 저출산은 밀레니얼 세대나 Z세대의 탓이 아니다. 결혼과 출산을 기피하게 만든 책임은 기성세대에게 있다. 지난 십수 년간 여러 정부가 모두 저출산 대책에 예산을 쏟아부었지만 효과가 없었다는 건, 결국 문제의 방향이 틀렸기 때문에 풀 수 없었던 셈이다. 걸핏하면 인구 절벽, 인구 위기론으로 협박하듯 겁주기만 하고, 출산 대가로 돈을 지원해주는 식의 발상으로는 지금도 최악인 출산율을 앞으로 더더욱 최악으로 만들게 할 것이다. 법률적 결혼 외에도 사실혼, 동거에 대한 보다 현실적인 포용이 필요하다.

한국청소년정책연구원이 2020년 7~9월 전국 중·고교 학생 5,740명을 대상으로 실시한 'Z세대 10대 청소년의 가치관 변화 연구' 결과에 따르면, 결혼에 대해서 '본인이 원한다면 하지 않아도 된다'는 응답이 59.9%, '가능한 한 하는 것이 좋다'는 33.9%, '반드시 해야 한다'는 6.3%였다. 12년 전인 2008년에 조사한 '청소년 가치관 국제 비교' 결과와 비교가 된다. 이때는 '본인이 원한다면 하지 않아도 된다'는 응답이 41.6%, '가능한 한 하는 것이 좋다'는 41.3%, '반드시 해야 한다'는 17.1%였다. 밀레니얼 세대 10대 때

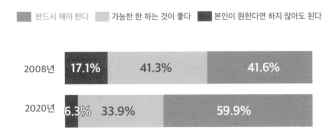

청소년의 결혼에 대한 인식 변화

• 한국청소년정책연구원, 2020년 7~9월 전국 중·고교 학생 5,740명 조사

■ 반드시 해야 한다　□ 가능한 한 하는 것이 좋다　■ 본인이 원한다면 하지 않아도 된다

2008년　17.1%　41.3%　41.6%

2020년　6.3%　33.9%　59.9%

와 Z세대 10대 때가 이렇게 차이가 난다. 남녀 차이 또한 여기서도 크게 벌어진다. 10대 남성은 '본인이 원한다면 하지 않아도 된다'는 응답이 44.4%인데, 여성은 76.7%다.

Z세대는 왜 LGBT 비율이 상대적으로 높을까?

성비 불균형이 Z세대에서 크게 해소된 부분과 함께, Z세대의 LGBT(성 소수자. 즉, 레즈비언Lesbian, 게이Gay, 양성애자Bisexual, 트랜스젠더Transgender)에 대한 태도 이슈도 함께 들여다볼 부분이다. 미국 갤럽Gallup이 2020년 18세 이상 미국인 1만 5천 명 이상과 인터뷰 조사를 한 결과에 따르면, 미국 성인 5.6%가 LGBT였고, 이전에 갤럽이 했던 조사들과 비교하면 역대 가장 높은 비율이다. 베이비

Americans' Self-Identification as LGBT, by Generation

	LGBT	Straight/Heterosexual	No opinion
	%	%	%
Generation Z (born 1997-2002)	15.9	78.9	5.2
Millennials (born 1981-1996)	9.1	82.7	8.1
Generation X (born 1965-1980)	3.8	88.6	7.6
Baby boomers (born 1946-1964)	2.0	91.1	6.9
Traditionalists (born before 1946)	1.3	89.9	8.9

GALLUP, 2020

나는 LGBT인가? (미국 Gallup, 2020년)

붐 세대는 스스로가 LGBT라고 한 비율이 2.0%, X세대는 3.8%로
성인 평균을 하회했지만, 밀레니얼 세대는 9.1%, 심지어 Z세대는
15.9%로 월등히 높았다.

여기서 흥미로운 건, 밀레니얼 세대와 Z세대는 이전 세대와 달
리 LGBT 중에서 양성애자라고 답한 이들이 월등히 많았다. 이는
문화, 패션에서의 젠더리스 트렌드와도 무관하지 않을 것이고, 이
들이 젠더, 윤리, 환경 등 다양한 가치를 더 적극 수용하는 세대라
는 것도 영향이 있을 것이다. 이들은 성 정체성뿐 아니라 인종과 국
적의 다양성 문제에서도 관대하다.

물론 미국의 조사 결과를 한국에 그대로 적용할 순 없다. 미국은
미국이다. 전 세계에서 시가총액 1위인 애플의 CEO 팀 쿡은 2014
년에 커밍아웃했다. 그는 여전히 CEO이며, 능력을 발휘하며 애플

을 더더욱 성장시켰다. 지금 애플의 시가총액은 2조 달러가 넘는다. 우리나라의 GDP보다 20% 정도 더 많다.

미국의 현역 정치인 중에도 커밍아웃한 이들이 꽤 있다. 바이든 정부의 교통부 장관 피터 부티지지가 대표적이다. 현재 미국의 하원의원 11명, 상원의원 2명이 스스로가 LGBT라고 커밍아웃했다 (미국에선 의원 최초로 커밍아웃한 것이 1987년이다. 하원의원 바니 프랭크가 주인공인데, 그는 커밍아웃 이후에도 24년 정도 더 하원의원을 했고, 2007년부터 4년간 하원 의장을 맡으며 미국의 금융개혁을 주도했다).

미국은 2015년 대법원에서 동성 결혼을 합헌으로 결정했고, 당시 백악관은 이를 기념하며 무지개 깃발을 걸었다. 이런 나라에서 사는 2030대가 LGBT에 대해 기성세대와 다른 태도를 보이는 건 어쩌면 당연하다.

사실 미국뿐 아니다. 현재 뉴질랜드의 부총리 겸 재무장관인 그랜트 로버트슨도 커밍아웃했으며, 뉴질랜드는 전체 국회의원 중 LGBT가 10%로 전 세계 국회에서 단연 1위의 비율이다. 현재 세르비아의 총리인 아나 브르나비치, 현재 독일 보건장관인 옌스 슈판도 성 소수자다. 현직 정치인들이 이 정도이고, 전직으로는 셀 수 없이 많다. 성 소수자를 우대해서 생긴 일이 아니라, 차별하지 않아서 생긴 일이다. 만약 우리나라라면 어땠을까? 능력을 따지지도 않고, 그의 성 정체성만으로 정치 생명이 끝장났을 것이다. 한국인들은 '다르다'와 '틀리다'를 혼재해서 잘 쓴다. 이건 잘못된 언어 습관이 아니라 우리가 가진 다름에 대한 태도 때문일 수 있다. 우린 다른 것에 대해 유독 인색하다.

글로벌 사회의 Z세대에겐 국가와 인종, 성별, 언어의 차이는 기성세대 때와는 다르다. 실시간으로 전 세계가 연결된 시대를 살고 있고, 소셜네트워크를 통해 서로 다른 언어를 가진 친구들과도 실시간 소통하며 어울린다. 국가와 인종의 벽도 없다. 예전과 달리 트렌드도 국가 간 시차가 거의 없다. 그냥 지구인, 세계인일 뿐이다. Z세대가 기성세대보다 젠더, 윤리, 환경 등 다양한 가치를 더 적극 수용하고 있다. 이들은 성 정체성뿐 아니라 인종과 국적의 다양성에도 관대하다. 물론 일부에선 성차별과 폭력적·공격적 태도가 여전히 있긴 하지만, 그건 세대의 특성이 아닌 개별적 인성 문제일 뿐이다.

미국 Z세대의 LGBT에 대한 태도는 미국만의 얘기가 아닌 한국의 얘기이기도 하다. 2030대(심지어 10대까지도) 사이에선 성격유형 검사인 MBTI 테스트가 필수이듯, 성적 성향 검사인 BDSM 테스트도 필수다. BDSM은 Bondage(구속), Discipline(훈육), Dominance(지배), Submission(굴복), Sadism(가학), Masochism(피학) 등 성적 취향이자 기호를 말한다. 당당하게 자신의 성적 취향을 파악하고 이를 드러내는 것은 확실히 성 정체성에 대해 기성세대와 다른 태도다. 아울러 섹스에 대해서도 자기 주도적·능동적 태도를 보인다. 이는 밀레니얼 세대로부터 변화가 있었는데, Z세대로 이어지고 있다.

이런 영향으로 글로벌 시장에서도 BDSM 용품이자 섹스토이, 성인용품 시장은 급성장하고 있고, 국내에서도 뒷골목에 있던 성인용품 숍이 2030대가 즐겨찾는 핫플레이스 동네에 속속 자리 잡고 있다. 60개국에 진출한 성인용품 시장의 글로벌 브랜드 텐가가 2017년에 한국에 법인을 만들고, 연남동 팝업스토어를 비롯해 적극적인 마케팅을 펼쳤는데, 2018년 3월~2019년 2월까지의 매출 성장률이 전년 대비 185%였다. 같은 시점 미국의 매출 성장률이 112%였던 것과 비교가 된다.

텐가코리아가 2020년 1분기 온라인몰에서 셀프 플레저 아이템 판매에서 연령별 비중을 발표한 적이 있는데, 20대 27.7%, 30대 37.0%, 40대 13.5%, 50대 2.10%, 60대 0.4%였다. 기성세대는 성에 대해 숨기는 경향이 컸다. 드러내지 않고 숨기기만 하다 보니 더 음성적이었다. Z세대의 성적 태도 변화를 두고 그들이 더 문란하다고 볼 수는 없다. 오히려 음성적이던 것을 양성적으로 바꾸는 것이니 더 건강한 섹스 라이프라고도 볼 수 있다.

Z세대는 기성세대보다
성적으로 더 개방적일까? _____

한국일보의 'Z세대 인식조사' 결과에 따르면, '혼전 순결을 지켜야 한다'는 항목에서 Z세대 남성은 77.1%가, 여성은 81.3%가 그렇지 않다고 답했다. 혼전 순결에 대한 개방적인 태도는 오히려 여성이 더 높다. 적어도 Z세대만큼은 성적 자기결정권에서 남녀 차이가 별로 없다고 볼 수 있는 것이다.

2020년 9월, 섹스토이 전문 글로벌 브랜드 우머나이저가 12개국(미국, 캐나다, 영국, 프랑스, 독일, 한국, 대만 등) 18세 이상 성인 6천 명을 대상으로 한 조사 결과를 발표했다. 여기서 12개국 남녀 간 자위 횟수 격차는 평균 68%(남자가 여자보다 68% 더 많은)였는데, 한국은 34%로 12개국 중 가장 적었다. 이는 Z세대만으로 한정한 조사는 아니지만, 한국에서 이러한 결과가 나온 건 Z세대와 밀레니얼 세대 여성들 때문인 건 틀림없을 것이다.

앞서 두 가지 조사 결과를 보면, Z세대 중에서도 여성의 태도 변화를 주목할 수 있다. 연애의 주도권을 남성이 가졌던 과거 세대와는 많이 달라졌음을 알 수 있다. 코로나 팬데믹이 디지털 데이트를 더 증가시켰다. 글로벌 데이팅 앱 틴더Tinder에 따르면, 2020년 2월 대비 2021년 2월에 하루에 오가는 메시지 건수가 19% 증가했고, 평균 대화 지속 시간도 32% 길어졌다. 특히 틴더 사용자 절반 정도가 매칭 상대와 영상 채팅을 했고, 팬데믹 이후에도 영상 채팅을 사용하겠다는 이들이 40%였다. 팬데믹이라 직접 만나는 것이 부담스러워서 이런 경향이 생긴 건데, 이건 팬데믹 기간의 일시적 경향이 아닐 가능성이 크다. 가상현실, 증강현실 기술을 이용한 버추얼 섹스 시장, 섹스토이 시장의 성장세를 긍정적으로 보는 건 괜히 나온 전망이 아니다. 틴더 사용자 50% 정도가 Z세대다. 그리고 Z세대는 디지털 네이티브다. 기성세대의 전통적 데이트 방식, 섹스에 대한 관점이 이들에게서 달라진다고 해도 놀랄 일이 아니다. 바뀐 환경, 바뀐 시대를 살아가며 이들이 선택한 것이기 때문이다.

미국 잡지 〈디 애틀랜틱The Atlantic〉의 2018년 12월호의 표지를 장식한 커버 스토리가 'The Sex Recession'이다. 경기후퇴, 불황을 일컫는 리세션을 섹스에 붙인 것이다. 구체적으로는 젊은 세대(밀레니얼 세대)가 베이비붐 세대나 X세대보다 섹스를 덜 한다는 내용을 다루고 있다. 미국 NORCNational Opinion Research Center의 종합사회조사General Social Survey 자료에 따르면, 18~30세 남자 중 2018년에 섹스를 한 번도 안 한 사람이 28%였다. 이는 2008년과 비교하면 3배 정도 증가한 것이다. 18~30세 여자는 18%로, 2008년에 비해 2배 정도 증가했다.

밀레니얼 세대만 그런 게 아니라 Z세대도 마찬가지다. 미국 질병통제예방센터CDC, Centers for Disease Control and Prevention에 따르면, 섹스를 경험한 고등학생의 비율이 1991년 54%에서 2017년 40%로 떨어졌다. 이런 영향으로 미국에선 청소년 임신율, 성병 감염자도 크게 줄었다. 미국만 그런 게 아니라, 전 세계에서 밀레니얼 세대가 이전 세대보다 섹스를 덜 하는 세대라는 자료가 나온다. 서울대학교 보라매병원 비뇨기과 박주현 연구팀이 2014년 여성 5만 명을 대상으로 성생활에 대해 설문조사한 결과에 따르면, 20대 여성의 한 달 평균 섹스 횟수가 3.52회였는데, 2004년 진행한 동일한 조사에선 5.67회였다. 즉, 10년 사이 2.15회가 줄어든 것이다. 30대 여성은 2014년 4.18회로, 2004년 5.31회보다 10년 새 1.13회 감소했다. 2030대 모두 감소했지만 그중 20대 감소가 더 컸다. 각 나라가 비슷한 상황인데, 이에 대한 이유도 비슷하게 찾는다. 감소 이유로 취업난과 경제적 어려움에 따른 스트레스를 들기도 하고, 스마트폰과 넷플릭스, 유튜브 등에서 즐거움을 찾고 시간을 보내다 보니 연애 자체가 줄어서라는 이유도 든다. 그리고 HIV를 비롯한 성병에 대한 두려움이나 타인에 대한 불신, 성폭력에 대한 우려 등으로 섹스에 대해 거부감을 가진 이들이 늘었다는 이유도 든다.

미국 오스틴 연구소The Austin Institute for the Study of Family and Culture의 연구에 따르면, 매주 최소 한 번 이상 자위를 하는 남성이 2014년 기준 54%였는데, 이는 1992년보다 2배 이상 증가한 것이다. 여성의 경우도 2014년 26%로, 1992년보다 3배 이상 증가했다. 섹스는 줄어드는데 자위는 는 것이다. 성욕 자체가 사라졌다기보다 직접 섹스하는 것에 대한 불편, 불신, 불안이 작용했다고도 볼 수 있다. 성에 대한 여성의 자기결정권, 주도권이 높아진 것도 작용했을 수 있다. 분명한 건 기성세대처럼 남성이 일방적으로 주도하진 않는다는 점이다. 사회적 구조를 바꾸는 건 오래 걸려도 개인적인 선택을 바꾸는 건 훨씬 더 빠르다.

Z세대 여성은 왜 초등교사를 선호할까?

2021년 서울시 국공립 초등학교 교사 임용시험 최종 합격자 중 86.8%가 여성이다. 새삼스러운 일이 아니다. 수년째 여성 합격자의 비율이 85~89% 정도였다. 2021년 임용시험을 치른 건 2017학번이다. 재수도 많이 하니까 2016학번도 있을 것이다. 이들이 1997~98년생, 바로 Z세대다.

여기서 이런 질문이 가능하다. 왜 Z세대 여성은 초등교사를 직업으로 선호하는 걸까? 서울시만 그런 게 아니다. 2021년 세종시 초등학교 교사 임용시험 최종 합격자 중 여성 비율이 88.9%다. 전국적으로도 초등교사가 될 임용시험 합격자 중 여성이 80% 정도다. 임용시험 응시자의 성비는 여성 7 대 남성 3인데, 최종 합격자에선 여성 8 대 남성 2 정도다. 응시가 곧 합격이 되는 게 아니라, 반 정도는 떨어진다. 응시자 성비보다 합격자 성비에서 격차가 더 커지는 건 여성 응시자의 점수가 더 높아서 생긴 일이다.

공무원과 국공립 교사처럼 정년이 보장되는 안정적인 직업에 대해선 남녀 모두 선호할 텐데, 왜 유독 초등학교 교사에선 이렇게 큰 남녀 격차가 나는 걸까? 사실 밀레니얼 세대 때도 여성들의 초등교사 선호가 높았다. X세대 때도 그랬다. 이건 세대를 막론하고 이어지는 흐름이니, 한국 여성들이 초등학교 교사를 선호한다는 결론이 될 수 있다. 그런데 왜 그럴까? 왜 여성이 초등학교 교사를 더 선호하게 되었을까? 우린 특정 직업에 성별을 부여하곤 한다. 초등학교 교사에 여성을 부여하면, 의사나 검사는 남자를 부여하는 식이다. 사실 이런 관성이 괜히 나온 건 아니다.

질문 하나 하겠다. 찾아보지 말고 그냥 머릿속에 드는 생각으로 바로 답을 해보라. 초등교사 77%가 여교사인 건 여성에 대한 특혜일까, 성차별의 역설일까? 여러분이 그려본 답과 얼마나 맞을지 지금부터 그 얘길 시작한다.

교육통계서비스(kess.kedi.re.kr) 자료에 따르면, 2020년 기준 초등학교 교사 중 여교사 비율이 77.1%다. 중학교 교사 중 70.5%가, 고등학교 교사 중 54.8%가 여교사다. 초중고 교사 중 여교사 비율이 더 높은데, 특히 초등학교에선 압도적으로 높다. 원래 이랬던 건 아니다. 1980년엔 초등학교 교사 중 남교사가 63.2%로 여교사 36.8%보다 두 배 가까이 많았다. 당시 초등학교를 다닌 X세대들이 기억하는 담임선생님 중 남자가 훨씬 많았던 게 이런 이유다. 1970년대엔 남교사 비율이 이보다 더 높았다. 1970~80년대에 교사는 가장 좋은 직업 중 하나였다. 1990년에는 남교사 49.9%, 여교사 50.1%로

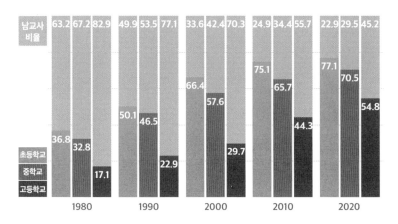

연도별 초중고 교사 중 여교사 비율 (%)   출처 : 교육통계서비스

균형을 이뤘다. 한국 경제가 발전하면서 대기업도 커지고, 전문직 분야도 성장해가면서 교사보다 더 매력적인 직업에 눈을 돌린 이들이 늘었다.

2000년에는 남교사 33.6%, 여교사 66.4%로 20년 전과 달리 오히려 여교사가 남교사보다 두 배 많아졌다. 2010년에는 남교사 24.9%, 여교사 75.1%로 격차는 3배로 벌어졌고, 2020년 남교사 22.9%, 여교사 77.1%로 격차는 더 심화되었다. 여기서 성비는 전체 교사가 대상이다. 즉, 예전에 교사가 된 남교사가 있음에도 매년 여교사 비율이 지속적으로 높아진다는 건 새로 임용되는 신규 교사에서 여교사 비율이 더 높다는 의미다. 2021년 서울 공립 초등학교 교사 임용시험 최종 합격자 중 86.8%가 여성이다. 다른 지역에서도 비슷하다. 즉, 초등학교 교사 성비에서 여교사의 비율이 지금보다 앞으로 더 올라갈 여지가 있다는 얘기다. 조만간 여교사가 남교사보다 4배쯤 많아질 것이다. 이러니 남교사 할당제라는 말이 제기된다. 그렇다면 여교사 비율이 이렇게 높은 건 여자에게 준 특혜 때문일까? 사실은 그 반대다.

초등학교 교사가 되려면 교대를 나와서 임용고시에 합격해야 한다. 우리나라에 교대는 전국적으로 13개다. 이중 12개는 성비 제한 규정이 있다. 1개가 최근에 규정을 폐지한 것이지, 지난 수십 년간 계속 유지되던 규정이었다. 그 규정은 교대의 학생 비율에선 여성이 최대 75%를 넘지 못한다는 것이다. 아무리 성적이 우수한 여학생이 많이 지원해도 남학생을 최소 25%는 합격시켜야 한다. 1983년 인천교대가 처음 성비 규정을 만들었는데, 남녀 어느 특정 성비가 75%를 초과할 수 없게 했다. 1982년 입학생 중 남학생 13.6%, 여학생이 86.4%가 되었던 것이 계기다. 이후 1985년부터 대부분의 교대가 성비 규정을 만들어서 남학생 비율을 30% 선으로 유지했다. 이런 규정이 필요했던 건 성적 좋은 여학생들이 상대적으로 남학생보다 교대를 더 선호하기 때문이다.

교대만 나오면 다 초등학교 교사가 되는 건 아니다. 임용고시 경쟁률만 전국적으로 1.9 정도 된다. 즉, 2명 중 한 명은 떨어진다. 재수, 삼수하는 경우도 있다. 성비 규정이란 특혜로 남학생을 30% 가까이로 끌어올려놨음에도 불구하고, 임용고시 합격자 중 남학생이 30% 정도를 차지하진 못한다. 그랬더라면 적어도 초등교사 30%

가 남교사가 되었을 것이다. 애초에 성비 제한 규정 자체가 남학생에 대한 특혜다.

그런데 이 특혜를 줬는데도 안 되니, 아예 교사 임용에서 할당제를 통해 특혜를 더 주자는 얘기는 어떻게 이해될까? 남성 비율이 압도적으로 높은 분야에서 여성 할당제를 하는 것처럼, 그 반대의 경우엔 남성 할당제를 하는 게 균형적이라는 주장도 가능하다. 하지만 본질은 이게 아니다. 왜 같은 성적을 가진 학생 중 남성보다 여성이 압도적으로 더 많이 교대에 지원할까? 왜 여학생이 초등학교 교사를 장래희망으로 꿈꿀까? 이 질문이 본질이다. 여성이 초등학교 교사를 본능적으로 선호하고 좋아해서 그런 게 아니다. 지금보다 여성의 사회적 차별, 경제활동 기회에서의 차별이 더 심했던 1980년대 여학생으로선 직장생활에서의 차별이 가장 적은 곳인 초등학교 교사직을 선호할 수밖에 없었다. 그 흐름이 지금까지 계속 이어지고, 심지어 교사 중 여교사의 비율이 계속 높아지고 있다는 점은 여전히 직장생활에서의 차별이나 경력단절 등의 문제가 해결되지 않은 것과 무관하지 않다.

성적 좋은 남학생들은 법대도 가고, 의대도 가고, 경영대도 가고, 공대도 가고, 사관학교도 간다. 어느 전공이라도 나중에 그 직업을 가졌을 때 남성에게 불리할 것은 없다. 법조계, 의료계, 경영계, 학계, 정치계 등 사회적 영향력과 지위가 상대적으로 높은 분야에서 남성의 입지와 비율은 압도적으로 높다. 상대적으로 성적 좋은 여학생들이 같은 성적의 남학생보다 교대에 더 지원할 수밖에 없고, 결과적으로 교대에 여학생 비율이 압도적으로 높아지게 된 것은 여성의 경제활동에서의 차별과 무관하다 볼 수는 없다. 모든 직업에서 남녀가 성별의 차이가 아닌 개별적 능력의 차이로 입지와 역할이 규정된다면, 아마 어떤 직업에서도 남녀는 비슷한 성비를 유지할 것이다. 입시교육이 남녀에게 다른 것도 아니고, 대학교육도 남녀에게 달리 시키는 것도 아니다. 체력적 이슈가 발생할 특정 직업군에선 성비의 격차가 발생할 여지가 없진 않지만 변호사가, 의사가, 교수가, 경영자가 일방적으로 남자 비율이 높은 건 능력의 차이 외에 성별의 차이가 작용했다고 합리적으로 의심해볼 여지가 충분한 것이다.

유리천장 문제를 비롯해 여성으로서 직장생활 할 때 차별이 가장 적은 곳이 바로 초등학교 교사이다. 여성들이 많이 지원해서 교사의 여초 현상이 심해진 것은 남교사 할당제가 일시적 해결책으론 고민될 여지가 있겠지만, 근본적으로는 성적 우수한 여학생이 유리천장 문제와 경제활동에서의 성차별 문제를 고민하지 않고 장래 직업을 꿈꾸고, 대학 전공과 진로를 선택할 수 있도록 만드는 게 근본적 해결책이다. 실력 차이로 기회가 엇갈리는 건 가능해도 성별 차이로 기회가 엇갈리는 건 없어야 하기 때문이다.

남자 교사 할당제를 하지 않아도 남교사 비율은 올라갈 것이다. 여교사 비율이 지금을 정점으로 내려올 가능성이 큰 이유는 교대에 남자들의 합격이 늘었기 때문이다. 2020학년도 전국 교대 입학자 남녀 성비에서 남학생이 35%를 기록했다. 이는 1990학년도 이후 최고치다. 30년 만에 최고치를 경신한 것인데, 앞으로 매년 더 높아질 것이다. 이를 설명할 또 다른 수치인 교대 입학생 중 재수, 삼수생의 비율은 역대 최고치를 경신 중이다. 2020학년도 전국의 교대 10개의 입학생 중 재수, 삼수생을 비롯한 N수생이 45%였다. 2019학년도엔 39%였다. 심지어 일부 교대는 입학생 중 N수생이 60%에 육박하기도 한다. 재수, 삼수를 해서라도 교대에 간다는 건 교사라는 직업에 대한 선호도와도 연결된다. 교대 입학생의 N수생 비율과 남학생 비율이 나란히 역대 최고치를 경신하는 건 우연이 아니다. Z세대를 기점으로 초등학교 교사 중 여교사 비율은 향후 줄어들 수 있는 것이다.

9급 공무원 합격자 중 왜 여성이 더 많냐고?

　　9급 공무원 합격자 중 여성의 비율이 가장 높았을 때가 2019년이었는데, 그때 57.4%가 여성, 43.6%가 남성이었다. 둘의 차이는 13.8%p로 꽤 많이 났다. 물론 2020년엔 여성 49.7%, 남성 50.3%로 근소하게 남성 합격자가 많았지만, 최근 5년간을 누적해 봐도 여성 합격자가 더 많다. 왜 그럴까? 여성이 시험에서 유리하다고 오해하면 안 된다. 답은 아주 단순하다. 바로 지원자 중 여성

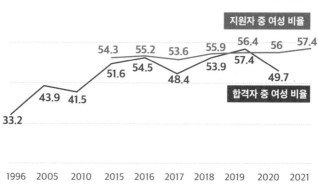

국가공무원 9급 공채 합격자 중 여성 비율 (%)

출처 : 인사혁신처

지원자 중 여성 비율

합격자 중 여성 비율

| | 1996 | 2005 | 2010 | 2015 | 2016 | 2017 | 2018 | 2019 | 2020 | 2021 |

54.3 55.2 53.6 55.9 56.4 56 57.4
51.6 54.5 48.4 53.9 57.4 49.7
33.2 43.9 41.5

이 더 많아서 그렇다. 2020년 국가공무원 9급 공채시험 지원자 중 남성은 44%, 여성은 56%다. 여성 지원자가 훨씬 많았음에도 합격자 중 성비는 남성이 근소하게 앞섰다. 2015~2021년의 6년간을 봐도 지원자의 성비에서 남성 45%, 여성 55% 정도다.

9급 공무원 공채나 초등학교 임용고시에서 여성이 남성보다 더 많이 합격하는 비밀은 아주 쉽게 풀렸다. 더 많이 지원하니까 더 많이 합격하는 것이다. 필기시험으로 선발하는 경우는 점수가 곧 당락을 결정하기에 성차별이 개입될 여지가 없다. 물론 대기업 대졸 공채에서 합격자가 남녀 7:3 정도의 비율인 건 지원자 성비와 비례하는 건 아니다. 당락에 성차별적 영향력이 암묵적으로 존재한다는 의심이 가능하다. 물론 상대적으로 공무원, 교사 등에 여성 지원

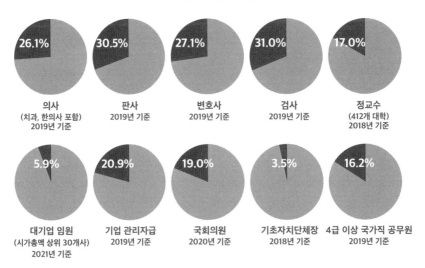

주요 직업의 여성 비율

비율	직업
26.1%	의사 (치과, 한의사 포함) 2019년 기준
30.5%	판사 2019년 기준
27.1%	변호사 2019년 기준
31.0%	검사 2019년 기준
17.0%	정교수 (412개 대학) 2018년 기준
5.9%	대기업 임원 (시가총액 상위 30개사) 2021년 기준
20.9%	기업 관리자급 2019년 기준
19.0%	국회의원 2020년 기준
3.5%	기초자치단체장 2018년 기준
16.2%	4급 이상 국가직 공무원 2019년 기준

자가 더 많으니, 반대로 대기업 공채에선 남성 지원자가 더 많다고 볼 수도 있다. 다만 많더라도 7:3 정도의 격차가 날 정도는 아니다. 9급 공무원에서도 여성 지원자가 더 많다고는 해도 5.5:4.5 정도인 것처럼 말이다. 2020년 7급 공무원 공채에선 합격자 중 여성 비율이 41.5%로 역대 최고이자 처음으로 40% 벽을 넘었다. 5급 공무원 공채에선 여성이 36.1%였다. 지원자도 7급, 5급에서 남성이 더 많지만 9급 지원에서의 남녀 비율 차이 정도다. 2019년 기준, 4급 이상 국가직 공무원 중 여성은 16.2%로, 2009년의 5.8%보다 3배쯤 늘었다. 10년간 3배나 늘었는데도 전체로 보면 남성이 압도적으로 우위인 것을 보면 과거엔 얼마나 더 큰 격차가 났을지 짐작이 된다.

국회의원 중 여성의 비율은 2020년 기준 19%다. 이 수치가 역대 최고치다. 2016년에는 17%였고, 1996년에 9%, 1992년에 1%였다. 기초자치단체장 중 여성은 2018년 기준 3.5%다. 2019년 기준, 공공기관의 관리자 중 여성은 18.8%로, 2009년의 8.4%에 비해 2배 이상 늘었다. 민간기업의 관리자 중 여성은 20.9%다. 판사 중 여성은 30.5%, 검사 중에선 31%, 변호사 중에선 27.1%다. 이 또한 10년 새 크게 늘어서 이 정도다. 2021년 기준 시가총액 상위 30개 대기업의 임원 중 여성의 비율은 5.9%다. 2020년의 4.4%에 비해선 오르긴 했지만, OECD 국가 중 최고의 유리천장이라 부를 만하다. 9급 공무원에선 여성 합격자가 더 많지만, 한국 사회에서 지위나 영향력이 더 큰 직업들에선 한결같이 남성이 많다. 이걸 온전히 능력 차이에 의한 결과라고 할 수 있을까?

의사도 남성이 훨씬 많다. 지금까지 배출된 의사 중 3/4 정도가 남성이다. 일반 의사, 치과의사, 한의사 다 마찬가지다. '2020년 보건복지 통계연보'에 따르면, 2019년 기준 의사 면허를 가진 의사(치과의사, 한의사 포함)는 12만 6,795명이다. 이중 남성이 9만 3,653명(73.9%), 여성이 3만 3,142명(26.1%)이다. 2008년 기준으로 보면, 의사는 9만 5,088명이었고, 이중 남성은 78.4%, 여성은 21.6%였다. 2008년 대비 2019년, 즉 11년간 의사 수는 30%가량 늘었는데, 여성 의사는 4.5%p 늘었다. 의사 중 여성 의사 비율에 가장 기여한 건 치과의사다. 치과의사 중 여성은 2008년에 24.5%였고,

2019년엔 27.5%로 전체 의사의 여성 비율보다 조금 높다. 한의사 중 여성은 2008년 15.59%에서 2019년 22.28%가 되며 증가폭은 상대적으로 높았지만, 가장 남초가 심한 것이 한의사다. 물론 앞으로 달라지긴 할 것이다. 지금 한의대의 여학생 비율이 꽤 높아졌기 때문이다.

의사 수는 누적 인원이다 보니 과거에 더 압도적인 비율로 남성 의사가 많았기 때문에 여성 의사 비율을 올리는 데 시간이 더디 걸린다. 의대 입학에서 여학생 비율이 과거에 비해 크게 높아지긴 했지만 여전히 의대, 치의대에선 남학생이 2/3 정도다. Z세대 여성들이 밀레니얼 세대나 X세대보다 의대에 더 많이 가고는 있다. Z세대 의사 중에선 성비가 6 대 4까지 될 것이고, 더 좁혀질 수도 있다.

표에서 보듯이 의치한수에서 재학생의 여성 비율이 꽤 높아진

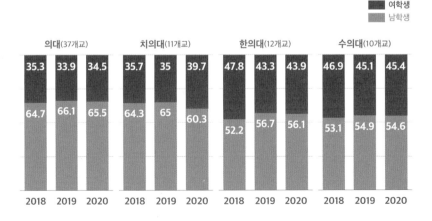

2018~2020 의대, 치의대, 한의대, 수의대 입학자 성비 (%)

■ 여학생
■ 남학생

	의대(37개교)			치의대(11개교)			한의대(12개교)			수의대(10개교)		
여학생	35.3	33.9	34.5	35.7	35	39.7	47.8	43.3	43.9	46.9	45.1	45.4
남학생	64.7	66.1	65.5	64.3	65	60.3	52.2	56.7	56.1	53.1	54.9	54.6
	2018	2019	2020	2018	2019	2020	2018	2019	2020	2018	2019	2020

상태다. 그리고 최근 10년간의 수석 합격자를 보면 여성이 남성보다 더 많다. 의치한수는 대학 진학이 곧 의료인이라는 고소득 전문직 직업으로 이어진다. 성적 최상위권이 지원하는 의학계열을 의대, 치의대, 한의대의 앞글자를 따서 의치한으로 불렀는데, 여기에 수의대를 포함시켜 의치한수가 되었다. 수의대의 위상이 확 올라간 건 사회적 변화 때문이다.

반려동물이 사회적으로나 산업적으로 중요해지면서 수의사의 직업적 위상도 올라갔다. 덕분에 대입에서 수의대 경쟁률은 매년 증가세다. 종로학원하늘교육에 따르면, 2019학년도 정시에서 전국 10개 수의대 경쟁률은 9.95:1이었는데, 2020학년도에 10.27:1, 2021학년도엔 11.02:1이었다. 대학 입시에서 정원 대비 지원자가 줄며 전체 경쟁률이 줄어드는 추세인데 수의대는 그 반대다. 특히 여학생 비율이 크게 늘었다. 2010학년도 전국 수의대 신입생 중 여학생은 28.9%였는데, 2020학년도엔 45.4%가 되었다. 이는 일시적인 게 아니다. 2014~2017년까지 39% 정도, 2018~2020년은 45~46%가 이어지고 있다. 2020학년도 전국 의대의 여자 신입생 비율은 34.5%, 치대는 39.7%인 것과 비교해봐도 수의대가 유독 여학생 지원이 많다.

이건 전 세계적인 트렌드다. 미국 수의과대학협회AAVMC에 따르면, 2019년 기준으로 미국 수의대 재학생 81%가 여학생인데, 같은 시기 의대 재학생 중에선 여학생 비율이 50.5%였다. 2016년 영국 수의대생협회AVS가 밝힌 수의대 여학생 비율은 78%였다. 미국과 영국도 과거엔 남학생 비율이 더 높았지만, 이젠 역전되어 전체 수의사 중에서도 여성이 더 많다. 유럽수의사연맹FVE이 유럽 30개 국을 대상으로 조사한 수의사 중 여성 비율은 2015년에 53%, 2019년에 58%였다. 확실히 2010년대 이후 수의사를 진로로 선택하는 밀레니얼 세대가 늘었고, 바통을 이어받은 Z세대에선 더욱더 늘고 있다.

국내에서도 수의대 신입생 중 여성 비율이 절반을 넘는 것도 예 고된 미래나 다름없고, 이어서 수의대 재학생과 수의사의 성비에 서도 여성의 역전이 차례로 현실이 될 것이다. 그 역전을 이룰 중심 에 Z세대가 있다. 여성의 성비가 올라간다는 얘기는 성적 좋은 여 학생들이 대거 진출한다는 의미로 봐야 한다.

특히 한국에선 상명하복 같은 남성 중심의 문화나 유리천장이 작용하는 대형 병원이 아닌, 개업의가 보편적인 수의대가 여성으 로선 차별적 상황에서 자유로운 선택이기도 하다. 한의대도 수의 대보단 낮지만 여학생 비율이 상대적으로 높다는 점도 같은 이유 가 작용했을 여지가 있다.

의학계열에서 전반적으로 여학생의 비율은 계속 증가세다. 미 국처럼 의대생 성비가 5:5가 되기까지 시간이 조금 걸리긴 하겠지 만, 성별의 차이가 아닌 성적과 실력으로만 평가되는 환경이 보편 화되면 결국 인기 있는 전문직이 될 수 있는 대학 전공에선 성비 균 형이 이뤄지는 게 당연한 일이다. 기성세대로선 참 많은 것이 바뀌 었구나 하겠지만, Z세대로선 원래 그랬던 거 아닐까 할 정도로 학교에서 남학생이 여학생보다 성적에서 더 우월하다거나 기회에서 더 유리하다는 걸 상대적으로 덜 느끼며 자랐다.

앞으로 사사건건 성비를 따져보지 않아도 되는 사회를 맞이하는 건 우리 모두에게 이롭다. Z세대나 Core-MZ 남성 입장에서 본다면, 자기들은 한국 사회의 남성 우월적 문화로 이득을 본 게 전혀 없는데 여성만 배려하는 정책이 오히려 지금 시대 20대 남성들에겐 박탈감이자 역차별이 된다는 느낌을 받을 순 있다. 하지만 느낌이 아니라 우린 팩트를 봐야 한다. 그리고 남녀를 대결적 구도로 보고 이를 정치적으로 이용하는 기성세대 정치권이 얼마나 퇴행적이고 무책임한지도 봐야 한다. 미래는 안중에도 없고 당장의 이익을 위해 혹세무민해선 안 된다. Z세대가 잘 성장하게 도와주고 밀어주고 지지해주는 게 기성세대의 역할이다. 결국은 Z세대가 미래의 한국 사회를 지배할 수밖에 없기 때문이다. 한국의 미래를 위해서라도 Z세대는 선배 세대들보다 더 합리적이고, 더 이성적이고, 더 실용적이고, 더 건설적이어야 한다. 세상은 사람이 바꾼다. 정치든 경제든 산업이든 기술이든, 결국 사람이다.

왜 Z세대도 공무원을 직업으로 선호할까?

Z세대는 힙합을 좋아하고, 적극적으로 자기표현을 하며, 유튜브

나 틱톡에서도 자신을 드러내는 콘텐츠를 잘 만들어낸다. 꼰대를 싫어하고, 공정을 적극 외치며, 소셜네트워크를 비롯해 메타버스에서도 왕성하게 놀고, 코딩도 능숙한 디지털 네이티브 이미지가 Z세대이기도 하다. 물론 Z세대라고 다 그렇진 않다. 그럼에도 불구하고 기성세대가 생각하는 전형적인 공무원 이미지와 다소 어울리지 않는 느낌도 Z세대는 가졌다. 사실 공무원 이미지는 기성세대가 만들어놓은 것이고, 기성세대가 그렇게 일해왔다. 절대 공무원은 되지 않겠다고 외칠 듯한 Z세대도 사실 공무원을 좋아한다. 좋

고등학생(3학년) 희망직업 주요 연도별 순위
(한국직업능력개발원 자료 취합)

	2009	2018	2019	2020
1	교사	교사	교사	교사
2	간호사	간호사	경찰	간호사
3	회사원	경찰	간호사	생명/자연 과학자(연구원)
4	의사	뷰티디자이너	컴퓨터공학자/ 소프트웨어 개발자	군인
5	공무원	군인	군인	의사
6	사업가	건축가/건축디자이너	생명/자연 과학자(연구원)	경찰
7	경찰	생명/자연 과학자(연구원)	건축가/건축디자이너	컴퓨터공학자/ 소프트웨어 개발자
8	건축가/건축디자이너	컴퓨터공학자/ 소프트웨어 개발자	항공기 승무원	뷰티디자이너
9	CEO/경영자	항공기 승무원	공무원	의료/보건 관련직
10	요리사(조리사)	공무원	CEO/경영자	공무원

아서 좋다기보단 선택할 수 있는 직업 중 양질의 일자리라서다.

　대학 전공과 진로 선택에 민감한 시기인 고3의 희망직업에서도 교사, 군인, 경찰, 공무원 등 분류상 공무원에 해당되는 직업이 4개나 TOP 10에 있다. 간호사는 희망직업 상위권에 늘 포진되지만, 초등학교 6학년생과 중학교 3학년생들과 달리 의사는 TOP 10에서 빠져 있던 추세였는데 2020년에 5위로 재진입하고, 생명/자연과학자(연구원) 순위가 상승하고, 의료/보건 관련직도 TOP 10에 진입한 것은 코로나19 팬데믹 영향으로도 볼 수 있다. 의료 분야의 중요성이자 직업적 유망성을 인식하는 계기가 되었던 셈이기 때문이다. 운동선수나 연예인 관련한 직업은 초등, 중등의 장래희망에선 있었지만 고등에선 없어진 것도 현실 인식이 반영된 결과로 볼 수 있다. 초등학교 6학년보다는 중학교 3학년, 그리고 그보다는 고등학교 3학년이 더 현실적이다. 직업에 대한 고민도 상대적으로 더 많이 한다. 대학 전공 선택과 점수를 현실적으로 따져볼 수밖에 없고, 그렇기 때문에 희망보다는 현실 타협에 가까워지기 쉽다.

　2012년의 중학교 3학년은 2016년에 대학에 갔고, 이미 대학을 졸업하고 사회생활을 했을 나이다. 이들은 Z세대다. 2007년 중학교 3학년은 밀레니얼 세대다. 교사가 부동의 장래희망 1위인 건 밀레니얼 세대나 Z세대나 다르지 않지만, TOP 10 중 공무원에 해당되는 직업이 3개에서 4개로 Z세대들에게서 더 늘어났고, 순위

중학생(3학년) 희망직업 주요 연도별 순위
(한국직업능력개발원 자료 취합)

	2007	2012	2016	2017	2018	2019	2020
1	교사	교사	교사	교사	교사	교사	교사
2	의사	의사	경찰	경찰	경찰	의사	의사
3	연예인	연예인	의사	의사	의사	경찰	경찰
4	법조인(판검사,변호사)	요리사	운동선수	운동선수	운동선수	운동선수	군인
5	공무원	교수	군인	요리사	요리사	뷰티디자이너	운동선수
6	교수	경찰	요리사	군인	뷰티디자이너	요리사(조리사)	공무원
7	경찰	운동선수	생명/자연과학자(연구원)	공무원	군인	군인	뷰티디자이너
8	요리사	공무원	정보시스템/보안전문가	건축가	공무원	공무원	간호사
9	패션디자이너	법조인	가수	간호사	연주가/작곡가	컴퓨터공학자/소프트웨어개발자	컴퓨터그래픽디자이너/일러스트레이터
10	운동선수	회사원	공무원	승무원	컴퓨터공학자/소프트웨어개발자	간호사	요리사(조리사)

도 최근 들어 더 높아졌다. 연예인과 가수, 교수가 Z세대로 갈수록 TOP 10에서 빠져버리는 것도 사회 변화와 함께 현실적인 관점이 늘어난 영향으로 볼 수 있다. 중학교 3학년이라도 유튜브나 소셜네트워크, 구글링으로 접하는 정보량은 기성세대를 능가한다. 이들의 직업 관련한 현실 인식이 성인에 비해 부족하다고 할 수도 없다. 앞으로 공무원을 지원하는 Z세대가 더 늘어날 가능성이 크다. 고등학교 진학을 앞둔 중학교 3학년과 중학교 진학을 앞둔 초등학교 6학년들마저도 희망직업에서 공무원이 상위권에 포진되어 있기

초등학생(6학년) 희망직업 주요 연도별 순위
(한국직업능력개발원 자료 취합)

	2007	2012	2016	2017	2018	2019	2020
1	교사	운동선수	교사	교사	운동선수	운동선수	운동선수
2	의사	교사	운동선수	운동선수	교사	교사	의사
3	연예인	의사	의사	의사	의사	유튜버 (크리에이터)	교사
4	운동선수	연예인	요리사	요리사	요리사 (조리사)	의사	유튜버 (크리에이터)
5	교수	교수	경찰	경찰	유튜버 (크리에이터)	요리사 (조리사)	프로게이머
6	법조인(판검 사,변호사)	요리사	법조인	가수	경찰	프로게이머	경찰
7	경찰	법조인	가수	법조인	법조인	경찰	요리사 (조리사)
8	요리사	경찰	제과·제빵사	프로게이머	가수	법조인 (법률전문가)	가수
9	패션디자이너	패션디자이너	과학자	제빵사	프로게이머	가수	웹툰작가 (만화가)
10	프로게이머	제빵사	프로게이머	과학자	제과·제빵사	뷰티디자이너	제과·제빵사

때문이다.

심지어 초등학교 6학년의 장래희망에서도 교수는 일찌감치 순위권에서 빠졌다. 대학의 위기 시대를 이미 수년 전부터 초등학교 6학년조차도 눈치챈 셈이다. 공무원은 TOP 10 중 2개인데, 중학교 3학년의 4개보다는 적다. 대신 유튜버와 프로게이머가 TOP 10에 들어 있는 건 중학교 3학년과는 차이다. 그나마 초등학교 6학년의 희망직업이 더 다양하고 현실 타협이 적은 건 다행이지만, X세대 때와는 비교할 수도 없을 정도로 현실적이다. X세대가 초등학

교 땐 대통령, 과학자, 우주비행사, 의사, 교수, 법조인을 마음껏 꿈
꿨다. 꿈에선 과감했다. 밀레니얼 세대가 청소년일 때도 이렇게까
지 현실 타협하지 않았다. 쉽지 않은 걸 알더라도 선망하는 직업을
꿈꿔보는 이들이 있었다. 희망직업은 말 그대로 희망이다. 그런데
Z세대는 현실 타협으로 희망조차 현실성을 따져가면서 할 수밖에
없는 시대를 살아간다.

Z세대 취업준비생 절반이
공무원 시험을 준비한다고? _____

국가공무원 9급 공채에 20만여 명, 7급 공채에 4만여 명, 5급
공채에 1만 5천여 명, 지방직공무원 8, 9급 공채에 24만여 명, 7급
공채에 4만여 명, 경찰직 공무원 공채에 5만여 명, 소방직 공무원
공채에 5만여 명, 군무원 공채에 7만여 명 등과 법원, 우정사업본
부, 국회 등의 공무원과 임용고시 응시자까지 포함하면 70만 명 정
도가 공무원 시험에 지원한다. 지원자 중 실제 필기시험 응시자는
70~80% 정도이고, 주요 공무원 시험 일정이 겹치지 않아 중복으
로 지원하는 이들도 꽤 많다. 이를 감안하면 적어도 30~40만 명 정
도가 공무원 시험을 준비하는 숫자로 볼 수 있다. 취업준비생 전체
중 절반 정도의 숫자다.
통계청은 2003년부터 청년 취업준비생(15~29세 취업시험 준비하

는 비경제활동 인구) 숫자를 집계해서 발표했는데, 2020년 5월 조사에서 80만 명을 넘었고, 2021년 2월 조사에서 85만 명을 넘으며 역대 최대치를 경신 중이다. 대기업, 중견기업, 공기업 등의 일자리도 코로나19 팬데믹의 영향으로 줄었다. 취업준비생의 절반쯤이 공무원 시험을 준비한다고 해도 결코 비약이 아니다.

양질의 일자리가 줄어드는 시대의 직격탄을 맞은 건 밀레니얼 세대 후기다. 밀레니얼 전기 때도 일자리 감소로 청년 실업률이 역대급이었지만, 그 이후 일자리 감소가 더 이어지면서 그나마 그때가 좋았었단 얘기가 나온다. 밀레니얼 세대 대부분이 공무원을 직업으로 고려해봤다고 해도 과언이 아니다. 많은 밀레니얼 세대가 대기업 취업을 위해 수십 번씩 지원하고 탈락하는 경험을 해봤다. 인턴십이나 계약직으로 일하는 경험을 했고, 정규직이 되지 못해 불안정한 일자리로 살아간다. 밀레니얼 세대에겐 정년이 보장되는 공무원에 대한 관심이 커질 수밖에 없었다. 2000년 이후 국가공무원 9급 경쟁률이 가장 높았던 때는 2004년으로, 89.8:1이었다. 경쟁률은 선발인원 수에 영향받는 수치라서, 선발인원이 적으면 급등하게 된다. 최근 5년간의 경쟁률만 보면 2016년에 53.8:1, 2017년 46.5:1, 2018년 41:1, 2019년 39.2:1, 2020년 37.2:1, 2021년 35:1로 크게 줄어들었다. 하지만 지원한 인원 숫자로 보면 2016년에 22만 1,853명, 2017년에 22만 8,368명, 2018년에 20만 2,978명, 2019년에 19만 5,322명, 2020년에 18만 5,203명, 2021년에 19

만 8,110명이다.

9급 공무원에서 Z세대 합격자가 나오기 시작한 게 대략 6년 전부터다. Z세대도 공무원을 직업으로 고려해보는 이들이 많을 수밖에 없다. 1998년, 1999년은 IMF 구제금융시대로 구조조정과 일자리 위기가 심했던 시기이고, 그때 취업준비자들이 X세대다. 그런데 그때보다 지금이 9급 공무원 공채 지원자 수가 2배 이상 많다. 선택지가 줄어들며 공무원에 더 쏠리는 것으로도 볼 수 있다.

공무원을 미래의 희망으로 보는 1020대가 많다는 건 가혹한 일이다. 공무원은 분명 중요하고 필요한 일이며 직업적으로도 장점이 꽤 있긴 하지만, Z세대마저도 공무원 시험에만 매달리는 건 국가적 손실이다. 공무원 사회에선 정년까지 시간이 좀 남은 일부 베이비붐 세대가 고위급으로 건재하고, X세대도 아직 주도권을 한참은 쥐고 있을 것이다. 밀레니얼 세대도 공무원 사회의 수직적 위계구조와 구시대적 방식을 못 견디고 힘들어하는데 Z세대는 오죽할까? 가장 진화한 디지털 네이티브인 Z세대가 공무원으로 계속 유입되면 결국 공무원 사회의 조직문화와 일하는 방식에도 근본적 변화의 바람이 불 것이다. 그 바람이 불기 전에 Z세대의 도발과 도전도 꽤 많이 목격할 것이다. 2021년 한국의 주요 대기업에서 밀레니얼 후기들이 성과급 문제를 거침없이 제기하고, 순식간에 사무직 노조를 만들어내며 조직문화에 많은 변화를 가져왔듯이, 공무원 사회에서도 조만간 바람이 불 것이다. 그 바람의 중심엔 Z세대가 있을 것이다.

사표 쓰는
Z세대 공무원이 늘어난다 _____

공무원은 정년보장이 된다. 공무원을 직업으로 선호하는 가장 큰 이유 중 하나다. 공무원의 퇴직에서 가장 많은 것은 정년까지 다 채우고 퇴직하는 경우다. 그런데 생각보다 많은 숫자가 공무원 재직 1년도 안 돼서 그만둔다. 2019년 기준으로 1년 미만 퇴사자가 1,769명이었다. 2019년에 1년 미만 퇴사자면 Core-MZ세대에 해당된다. 이중 Z세대도 꽤 있다. 매년 국가직 9급 공무원으로 새로 뽑히는 사람이 5천여 명 정도인 걸 감안하면, 1년도 안 돼서 매년 뽑히는 국가직 9급 공무원 숫자의 1/3가량이 나간다는 건 놀라운 일이다. 재직 1~2년 미만 퇴직자도 1,524명이나 된다. 재직기간 5년 미만 퇴직자가 2019년에 6,664명이었는데, 이중 절반 정도가 2년 미만인 셈이다.

2019년이 그 이전보다 5년 미만 재직자의 퇴직이 증가하긴 했지만 갑작스러운 건 아니었다. 최근 5년간으로 봐도 매년 5천여 명 이상씩은 꾸준히 나간다. 특히 주목되는 건 1년도 일하지 않은 공무원이 퇴사하는 경우가 2015년 대비 2019년에 3배 정도 늘었다는 점이다. 들어온 지 얼마 되지도 않아서 사표 쓰는 이들 중 Z세대도 꽤 있을 것이다.

물론 이런 일이 갑작스러운 건 아니다. 기업에선 1년 미만 조기

재직기간 5년 미만 퇴직자 추이

출처 : 인사혁신처

재직 5년 미만 퇴직자
6,664명

17.0%

전체 공무원 퇴직자
39,781명

2019년 5년 미만 퇴직자의 재직기간

4~5년
8%
517명

1년 미만
27%
1,769명

3~4년
31%
2,048명

1~2년
23%
1,524명

2~3년
12%
806명

퇴사자 비율이 더 높다. 밀레니얼 시대, 엄밀히 밀레니얼 후기들이 이런 흐름을 본격적으로 시작했다. 공무원 퇴직연금의 개혁으로 고연차 공무원에 비해 저연차 공무원들이 느끼는 상대적 박탈감도 한 이유가 될 것이고, 공무원 조직이 가진 경직성, 폐쇄성으로 과도한 의전과 위계구조, 불합리와 비효율 등을 못 참아서 나가는 경우도 많다. 기업에서도 구시대적 조직문화와 비효율적 업무 환경이 결국 기업의 비전뿐 아니라 개인의 성장 기회를 줄이는 것이라 여겨서 1990년대생들의 조기퇴직을 불렀던 것이 공무원 사회에서도 적용되고 있는 것이다.

취직하기가 어려운 세상에, 공무원 되려고 보통 2년 정도 시험 준비하고, 그 기간 동안 쓴 비용이며 노력을 생각하면 쉽게 사표 쓰

공무원 재직기간 5년 미만 퇴직자 추이 (2015~2019)

출처 : 인사혁신처

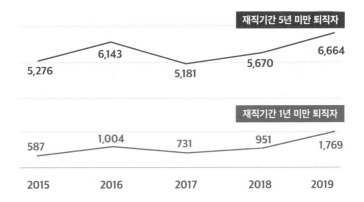

재직기간 5년 미만 퇴직자

5,276 6,143 5,181 5,670 6,664

재직기간 1년 미만 퇴직자

587 1,004 731 951 1,769

2015   2016   2017   2018   2019

전체 입사자 중 1년 미만 조기 퇴사자 비율

2018 26%

2019 31.4%

기업 416개사 설문조사 (사람인, 2019년 5월 발표)

2012 23% (30.6%)

2014 25% (31.6%)

2016 27.7% (32.5%)

한국경영자총협회의 '2016년 신입사원 채용 실태조사'
* ( ) 안은 300인 미만 기업의 경우

지 못한다. 그럼에도 불구하고 조기퇴직한다는 건 정말 못 견딜 만큼 싫었다는 얘기다. 물론 갈 데가 전혀 없다면 어떻게든 버텼을지도 모르겠다. 구시대적 조직문화를 바꾸지 않으면 결국 공무원 사회와 기업이 손해다. 유능한 이들은 계속 나갈 것이고, 능력이 부족한 사람은 절대 안 나갈 것이기 때문이다. 조기퇴직하는 공무원이 지금은 1990년대생, 즉 Core-MZ가 많다면, 수년 후엔 2000년대생들이 본격 조기퇴직 행렬에 나설 것이다. Z세대가 모두 20대 이상이 되는 순간 기업이든 공무원 조직이든, 이 문제는 지금 밀레니얼 세대의 조기퇴직 문제보다 더 심각할 것이다.

Z세대는
유리천장을 뚫을까? _____

유리천장은 기성세대의 유물이지 Z세대에선 없을 거라고 생각하는 사람도 있을 것이다. 분명 학교에선 Z세대의 남녀 차별이 없다. 성적에선 여학생이 우위일 때도 많다. 그런데 '초등교사 77%가 여교사인데 왜 초등학교 교장은 남자가 더 많을까?'라는 질문을 받으면 어떤 생각이 드는가? 설마 그럴까 싶다가도, 우리의 관성이 교장이란 이미지도 남성적 이미지로 그리고 있다.

초등학교에서 여교사가 77%인데, 교장은 남자가 51.5%이고, 교감은 60.3%다. 여교사 비율이 남교사보다 3.4배 높은데, 오히려

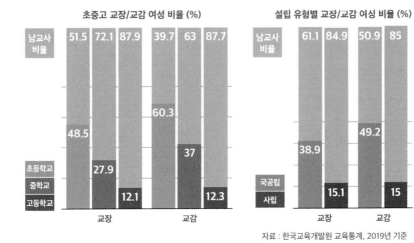

초등교사 77%가 여성! 교장은 왜 남성이 더 많을까?

초중고 교장/교감 여성 비율 (%)

| 남교사 비율 | 51.5 | 72.1 | 87.9 | 39.7 | 63 | 87.7 |

	48.5			60.3		
		27.9			37	
초등학교 중학교 고등학교			12.1			12.3
	교장			교감		

설립 유형별 교장/교감 여성 비율 (%)

| 남교사 비율 | 61.1 | 84.9 | 50.9 | 85 |

	38.9		49.2	
국공립 사립		15.1		15
	교장		교감	

자료 : 한국교육개발원 교육통계, 2019년 기준

교장에선 남자가 많은 걸 어떻게 이해할 수 있을까? 여교사 비율은 10년 전인 2010년에도 남교사보다 3배쯤 많았고, 20년 전에도 2배쯤 많았다. 확실히 여기서 유리천장이 보인다. 설마 교장은 남자가 더 잘할 거라고 생각하는가? 교장이란 말에 남성적 이미지가 선입견처럼 남아 있어서 그런가? 신기하게도 압도적으로 여성이 많은 초등학교에서 최고위급인 교장에 남자가 많다는 사실은 자연스럽진 않다. 고등학교에선 여교사가 54.8%지만 교장은 12.1%, 교감은 12.3%만 여자다. 중학교도 70.5%가 여교사지만 교장은 27.9%, 교감은 37%만 여자다. 설립 유형별로 보면 국공립보다 사립 초중고의 교장, 교감에서 여성 비율이 크게 낮다. 국공립과 달리 사립에선 유리천장이 더 심하다는 얘기다.

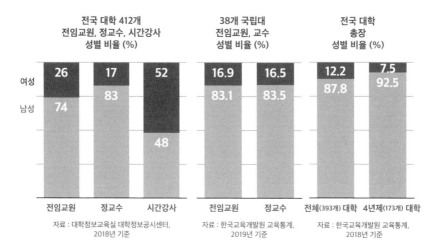

전국 대학 412개
전임교원, 정교수, 시간강사
성별 비율 (%)

38개 국립대
전임교원, 교수
성별 비율 (%)

전국 대학
총장
성별 비율 (%)

	전임교원	정교수	시간강사	전임교원	정교수	전체(393개) 대학	4년제(173개) 대학
여성	26	17	52	16.9	16.5	12.2	7.5
남성	74	83	48	83.1	83.5	87.8	92.5

자료 : 대학정보교육실 대학정보공시센터, 2018년 기준

자료 : 한국교육개발원 교육통계, 2019년 기준

자료 : 한국교육개발원 교육통계, 2018년 기준

* 전임교원은 정교수, 부교수 조교수를 모두 포함
* 정교수는 교수 직급 중 가장 높고, 정년이 보장됨

그러면 이번엔 또 다른 질문이다. '교수는 83%가 남자인데, 시간 강사의 52%가 여자인 건 남자가 더 실력 있어서 그럴까?'에 대해선 어떻게 생각하는가?

초등교사 77%가 여교사인 것과 대칭점에 있는 게, 정년이 보장 되는 정교수의 83%가 남교수라는 것이다. 남자가 공부를 훨씬 더 잘해서, 남자가 더 잘 가르치고 실력이 좋아서 5배 정도의 압도적 인 차이로 남자 정교수가 많은 걸까? 교수가 되는 과정에서 유리 천장이 작용해서 남교수 비율이 월등히 많고, 그런 유리천장이 현 실이란 걸 아는 여학생들이 애초에 교수에 도전하기보다 교사라는 현실적 진로를 선택한 것이라는 생각은 비약일까?

전국 412개 대학의 정교수 중 83%가 남자라는 건 나이 든 교수들이 많은 것도 영향이 있다. 과거엔 대학교수 중에 여교수는 비율로 얘기하기도 어려울 징도로 희소했다. 정교수를 비롯해 부교수, 조교수를 다 포함하는 전임교원에선 여성의 비율이 26%로 정교수의 여성 비율 17%보다는 높다. 그나마 젊은 교수들 중에선 여성의 비율이 좀더 올라갔다는 얘기이고, 이는 사회적 변화가 미미하나마 작용한 결과다.

정규직인 전임교원에선 26%인 여성 비율이 비정규직인 시간강사에선 52%로 오히려 남성보다 높다. 대학의 교원 비율에서 유일하게 여성이 남성을 능가하는 것이 시간강사인 건 실력의 문제일까? 실력이 모자라서 시간강사를 하고, 실력이 뛰어나서 교수를 하는 걸까?

시간강사는 상대적으로 젊다. 실력이 아니라 입지가 부족한 것뿐이다. 실제로 교수 평가를 보면 시간강사의 평가가 정교수보다 낮지 않다. 시간강사 중 52%가 여성이란 건 박사학위 받고 대학에서 학생들 가르칠 정도의 실력이 되는 사람 중에선 여성이 더 많다는 의미이기도 하고, 실력만 가지고 평가한다면 결코 전임교원 비율에서 3배 정도 남녀 격차가 나지 않을 수 있다는 해석도 된다. 정교수 중 남자 비율 83%만큼이나, 4년제 대학의 총장 중 남자 비율 92.5%도 유리천장을 보여주는 대목이다. 남자가 더 리더십 있고, 남자가 더 학교 경영과 관리를 잘한다는 성차별적 생각이 암묵적으로 작용하는 것도 견고한 유리천장 사회에서 살아간 이들이 가진 위험한 편견이다.

대기업에 가는 Z세대,
왜 남자가 2/3일까?

현재 대기업 직원 5명 중 남자가 4명이다. 왜 이렇게 남자가 많을까? 남자가 더 실력 있어서 대기업에 많이 갔을까? 기성세대는 이런 질문을 별로 생각해보지 않았을 수 있다. 왜냐면 '원래 그래'라고 생각하고 말았으니까. Z세대에선 이 질문이 더 중요하게 다뤄질 것이다. 그들이 낼 목소리이자 그들이 바꿀 미래의 화두 중 하나이기 때문이다.

베이비붐 세대가 대기업 대졸 신입사원이었을 때는 여성이 없었다. 여성은 고졸 사원에다 남성 직원을 보조하는 역할이었고, 결혼이나 출산을 하면 자연스럽게 퇴사했다. 당시 대기업은 평생직장이 중시되는 문화였음에도 그건 남성에게만 해당되었을 뿐, 여성은 20대 때 잠깐 일하다 나가는 존재에 불과했다. 우리나라 대기업이 대졸 신입사원 공채를 하면서 여성을 뽑은 건 1985년 대우그룹이 처음이었고, 포스코는 1990년부터 시작되었다. 가장 본격적인 기점이라 할 수 있는 삼성그룹의 대졸 신입사원 여성 공채가 시작된 건 1993년이다. X세대가 대기업 공채로 신입사원이 되던 때도 4/5가 남자였다. 밀레니얼 세대와 Z세대를 거치면서 조금씩 여성의 비율이 올라가고 있긴 하지만 여전히 대기업 신입사원 중 2/3가 남자다.

한국교육개발원의 '2019년 고등교육기관 졸업자 취업 통계조사'에 따르면, 대학 졸업자 중 취업률은 67.1%였다. 이중 남성은 69.0%, 여성은 65.2%로 남성의 취업률이 조금 더 높다. 남녀 대학 졸업자의 취업률 격차는 2016년 2.6%p, 2017년 3.0%p, 2018년 3.6%p, 2019년 3.8%p로 계속 벌어지고 있다. 물론 이 정도의 차이만 봐서는 여성이 아주 크게 손해 보는 느낌은 아니다. 다만 직장 취업자 중 대기업은 10.9%에 불과하다. 모두 대기업을 선호하는데, 대기업 신입사원 공채에선 남성이 2/3 정도나 된다. 직장 취업자 중 중소기업이 46%로 가장 많고, 비영리법인이 16.8%다. 상대적으로 선호도가 높은 대기업에 남성 비중이 압도적으로 많은 것을 어떻게 봐야 할까?

한국CXO연구소에 따르면, 국내 30대 기업의 직원 중 여성의 비율이 1999년 15%였는데, 2019년에는 20%였다. 10년이면 강산도 변한다고 했는데, 두 번 변할 20년이 지났어도 여전히 대기업 직원 5명 중 4명이 남자다. 전체에선 성비가 8:2 정도인데, 신입사원은 7:3(6.5:3.5) 정도다. 공기업과 공공기관의 신입사원은 남녀 성비가 6:4 정도다. 그런데 대학에서의 학점과 장학금에선 이런 성비가 아니다. 그런 점에서 볼 때, 대기업이나 공기업의 신입사원 채용에서 과연 성적과 실력순으로 해서 저런 비율이 되었을까? 농담 삼아 만약 성적과 실력만으로 봤으면 신입사원 성비가 7:3이 아닌 3:7이 되어야 하는 게 아닐까 하는 얘기도 한다. 공정에 가장 민감한 Z세대로선 이기든 지든 실력을 투명하게 평가한 결과여야 하지, 성별 차이가 평가에 작용하는 것을 묵과해선 안 된다. 그것이 자신에게 유리하든 불리하든 공정에 대한 원칙은 일관성이 필요하다.

OECD 국가 중 남녀 임금 격차를 보면 우리나라가 가장 심하다. 이것조차 왜곡해서 해석하는 이들도 있다. 일부러 남녀를 차별하며 남자 직원이라고 돈 더 주는 걸 본 적이 없다고들 한다. 맞다. 남녀 임금 격차 통계는 개별이 아닌 전체의 평균을 본다. 남자 직원의 평균 연간 보수를 100%로 봤을 때, 여자 직원의 연간 보수는 1999년 65.8%에서 2019년 66.7%로 여전히 2/3 정도다. 이건 같은 일을 하는 같은 직급의 여자 직원에게 1/3만큼 덜 준다는 게 아니다. 평균의 차이가 1/3만큼 난다는 건 임원을 비롯한 고위 직급에서 남자가 더 많다는 얘기다. 직급이 올라갈수록 여성 비율이 낮아지는 건 승진에서 여성이 불리하다는 의미도 된다. 유니코써치에 따르면, 2020년 국내 100대 기업(매출액 기준)의 임원 중 여성의 비율은 4.1%다. 2019년엔 3.5%였다. 직원 중 20%가 여성인데, 임원 중에서 여성이 4%라는 건 여성이 유독 리더십이 약하거나 실력이 남성보다 떨어진다는 성차별적 편견이 아니고서야 설명되기 어려운 일이다.

Z세대는 남녀의 대립과 갈등을 원하는 것이 아니다 _____

Z세대 여성은 왜 초등교사를 선호할까라는 질문에서 시작해 계속해서 꼬리에 꼬리를 물고 질문을 이어가보았다. 결국 문제의 실체는 한국 사회가 이어온 차별의 역사가 Z세대에게도 계속해서 영향을 미치고 있다는 사실이다. Z세대 자체만 볼 때는 남성, 여성의 차별이 현저히 사라졌고, 능력과 기회에선 여성의 약진도 두드러진다. Z세대들 스스로도 남녀 간 대립이나 갈등을 바라는 것도 아니고, 그런 상황이 기성세대들에 의해 유지되는 것도 불편한 일이다. 분명 Z세대가 주도할 미래에선 기성세대가 주도한 과거와 현재보다는 개선되어 있을 것이다. 아니, 꼭 그렇게 되어야 한다. 그러기 위해서도 우린 지금 드러난 현재 Z세대의 현상 속에 기성세대가 만들어놓은 그림자이자 강력한 영향력을 봐야 한다. 문제를 알아야 해결도 하고, 그 해결을 위한 과정에서의 지지도 가능하기 때문이다.

초등학교 교사를 남자나 여자 상관없이, 교사 자체를 동경하고 선망한 이들이 더 지원할 수 있는 사회, 의사나 변호사, 교수, 국회의원, 기업 임원 등 부와 명예, 사회적 지위를 가지기 유리한 직업에서도 남자나 여자라는 성별 구분이 아닌, 더 적합하고 더 능력 있는 사람이 많아지길 바란다. 그것이 Z세대가 바꿔갈 방향일 것이다. 이미 베이비붐 세대 중에서도 극소수가 그걸 바꾸기 위해 애썼고, 86세대와 X세대에선 극소수가 소수로 확대되었고, 밀레니얼 세대에선 소수 중에서도 조금 더 넓어졌다면, Z세대와 그다음 세대에선 소수를 넘어 보편적 다수에 가까워지도록 해야 할 것이다. 그것이 진화다. 그동안은 진화한 속도가 느리고 더뎠다면, 밀레니얼 세대의 등장으로 조금 빨라졌고, Core-MZ가 부상하며 더 빨라지기 시작했으며, Z세대가 힘을 더 갖게 될수록 속도는 더욱 빨라질 것이다. Z세대가 지배할 한국 사회의 미래를 기대하는 건 그 때문이다.

하지만 현실에선 대립이 계속해서 강조된다. 이는 정치와 언론의 필요에 의해 더 부추겨지고 확대된다. 대립과 갈등 구도로 이득을 보는 정치권과 언론, 결국 그 부작용은 고스란히 Z세대에게 돌아간다. '일베', '메갈' 같은 극단적 대립, 갈등 구도가 확대 재생산되면서 1020대에게 '페미니스트'는 부정적 단어가 되어버렸다. 1020대 남성에겐 자신을 공격하는 이미지로 인식되었고, 1020대 여성에겐 부담스럽고 두려운 이미지로 인식되었다. 차별에 대한 저항, 정당한 권리를 위한 목소리가 공격적이고 부정적인 이미지로 인식되는 순간, 우린 차별과 불공정마저 외면하게 된다. 논리적이고 이성적인 논의마저 외면하게 되고, 그냥 무조건적으로 외면, 회피하게 된다. 엄밀히 남자와 여자가 대립할 일이 아니다. 남녀가 갈등할 일이 아니다. 기성세대가 오랫동안 이어온 사회적 관성 속에 자리한 불공정, 부당, 차별과 싸울 일인데도 우리 사회는 자꾸 남녀의 문제, 세대의 문제로 프레임을 돌려버린다. Z세대에게 세상을 왜곡해서 보게 하고, 기성세대의 이해관계를 위해 이용하면 할수록 고스란히 한국 사회의 미래 악재가 된다. 어떤 문제를 풀 때 남녀, 나이 두 가지를 지우고 문제를 풀어서 풀리면 더이상 그건 남녀 문제, 세대 문제가 아니다. 그럼에도 불구하고 유난히 남녀, 세대를 문제의 축으로 부각시키는 이들이 있다면 그건 계산적 꿍꿍이가 있거나, 아니면 무식하기 때문이다. 나고 자라면서 겪은 환경이 그 사람의 가치관, 직업관, 사람을 대하는 태도에 영향을 준다. 지금 Z세대, 1020대는 우리 사회와 기성세대에게 영향을 받는다.

Z세대 사병들은 부당함을 참지 않는다

코로나19 팬데믹으로 군부대에선 휴가를 다녀온 뒤 자가격리 하는 일이 늘었다. 그런데 2021년 4월부터 자가격리 하는 사병들이 부실 급식을 인증샷으로 찍어 '육군훈련소 대신 전해드립니다' 페이스북 페이지에 올리면서 국방부까지 나서서 해명하는 일이 생겼다. 그런데 국방부나 일선 부대의 해명은 오히려 역풍을 맞았고, 사병들의 부실 급식 인증샷을 비롯, 다양한 부실과 부당함에 대한 인증샷 고발도 계속 이어졌다.

여기서 중요한 포인트가 하나 있다. 왜 국방부나 군부대 측은 인

'육군훈련소 대신
전해드립니다'
페이스북 페이지에
올라온 사병들의
부실 급식 인증샷

국방부의 해명은
오히려 여론의 호된
역풍을 불러일으켰다.

대한민국 국방부 ✓
12시간 · 🌐

[국방부에서 알려드립니다]
계룡대 예하부대 격리장병 부실급식 관련하여 현재까지 확인한 내용에
대해 국방부 전력자원관리실에서 알려드립니다.

현재까지 확인된 바로는 계룡대 근무지원단이 직접 관리하는 7개 부대
중 3개 대대(관리대대, 수송대대, 군사경찰대대)에 총 8명의 격리장병들
이 있습니다. 이들에게 제공된 도시락은 배식하기 전 간부들이 검수를
위해 아래와 같이 촬영된 사진을 확인결과 모든 메뉴가 정상적으로 제
공되었을 것으로 판단하고 있습니다. ... 더 보기

증샷에서도 뻔히 보이는 부실 급식에 대해서 '제대로 알아보고 확
실히 조처하겠습니다' 혹은 '이런 상황이 생긴 걸 사과합니다. 부실
급식을 해결하겠습니다'라는 식으로 대응하지 않고, '격리 사병의
급식은 군부대의 사병 급식과 같습니다'라며 군부대 사병의 급식
사진을 올려 격리사병이 부당하게 차별받지 않았다는 것을 해명했

을까 하는 부분이다. 결과적으로 격리사병뿐 아니라 군부대 사병들의 급식도 꽤 부실하다는 것을 더 드러냈을 뿐이고, 결국 여론의 호된 역풍만 맞았다.

왜 그들은 사병의 급식이 부실하다는 사실을 인식하지 못했을까? 사진으로도 부실해 보이는 급식 사진을 당당하게 해명이라고 발표했다는 건, 확실히 그들 눈에는 '원래 사병 식사가 이 정도면 충분하지'라고 보인 것이다. 아마 기성세대 중에선 식판에 담긴 음식 사진을 보며 예전 기억을 떠올렸을 것이다. 그러면서 '나 때도 저런 음식이었는데' 혹은 '그래도 나 때보단 좀 나은걸'이라고 하는 이들도 있었을 것이다. 여기서 중요한 포인트는 비교 기준이 과거라는 점이다. 현재 중고교의 급식, 아니면 대학의 학생식당 수준과 비교하는 게 아니라 과거와 비교하면서 '군대가 원래 그렇지. 별문제 아닌데'라고 인식하는 오류를 범하는 기성세대가 있는 것이다.

현재는 현재와 비교해야 한다. 현재를 과거와 비교하면 꼰대 소리만 듣는 게 아니라 문제 해결 자체를 하지 못한다. 문제 제기를 하면 그 문제를 어떻게 해결할까가 숙제가 되어야지, 과거와 비교하면서 별문제 없다며 회피하는 건 아무런 도움이 안 된다. 문제가 생겼을 때 그걸 대응하는 태도를 보면 그 문제를 근본적으로 해결하려고 하는지, 아니면 임시방편으로 면피만 하고 지나가려 하는지가 보인다. 변명과 해명을 반사적으로 하는 것보다는, 사과와 함께 제대로 된 조사를 하겠다는 말이 먼저 나오는 게 문제를 진짜 풀어낼 사람들의 태도다.

국가인권위 조사에 따르면, 군대에서 제공하는 식사 만족도에서 '만족한다'는 응답이 2005년에 56.5%였는데, 2019년에 35.9%로 크게 떨어졌다. 밀레니얼 세대보다 Z세대의 만족도가 크게 떨어진 건 더 풍족한 환경에서 살아온 영향 때문이기도 하다. 군대 식사 품질이 더 떨어져서가 아니라, 열악한 품질에 대해 관대하게 참아주던 밀레니얼 세대와 달리 Z세대는 이런 것을 못 참아주기 때문이다. 이는 군대에서 시대 변화, 세대차이를 반영하지 못하고 구태의연하게 급식 관행을 이어왔다고 해석할 수도 있다. 국가인권위의 2019년 조사에서 식사 만족도에 불만족한다는 응답자 중 40.6%가 '음식의 질이 낮다', 38.6%가 '맛이 없다'고 응답했다.

국방부 '2021년도 급식 방침'에 따르면 하루 급식비는 8,790원이다. 한 끼당 2,930원꼴이다. 스타벅스 아메리카노 한 잔에 4,100원, 결식아동 한 끼 급식비가 6천~7천 원(일부 지자체는 9천 원인 곳도 있다)인 걸 감안하면 나라를 지키는 군인에게 주는 밥값치고는 많이 아쉽다.

심지어 서울시는 초중고 모두 친환경 무상급식을 하는데, 서울시교육청 '2021학년도 학교 급식 기본 방향'에 따르면, 한 끼당 급식 기준 단가는 초등학교 4,898원, 중학교 5,688원, 고등학교 5,865원이다. 군인 급식비가 중고생의 절반 정도인 셈이다. 물론 학교 급식 기준 단가는 인건비를 포함한 금액이다. 군대는 인건비가 별도로 들지 않아서 상기 금액 자체의 단순 비교는 안 되지만, 분명 군인이 학생보다 적은 건 사실이다. 인건비 빼면 식재료비는 비슷하다고 주장하는 이들도 있는데, 그렇다면 비슷한 식재료비로 왜 학교 급식에선 레스토랑 못지않은 급식이 나올 수 있을까?

#급식스타그램이라는 해시태그를 붙이며 랍스타 급식을 비롯해 화려한 자기 학교 급식을 자랑하는 학생들도 많다. 특정 학교만이 아니라 전국에서 학교 급식 자랑은 마치 배틀처럼 경쟁하듯 한다. 군대 급식에선 왜 이런 인증샷은 없을까? 장교식당 가면 볼 수 있으려나? 자가격리 사병의 부실 급식뿐 아니라, 군부대에 있는 사병의 부실 급식 문제도 갑자기 생긴 문제가 아니다. 아주 오래된 문제이며, 문제 제기는 계속 있었지만 대응은 소홀했다. 문제를 문제라고 인식하지 못한 것은 세대차이보다는 지금 시대에 대한 인식 부족이다. 지금 시대의 20대가 아닌, 아주 오래전 과거의 20대를 떠올리며 급식 문제에 대응한 안일함이 있었던 셈이다. 이런 배경에는 차별이 있다.

학교 급식 자랑을 배틀처럼 했던 Z세대다. 이런 급식을 먹었던 이들이 군대에 갔다.
(출처 : 페이스북)

군부대에서 간부와 사병의 지위에 대한 차별은 크다. 분명 지위와 역할이 다른 건 맞고, 그에 따른 차이가 있는 것도 맞다. 그런데 밥이 달라야 할까? 군부대에는 간부식당과 병사식당이 따로 있다. 부대가 크면 간부식당도 세분화해 장교식당, 부사관식당으로 나누고, 일부 장군식당이 따로 있는 곳도 있다. 공간만 나눈 게 아니라 메뉴와 음식의 질도 다르다. 식당을 따로 나누지 못하는 곳에선 간부 지정석을 따로 만들어 구분해둔다. 목욕탕도 간부와 사병이 따로 나눠지고, 이발소, 체력단련장 등도 나눠진 곳이 많다. 헤어스타일, 목욕마저도 왜 달라야 할까?

우린 군대에서 계급을 신분제처럼 쓴다. 최근 들어 이런 구분이 많이 바뀌긴 했지만 차별은 여전히 존재한다. 이런 지위에 대한 차별은 사회에서도 유효하다. 직급, 지위가 높으면 갑이 된다. 우리 사회의 빈부 차별, 나이 차별, 성 차별, 인종 차별이 군대에서 계급 차별로 이어진다. 이러한 차별은 부당하며, 차별에 저항하는 것이 지금의 시대정신이다. 사병만 Z세대가 아니라, 이제 장교도 Z세대가 늘어날 수밖에 없다.

2019년 3월 학교 홍보를 위해 특별 외박을 나간 2학년 육사 생도 4명이 술을 마신 사실이 적발됐다. 이후 생도 자치기구인 '지휘근무생도'들은 자성 차원에서 단체 뜀걸음을 학교 측에 건의했고, 학교의 승인으로 밤 10~11시까지 2~4학년 생도 전체 900여 명이 13kg 무게의 군장을 메고 5km를 달렸다. 이후 일부 육사 생도들이 군 인권센터를 찾아 피해를 호소했고, 군 인권센터는 국가인권위원회에 진정을 제기했다. 결국 국가인권위원회는 육군사관학교장에게 "부당하게 연대책임을 강요하는 일이 없도록 인권 교육을 강화하는 것이 바람직하다"고 의견을 제시했다. 이 사례에서 기성세대는 '군 기강'이란 단어를 떠올리는 이들이 많았다. 지금 사관생도는 Z세대다. 사관생도는 미래의 군 장교이자, 미래 군대문화의 주도권을 가질 사람들이다. 이들이 군대문화의 가장 기본이라 할 수 있는 상명하복, 연대책임에 대한 문제 제기를 한 셈이다.

과거엔 부당한 명령이라도 무조건적인 상명하복을 당연히 여겼다면, 이젠 부당한 명령에 대해선 그 부당성 자체를 따져보려 한다. 이들에겐 이것이 정당한 일일 수 있다. 물론 정당함이 우선이냐, 명령이 우선이냐는 논쟁할 여지가 있는 대목이지만, 분명한 건 기성세대와 Z세대의 관점은 다르다는 것이다. Z세대는 하늘에서 떨어진 사람이 아니다. X세대가 낳아 키웠고, 기성세대와 한국 사회에서 가르친 사람들이다. 부당해도 무조건 말 듣고 가만 있으라고 키우지 않았다. 기성세대 때나 그렇게 자랐지 지금은 그렇지 않다. 이런 Z세대에 맞는 좀더 합리적이고 융통성 있는 군대문화도 필요해졌다.

2020년 7월부터 사병들은 군부대에서 일과 후 스마트폰 사용이 허용되었다. 2014년 4월 선임병들의 집단폭행으로 사망한 윤일병 사건 이후 군부대 내 병영 악습을 근절하기 위한 여러 시도 중 하나로 일과 후 스마트폰 사용이 제기되었고, 2018년에 시범 도입후 2020년 7월에 전군에 확대된 것이다. 군부대에서 생활하는 사병과 달리 장교나 부사관, 즉 간부는 군부대 밖에서 생활할 수 있고, 일과 후 스마트폰 사용은 오래전부터 가능했었다. 이것을 군부대 내에 있는 사병에게도 적용한 셈인데, 처음엔 군 기강 문제를 제기하며 반대했던 이들도 많았다. 하지만 결과는 효과적이었다. 한국국방연구원에서 사병 스마트폰 사용 시범 실시한 2019년 4월과 전면 실시를 앞둔 2020년 2월에 시행한 사병 인식도 조사 결과에 따르면, 사병과 간부 간 소통에 긍정적이라는 평가는 67.4%에서 88.6%, 부대 단합에 긍정적이라는 평가는 73.5%에서 89.2%, 전투력 향상에 긍정적이라는 평가는 68.6%에서 87.4%로 높아졌다.

스마트폰 사용 허용으로 없던 문제를 만들어내는 게 아니라, 있던 문제를 드러내는 것뿐이다. 어차피 해결해야 할 문제를 감추기보다 드러내어 해결하는 것이 필요하다. 그동안 군부대의 사병은 부실하고 비위생적이고 열악한 환경에서 생활하는 경우가 꽤 있었다. 이는 외부로 드러나지 않고, 내부에서만 처리하다 보니 개선되지 않고 계속 이어져왔다. 하지만 스마트폰 사용이 허용되고 나서부터 상황이 달라졌다. 이런 부실, 비위생, 부당함이 속속 대외적으로 드러났기 때문이다. 디지털 네이티브인 Z세대는 입대 전부터도 소셜네트워크에서 익명이든 실명으로 고발, 문제 제기를 많이 해왔다. Z세대는 대학에서 소위 대나무숲인 익명 커뮤니티에서 수업의 질이 떨어지거나 문제 되는 발언을 하는 교수들을 저격하고, 기업의 익명 커뮤니티에서도 상사나 회사를 공개적으로 비판하고 저격한다. 문제 있음에 대해 문제 있다고 말하는 것이 이들에겐 지극히 당연한 행동이다. 세상을 바꾸려 하는 게 아니라 자신이 겪는 부당함, 차별을 참지 않는 것이다.

'군인의 지위 및 복무에 관한 기본법' 제1조를 보면 '이 법은 국가방위와 국민의 보호를 사명으로 하는 군인의 기본권을 보장하고, 군인의 의무 및 병영 생활에 대한 기본사항을 정함으로써 선진 정예 강군 육성에 이바지하는 것을 목적으로 한다'라고 명시되어 있다. 군대의 특수성과 명령체계는 필요하고 존중되어야 하는 게 맞지만, 병영 생활에서 의식주에 대한 기본이자 병영에서의 개인화, 사생활 존중도 필요하다. 기본권을 강화해준다고 군인이 나약해지는 것이 아니라 오히려 더 유능해진다. 군인이기 이전에 사람이고, 그 군인이 바로 자기 목소리를 당당하게 내는 Z세대다.

일부 정치인들이 이런 Z세대 남자들의 표를 공략하기 위해 징병제를 남녀 모두 평등하게 적용하자는 식으로 주장하는 경우가 있는데, 이는 심각한 오류다. 한국은 남북 대치의 특수성 때문에 징병제를 하고 있는데, 이건 의무복무 기간 동안 치러야 할 남자의 희생이 맞다. 그런데 희생을 남녀 모두에게로 확대하자는 정치적 주장보다는, 남자의 희생을 줄이는 방법을 찾는 것이 더 합리적이다. 복무 기간을 줄이는 것과 사병의 월급을 공무원 수준에 맞게 개선하고, 복무 기간 동안 온라인으로 학업을 이어가거나, 학위나 자격증

등을 국가 지원으로 취득할 수 있게 하는 등, 징병제로 인한 의무복무 기간을 '손해', '희생'이란 이미지에서 '선택', '경력'으로 바꿔야 하고, 그에 따른 합리적·효율적 대안들이 필요하다.

그런데 이런 대안 대신 여자도 군대 보내자는 식은 남녀 대립과 갈등을 이용해 정치적 이득을 얻겠다는 것이거나, 무식해서 상황 파악을 제대로 못 하는 것으로밖에 이해가 안 된다. 장기적으로는 모병제로 가야 한다. 첨단 무기가 국방력의 핵심이 되는 시대에 사병 숫자가 경쟁력이 되는 것은 아니다. Z세대가 공감하고 받아들일 비전과 플랜을 제시할 필요가 있다. 원하든 원치 않든 지금 징병제의 대상은 Z세대이고, 우리 사회는 그들이 필요하다.

성비 불균형이 그들에게 어떤 영향을 미칠까? _____

2021년 기준 Z세대 830만 5,848명 중 남성이 430만 6천 명, 여성은 400만 명 조금 못 미친다. 남성이 여성보다 31만 명 정도 많다. 즉, 성비 불균형 지수(여성 100명당 남성 수)는 107.7 정도다. 한국 사회의 남아선호 때문에 성비에서 남성이 더 많은 건 오래된 일이다. 하지만 Z세대의 성비 불균형은 밀레니얼 세대에 비해선 크게 줄었다. 2020년 출생자의 경우 성비 불균형 지수는 105.5다. 수명은 여성이 남성보다 평균적으로 더 길다. 통계청이 2020

년 12월 발표한 2019년 생명표에 따르면, 한국인의 기대 수명은 83.3년인데 이중 남성은 80.3년, 여성은 86.3년이다. 남녀의 기대 수명 차이가 6년이다. 따라서 나이가 많아질수록 성비에서 여성이 많아질 수 있다. 그래서 자연성비를 105로 본다. 향후 알파 세대(2013년 이후 출생자)에선 자연성비에 해당되어 성비 균형이 될 것으로 보인다.

2021년 기준으로 1962년생은 100이고, 그 이하로 떨어지는 시점이 1961년생(96.9)부터다. 1950년생은 90 이하로 떨어져 89.1을 기록하고, 1940년생은 63.3까지 떨어진다. 전 연령대를 포함한 전 국민의 성비에선 거의 균형이긴 한데, 성비 불균형 문제를 가장 많이 겪는 이들이 2030대라는 걸 감안하면, 여전히 2030대 남성 중 10% 정도는 자기 짝이 없는 셈이다. 밀레니얼 세대 후기가 불균형이 가장 심한데, 이들은 남성 중 15%(1993~95년 출생자는 17% 정도)가 짝이 없다.

한국 정부의 가족계획(산아제한정책)은 1970년대까진 둘만 낳는 정책이었지만, 1980년대부터 '하나만 낳아 잘 살자'라며 아주 강력해졌다. 실제로 1983~87년 출산율이 급락했고, 1996년까지 산아제한정책이 이어졌다. 여기에 남아선호까지 겹쳐지면서 밀레니얼 세대의 성비 불균형이 유독 심해졌다. 밀레니얼 세대 중에서도 후기, 즉 지금 20대들의 남초 현상이 큰데, 20대에게 남녀갈등 이슈가 중요한 점과 전혀 무관해 보이진 않는다. 20대 남성들이 젠더 이슈에 공격적 성향을 보이는 경우가 꽤 있다는 점이 우연이 아닐 수 있는 것이다. 이는 다음에 이어지는 20대 남성 유권자의 표심을 통해서 좀더 살펴보기로 한다.

Z세대의 유권자는 보수도 진보도 아니다?

유권자로서의 Z세대는 어떤 목소리를 낼까? 표심은 늘 그들이 가진 불만이자 그들이 해결해주길 바라는 이슈를 드러내기 마련이다. 그래서 2021년 4월 7일 치러진 서울시장 보궐선거에서 지상파 3사의 출구 예측조사 결과를 주목해봤다. 선거는 비밀 선거다 보니 공식적으로 선거 결과에서 연령별, 남녀별 표를 측정하진 못하는데, 출구조사 결과가 그나마 근사치에 가깝게 이 답을 확인해주기 때문이다. 20대 유권자의 절반, 그리고 18, 19세 유권자는 Z세대(18~24세)다. 전체 유권자 중에선 6%에 불과하지만 이들의 표심은 주목할 만하다. 소위 보수라 할 수 있는 국민의힘(야당) 후보에게 그 어떤 연령대보다 압도적 지지를 보낸 것이 Z세대 남성이다. 민주당(여당) 후보를 지지한 비율이 모든 연령대(남녀 포함)에서 가장 낮다. Z세대 남성이 보수적이라고 오해하면 곤란하다. 국민의힘 후보에 표를 준 것은 민주당 후보이자 집권 여당에 대한 불만의 표현이다. 일자리 및 경제 문제, 부동산 문제, 젠더 문제 등에서 위기감이 가장 크다. 소위 진보들의 위선과 내로남불에 강력한 경고를 보내는 것이지, 엄밀히 국민의힘을 대안으로 여기는 건 아니었다.

젠더 이슈로 치러진 선거지만 젠더 문제에 관심이 별로 없는 건, Z세대 남성들에게 젠더 이슈는 '평등'으로 받아들여지기보다 '여성의 권리 확대'로 받아들여져 상대적으로 남성들의 권리가 줄어들고 손해를 본다는 인식이 커서다. 실제로 한국 사회의 성차별 문제가 심각하지만 그건 기성세대에게 크게 해당되는 것이고, 1020대들로선 학교에서도 여학생의 성적이 더 높은 데다, 남성은 군대를 가지만 취업에서 군 가산점 같은 혜택도 없어지고, 가뜩이나 일자리는 점점 줄어드는 데다 연애, 결혼, 내 집 마련 등에서 박탈감이나 소외를 겪는 이들도 많다 보니 오히려 남성 차별로 여기는 이들도 있다. 이들 중 극우 같은 남성우월이나 공격성을 보이는 경우도 있지만, 그렇다고 이들을 과거의 보수로 보기도 어렵다. 소위 진보냐 보수냐가 더이상 관심사가 아니고, 일자리 및 경제 문제, 부동산 문제 등 실용적인 문제를 누가 잘 해결해주느냐가 중요 관심사다. 이들의 표심이 2022년 3월의 20대 대통령 선거에서도 같은 맥락으로 이어질 수밖에 없다.

Z세대 여성의 표심은 조금 달랐는데, 민주당(여당) 지지가 더 높았고, 특히 기타 후보에게 15.1%나 지지했다. 한국 사회에서 여성

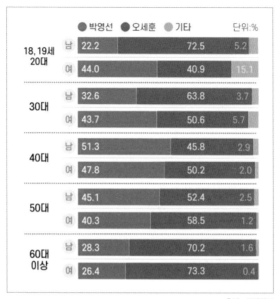

4·7 서울시장 재보궐 선거 방송 3사 출구조사

● 박영선 ● 오세훈 ● 기타 단위:%

		박영선	오세훈	기타
18, 19세 20대	남	22.2	72.5	5.2
	여	44.0	40.9	15.1
30대	남	32.6	63.8	3.7
	여	43.7	50.6	5.7
40대	남	51.3	45.8	2.9
	여	47.8	50.2	2.0
50대	남	45.1	52.5	2.5
	여	40.3	58.5	1.2
60대 이상	남	28.3	70.2	1.6
	여	26.4	73.3	0.4

출처 : 중앙일보

이 겪는 차별과 젠더 문제에서 상대적으로 민주당이 조금 더 적극
적인 점도 반영되었고, 서울시장 보궐선거를 치르는 이유도 젠더
이슈였기에 성평등 공약을 전면에 내세운 페미니스트 후보들인
신지혜(기본소득당), 오태양(미래당), 김진아(여성의당), 송명숙(진보
당), 신지예(무소속) 등에 지지가 많았다. Z세대를 포함한 20대 여
성들의 성평등 요구는 향후에도 주목할 부분이다. Z세대 여성 유
권자가 민주당 후보에 더 많은 표를 준 건 민주당이 좋아서가 아니
라 결코 국민의힘에는 표를 줄 수 없었기 때문이다. 젠더 문제에 있
어서 국민의힘이 가진 태도이자 그동안 보여준 행태에 대한 불만

인 셈이다. 민주당이나 국민의힘이나 둘 다 수준 이하로 실망스럽지만 그중에서도 국민의힘에 더 실망스럽다는 의미다.

사실 국민의힘으로선 20대를 공략하긴 하지만, 전통적으로 20대가 진보 성향이 강하다 보니 이들에게 전력하긴 어려웠다. 20대 중에서도 20대 여성에게 전력하다가는 자칫 506070대 등 전통적인 지지세력들에게 불만을 살 수도 있기 때문이다. 젠더 이슈 중에서도 성평등은 인권의 문제지만, 동성애나 낙태 이슈에선 기성세대의 가치관과 상충되는 것이 있어서 이들을 주요 표심으로 여기는 국민의힘 입장에선 정치공학적으로 봐서도 20대 여성의 표심을 잡기 위해 젠더 이슈에 적극적이긴 어렵다. 그렇다 보니 20대이자 Z세대 내에서 남성과 여성 유권자의 표심이 극명하게 엇갈린다. 다른 어떤 연령대에서도 이렇게 남녀의 표심이 큰 차이가 나는 경우는 없다.

여전히 한국은 OECD 국가 중에서 여성의 경제적 활동 측면에서 차별이 심하고, 유리천장 지수도 가장 높다. 가뜩이나 좁은 대기업 입사에서도 7:3 정도로 남성의 비율이 높다. 20대 남성들로선 이런 수치를 외면하고 싶겠지만, 현실은 여전히 여성에게 불리하다. 성희롱, 성폭력, 성범죄도 여전히 많고, 대부분 남성이 가해자이고 여성이 피해자다. 결혼한 여성이 임신과 출산, 양육 때문에 직장에서 손해를 보거나 일자리를 잃어버리고 경력단절이 되는 것도 엄연히 존재하는 현실이다. 남자만 사회적 성취, 성공을 원하고 여성은 가정과 출산을 원한다고 여기는 것만큼 지독한 남성우월도 없을 것이다. 이러니 여성들이 결혼을 기피하고 독신을 지향하며, 출산을 기피할 수밖에 없다. 출산과 양육을 사회적 역할로 보지 않고 개인의 역할로만 보고, 그 역할을 고스란히 여성에게 전가하는 한국 사회에서 자아실현과 직업적 성취를 위해선 어쩔 수 없는 선택이 된다.

20대 대통령 선거에서도 Z세대 여성 유권자로선 성평등 문제에 주목할 수밖에 없다. 그들이 처한 현실에서 가장 큰 손실이자 위험 요소이며, 가장 적극적으로 해결하고픈 문제이기 때문이다. 물론 성평등 문제 외에 일자리 및 경제 문제, 부동산 문제 등은 Z세대 남성 유권자와 마찬가지로 민감할 수밖에 없다. 젊으면 진보, 나이 많으면 보수라는 식의 구분은 더이상 유효하지 않다. 정치권에서의 진보 역할을 자처하는 정당이나 정치인들이 스스로가 권력이 되고, 진화되거나 혁신되어야 할 대상이자 주체가 아니기 때문이다. 정치권에서는 진보나 보수가 도덕성이나 능력 면에서 차이도 없는 데다 실망스럽긴 마찬가지다. 더이상 민주당과 국민의힘이라는 빅 2 정당에 기대를 하기 어렵다. 이들 정당이 파격적 혁신을 하지 않는다면 말이다.

2021년 기준 1997년생은 만 24세다. 2021년 기준 20대 초반으로 Z세대의 문을 연 이들은 IMF 구제금융 위기와 그로 인한 경기 침체 때 태어나, 그 영향을 유년기에 받았고, 2008년 글로벌 금융위기를 필두로, 2014년 세월호 참사를 청소년기에 접했고,

2016~17년 촛불집회를 거쳐, 2020년 코로나 팬데믹을 20대 초반에 겪었다. 세월호 세대이자 촛불세대로서 무능한 정치와 위선적인 기성세대에게 실망을 했고, 정치와 경제에서 정의와 공정에 대한 요구가 커졌으며, 4차 산업혁명으로 대표되는 산업구조에서의 디지털 전환이 초래할 로봇과 자동화가 일자리를 대체하는 미래의 불안과 위기를 직접 겪을 세대이기도 하다.

지금 가장 절박하고 불안한 세대가 바로 Z세대다. 이들의 불안감을 덜어줄 수 있는 정치세력이 등장할 필요가 있는데, Z세대나 20대들이 각성해 자신들의 이해관계에 철저하게 집중하고 주력하는 정치세력을 만들어내지 말라는 법도 없다. 아직은 Z세대나 20대가 유권자 중에선 소수지만, 계속 그렇지는 않다. 2021년 현재 유권자 중 Z세대는 6%에 불과하지만 2030년에는 18%가 된다.

Z세대가 정치에 무관심하다고?

바이든 대통령 취임식에 참석한 버니 샌더스가 밈meme의 주인공이 되었다. 상원의원이자 유력 정치인이 털장갑과 수수한 옷차림으로 대통령 취임식에 와서 팔짱을 끼고 다리를 꼰 채 시니컬하게 앉아 있는 모습은 정장 입은 정치인들 사이에서 더 돋보였다. 미국의 대표적 진보 정치인으로 시장 8년, 하원의원 16년, 상원의원 14년 등 38년간 유력 정치인으로 살았고, 민주당 대통령 선거 후보 경선에서도 45대 대선 때는 힐러리와, 46대 대선 때는 바이든과 경합을 벌이기도 했다.

남의 시선보다 자신의 소신을 지키며 정치활동을 하는 그는 밀레니얼 세대와 Z세대의 지지도 많이 받고 있다. 이런 버니 샌더스가 밈의 대상이 되어 패러디가 쏟아넘치며 열풍이 된 건 정치에 대한 2030대의 태도로도 해석될 수 있다. 정치가 권위적이고, 말로는 국민을 위한다지만 실제로는 정치권력이자 정치인들의 이해관계와 얽혀 있다는 것도 2030대는 다 안다. 버니 샌더스 밈 놀이를 하면서, 기성 정치권에 대해 비판하고 면박 주기도 한다. 이것도 하나의 정치 표현이다. 기성세대와 달리 Z세대의 정치는 좀더 실용적이고 포용적이다. 다만 이념 대결에는 관심이 없다. 그들은 정치권에게 과거가 아닌 미래를 두고 정치하길 요구한다. 이런 Z세대의 태도에 대해 기성세대 정치권으로선 어디까지를 정치로 볼 것인가를 다시 생각해봐야 한다.

2017년, 아미카 조지Amika George는 영국에서 돈이 없어 생리대를 사지 못해 결석하는 여학생이 13만 7천 명이나 된다는 기사를 접하고 #FreePeriods 캠페인을 벌이고 온라인 청원도 냈는데, 순식간에 20만 명이 동참하며 이슈가 되었다. 생리대 문제를 개인의 문제가 아닌 학습권의 문제로 주장하며 공감을 이끌어냈고, 2017년 12월 런던에서 2천여 명이 붉은 옷을 맞춰 입고 시위를 하기도 했

2030대에 의해 밈 놀이의 대상이 된 버니 샌더스의 패러디 사진들 (출처 : 페이스북)

다. 저소득층 학생들의 '생리 결석'을 '생리 빈곤'으로 공론화하는 건 기성세대라면 불가능했다. 기성세대는 그런 문제를 개인 문제로 치부하고 외면해왔다. 1999년생인 아미카 조지는 당시 여고생이었다. 결국 2018년 9월, 스코틀랜드 자치정부는 중학교, 고등학교, 대학교 여학생에게 생리대를 비롯한 위생용품을 매달 무상 제공하기로 했고, 영국 정부도 2019년 9월부터 무상 제공에 동참했다. 여고생이 제기한 생리 빈곤 이슈는 영국의 정책을 바꾸게 했고, 이는 전 세계로 확대되었다.

2018년, 데이비드 호그David Hog는 미국 플로리다주에 있는 마조리 스톤맨 더글라스 고등학교에서 발생한 총기 난사 사건을 겪었다. 학생과 교사 17명이 사망한 현장에 그도 있었는데, 끔찍한 사건으로 친구들을 잃은 생존자 중 하나였다. 이후 소셜네트워크와

'생리 빈곤' 이슈를
공론화시킨 아미카 조지
(출처 : CNN)

오프라인에서 총기 규제 운동을 펼쳤는데, '우리 생명을 위한 행진 March for Our Lives' 집회는 워싱턴에서만 80만 명이 모이는 등 미국 전역에서 최대 규모의 총기 규제 촉구 집회를 이끌었다. 미국총기협회NRA를 후원하는 기업들을 공개해서 꽤 많은 기업들이 후원을 끊기도 했다. 고등학생들이 주도한 총기 규제 운동이 강력한 힘을 발휘한 것이다.

데이비드 호그는 2000년생이다. Z세대인 아미카 조지와 데이비드 호그가 한 것이 바로 정치다. 고등학생의 활동이 세상을 바꾸는 데 일조한 것이다. 2016년 이화여대 학생들이 학교가 일방적으로 추진한 평생교육 단과대학 지원사업(미래라이프대학) 참여 철회를 위한 학교 점거 시위에서 시작해, 정유라 부정입학 의혹, 결국 최순실 사태까지 이어지게 만들어 이후 대통령 탄핵과 새로운 대선에 이르기까지 일련의 역사적 변화를 이끌어낸 것도 Z세대였다.

2020년 미국 대선에서, 트럼프 대통령이 재선을 위해 오클라호마 털사에서 유세를 했던 6월 20일, 1만 9천 명이 참석할 수 있는 유세장에 실제 참석자는 6천 명에 불과했다. 행사 전까지 트럼프 선거운동 본부측은 참가 신청자가 100만 명이 넘었다며 자랑했는데, 막상 1/3도 채워지지 않은 텅 빈 유세장이 되어버렸다. 여기엔 BTS 팬들의 역할이 컸다. BTS 팬들을 비롯한 미국에 있는 K팝 팬들이 유세장을 텅 비게 만들 목적으로 대규모 참가 신청을 했고, 당일 노쇼를 한 것이다. 이날 유세는 코로나19로 오프라인 유세가 중단된 지 3개월여 만에 이뤄지는 유세였다.

K팝 팬들이 트럼프의 유세를 저격한 이유는 조지 플로이드 사건에 대한 안일한 대응과 무책임, 트럼프가 일삼는 인종 차별 때문인 것으로 분석된다. BTS는 소속사를 통해 BLMBlack Lives Matter에 100만 달러 기부를 한 적이 있고, 당시 팬클럽인 ARMY에서도 100만 달러를 모아 기부했다. #BlackLivesMatter를 폄하 혹은 조롱하는 의도로 일부 백인이나 인종 차별주의자들이 #WhiteLivesMatter 해시태그로 게시물을 올리자, BTS 팬들은 이 해시태그를 무력화시키기 위한 방법으로 BTS의 무대 영상이나 사진 등을 대거 올리기 시작했다. 결국 #WhiteLivesMatter를 처음 퍼뜨린 이들의 의도는 완전히 무력화되었다. 방탄소년단BTS도 그들의 공식 트위터 페이지에 "우리는 인종 차별에 반대합니다. 우리는 폭력에 반대합니다. 나, 당신, 우리 모두는 존중받을 권리가 있습니다. 함께하겠습니다"라는 글과 함께 #BlackLivesMatter 해시

텅 빈 트럼프 유세장. 기존 세대와 달리 Z세대는 부당한 인종 차별에 적극 대응하고 행동한다.
(출처 : 연합뉴스)

태그를 올렸다. 인종 차별은 흑인이든 아시아든 상관없이 인류 보편적으로 저항할 이슈이고, BTS 팬들을 비롯한 K팝 팬들로선 자신들이 아끼고 사랑하는 스타가 차별당하는 상황에 적극 대응하는 건 팬으로서 해야 할 당연한 일이라고 여기는 셈이다.

실제로 세계적으로 유명하고 영향력 있는 BTS마저도 인종 차별을 받는다. 2019년 6월, 호주 공영방송 Channel9의 '20 to One'이란 프로그램의 진행자와 출연자들이 BTS의 인기에 대해 얘기하면서 인종 차별과 성희롱 발언을 했다. 이에 ARMY는 #channel9apologize 해시태그를 소셜미디어에 퍼뜨리며 방송사의 사과를 요구했고, 결국은 해당 프로그램의 트위터 계정에서 영어와 한글로 된 사과문을 받아냈다. 이미 세계적으로 유명한 그룹이었음에도 공영방송에서 조롱과 차별적 발언을 서슴지 않고 한 것인데, 무명이었을 땐 얼마나 많은 차별을 받았을지 짐작이 간다. BTS나 되니까, 글로벌 팬들로 무장한 ARMY가 있으니까 공식 사과를 했지 다른 K팝 스타라면 어땠을까? 사실 사과 내용도 진심이 없이 부실했다. 그 이후에도 BTS에 대한 인종 차별이 완전히 사라졌다고는 할 수 없다. 인종 차별에 저항하는 건 지극히 당연한 일이고, 차별을 묵인하거나 방관하는 대통령이나 공권력에 맞서는 것도 당연하다. 젠더, 인권, 윤리, 환경 등의 문제에 밀레니얼 세대와 Z세대가 기성세대보다 적극적인 태도를 보이고 있고, 특히 Z세대가 더 적극적인 것은 진화한 시대에 이들이 살고 있기 때문이다.

바이든 정부의 주요 과제 중 하나가 인종 차별 문제다. 인종뿐 아니라 모든 차별 문제를 해결하는 건 지금 시대 정치가 해야 할 중요 숙제 중 하나다. 차별과 함께 양극화와 불평등도 Z세대가 중요하게 여기는 이슈다. 코로나19 팬데믹이 초래한 양극화와 불평등 심화에 가장 타격을 받은 이들도 Z세대다. Z세대의 정치는 기성세대와 다르다. 그들의 관심사도 다르고, 행동도 다르다. 하지만 분명한 건 이 또한 정치다. Z세대의 정치세력화도 점점 가시화될 가능성이 크다. 기성세대 정치권이 Z세대의 정치적 관심사나 그들이 겪는 문제를 해결하는 데 소극적이면 결국 직접 나서야 한다. 한국의 대기업에서 사무직 노조가 대거 만들어지고, 그 중심에 20대 중

후반에서 30대 초반들이 큰 역할을 하는 것처럼 말이다.

팬데믹 세대Pandemic generation가 된 1525 _____

　　팬데믹은 모두에게 힘겹지만 1525, 즉 중고생과 대학생들
에게 더 가혹하다. 이들에겐 진학과 취업이란 중요한 선택이 주어
지고, 그 과정에 학습과 성적이 중요한 요소다. 팬데믹은 학습권에
도 타격을 주고, 일자리 감소에도 타격을 준다. 지금의 1525가 바
로 Z세대다. 유네스코는 코로나19 때문에 전 세계 학생의 90.2%
인 15억 7,865만 명이 휴교의 영향을 받고 있다고 발표(2020년 4월
25일)한 바 있다. 2020년에 록다운이 지속되며 휴교가 계속되었고,
백신 접종이 2021년에 본격화된 걸 감안하면 2020년 1, 2학기, 그
리고 2021년 1학기의 학습권에 큰 타격이 발생했다. 그나마 우리
나라는 온라인 수업으로 교과 과정을 소화했지만, 이것이 가능한
나라는 그리 많지 않았다.

　　팬데믹이 길어질수록 학생들의 정상 수업은 계속 차질을 빚을
수밖에 없고, 이로써 학업 능력 저하뿐 아니라 인간관계나 사회적
관계, 정신건강 등에도 부정적 영향을 미칠 것에 대한 우려가 전 세
계적으로 제기되었다. 현재의 학습 환경은 오프라인 중심이고, 교
사들과 교육 콘텐츠도 오프라인을 전제로 준비된 것이다. 그러한

상황에서 갑자기 온라인으로 바꾸는 것은 쉽지 않은 일이다. 게다가 오프라인 중심의 교사와 콘텐츠를 온라인에 최적화된 방식으로 개선해서 활용하는 것이 아니라 기계적 디지털 전환을 거쳐 이를 전달하는 것에 불과하다 보니 오프라인에 비해 학습 능력이 상대적으로 저하될 가능성도 크다. 공교육의 역할이 상대적으로 제한되다 보니 사교육의 여부에 따라서 격차가 생길 수 있는 것이다.

진학사에 따르면, 2020학년도 수능 때 영어 등급이 1등급 7.4%, 2~4등급이 56.6%, 5등급 이하가 36.0%였는데, 2020년 6월의 모의평가 때 영어 등급은 1등급이 8.7%, 2~4등급이 44.8%, 5등급 이하가 46.5%였다. 물론 이것만 보고 팬데믹 기간 때 학력 격차가 커졌다고 단정하긴 어렵다. 하지만 1등급과 5등급 이하가 늘었다는 점은 흥미롭게 보인다. 원래 잘하는 애들은 더 잘하게 되고, 그렇지 않은 애들은 더 못하게 된다는 해석에는 사교육이 개입되어 있을 거란 추정이 가능하다. BBC에서도 팬데믹으로 인해 빈곤층 자녀들이 학력 저하를 더 심각하게 겪을 것이라는 내용을 다룬 바 있다. 예전에도 여름방학 때 부유한 가정의 아이들은 학습 능력이 향상되는 반면, 빈곤한 가정의 아이들은 그렇지 못해 둘의 격차가 더 커졌는데, 장기간 휴교가 되는 팬데믹 상황에서도 격차가 크게 발생할 거라는 주장이었다.

미국에서도 비슷한 주장들이 계속 제기되는데, 학기 중에 얻는 학습 능력이자 학업 성취 수준이 여름방학을 거치면서 떨어지는데, 팬데믹이 길어질수록 학업 성취 수준은 더 떨어질 수밖에 없다는 것이다. 공교육이 휴교로 멈추는 상황에서, 경제적 여력이 있는 가정에선 사교육을 하면서 이 문제를 해결하니까 가정의 경제력에 따른 학생의 격차가 커지는 건 충분히 타당하다. 팬데믹 세대는 양극화를 더 격하게 겪는 셈이다. 가뜩이나 양극화가 컸는데 팬데믹 시점에 더 커지고, 이는 팬데믹 이후에도 계속 영향을 미친다. 양극화에 따른 능력의 차이, 기회의 차이가 생기는 건 구조적으로 공정하지 않은 상황이기도 하다.

그뿐 아니라 학생과 교사, 학생과 학생의 커뮤니케이션과 관계 형성에 대한 환경과 노하우도 모두 오프라인 중심으로 준비되어 있었다. 수업 자체는 온라인으로 어느 정도 해결한다지만, 소통과 관계는 온라인으로 푸는 데 한계가 있다. 당연히 학교에서 배울 대인관계, 사회적 관계, 소통 능력 등이 크게 부실해질 수 있고, 이런 과정에서 학생들이 겪을 스트레스나 단절에 따른 고립감, 우울감 등도 배제할 수 없다. 이런 문제도 경제력과 무관하지 않다. 경험과 체험을 공교육에서 채워주지 못하니 그걸 별도로 채우려면 그만큼의 돈이 들 수밖에 없다. 10대 때의 경험과 감정은 평생에 걸쳐 영향을 미칠 수도 있다.

20대 대학생들도 심각한 변화를 겪는 건 마찬가지다. 전면적 온라인 수업으로 학습권도 침해받고 수업의 질도 떨어졌다며 등록금을 돌려달라는 얘기가 학생들 입에서 나오는 초유의 일이 벌어졌다. 더 심각한 건 코로나19 팬데믹으로 기업들의 공채가 대거 중단되거나 미뤄지는 일도 생겼다. 대학생들에게 취업 이슈는 가장 중요한 일이기도 하다. 심지어 아르바이트 자리도 팬데믹으로 대거 사라졌다. 팬데믹으로 손해와 타격을 보지 않은 사람이 없을 정도다. 기업은 기업대로 해결책이나 지원책을 정부에 요구하고, 자영업자들도 마찬가지고, 대학들도 마찬가지다. 분야를 막론하고 각자의 입장을 대변할 이익단체들을 내세워 목소리를 낸다.

정부는 막대한 추경을 편성하며 다양한 지원을 한다. 정해진 우선순위는 있겠지만, 영향력 있고 목소리 큰 집단의 문제에 먼저 대응할 수밖에 없는 게 현실이다. 1525가 우선순위가 될 가능성은 별로 없다. 그동안 한국의 교육은 입시교육이란 방향에서는 변화가 없었다. 공교육의 근본적 변화가 필요한 건 학생들을 위해서다. 기존 교육 체제는 교육 시장을 둘러싼 이해관계에서 벗어나지 못했다. 이건 대학교육도 마찬가지다. 대학의 혁신을 요구했던 건 학생들을 위해서다. 하지만 여기서도 대학교육의 이해관계에서 벗어나지 못했다.

팬데믹 세대가 보는 손해는 교육과 취업뿐이 아니다. 팬데믹의 실체, 즉 세계적 전염병이 온 것도 생태계 파괴와 기후위기 문제와 연관된다. 즉, 환경과 기후위기 문제를 해결하기 전까진 우린 계속해서 다양한 전염병의 공격을 받으며 살아갈 수밖에 없다. 지난 20년간 그 이전 어떤 시기보다 더 많은 전염병이 인류를 위협했고, 가축 전염병도 수시로 찾아와 살처분하는 일도 비일비재했다. 이건 기성세대가 저지르고 망쳐놓은 것을 모든 세대가 고스란히 피해를 보는 것이다. 팬데믹 세대이자 Z세대로선 자신들이 망쳐놓은 것도 아닌데 피해는 자기들도 본다. 그들로선 이 문제에 대해 기성세대에 확실히 책임을 묻고, 최대한 복구시킬 방법을 요구하는 게 당연하다.

Z세대가 기후위기를 바라보는 태도 _____

2019년 9월 27일 금요일, 광화문 인근에 500여 명의 청소년이 모였다. 분명 학교에서 수업받아야 할 시간임에도 이들은 조퇴나 결석을 하고 시위에 참여했다. 시위대는 '정부의 기후위기 대응 점수 0점'이라고 적힌 플래카드를 들고 기후위기에 대한 대응을 촉구했다. 청소년들의 이 집회를 '기후행동Climate Action'이라고 한다. 서울에서만 열린 게 아니라, 150여 개국 2,400여 개 도시, 400만여 명이 참여한 집회다.

매달 청소년들의 기후행동 집회는 전 세계에서 벌어진다. 이 집회는 2018년 8월 20일, 스웨덴 국회의사당 앞에 '기후를 위한 등교 거부'라는 팻말을 들고 1인 시위를 한 당시 15세 그레타 툰베리Greta Thunberg로부터 시작되었다. '미래를 위한 금요일Fridays for Future'이란 이름으로, 매주 금요일마다 등교를 하지 않고 1인 시위를 한 그레타 툰베리의 목소리가 전 세계 청소년인 Z세대로 번진 것이다. 오프라인 집회에 참석하지 못하는 이들은 온라인에서 응원을 보내며

2019년 9월 27일 광화문에서 개최한 청소년들의기후행동 집회 (출처 : 연합뉴스)

동참한다.

그레타 툰베리는 2019년 노벨평화상 후보에도 올랐고, 역대 최연소로 타임지가 선정한 올해의 인물로 최종 선정되기도 했으며, 유엔본부에서 열린 기후행동정상회의에서 개막식 연설도 했다. 그레타 툰베리는 북유럽 5개국의 협의기구인 북유럽이사회Nordic Council에서 수여하는 '2019 환경상'을 거부했다. 상금 35만 크로네 (6천만 원)도 받지 않았다. 툰베리는 수상 거부 의사를 자신의 인스타그램에 남기며, 기후 운동에는 상이 필요한 게 아니라, 정치인과 권력자가 과학에 귀를 기울이는 것이라고 했다. 세계적 환경운동가가 된 그레타 툰베리는 2003년생이다. 가장 정치적으로 영향력

2019년 타임지가 선정한
역대 최연소 올해의 인물 그레타 툰베리

이 큰 Z세대인 셈이다.

2018년 이후 전 세계에 10대들의 기후행동 시위가 확산되었다. 기후위기 문제에 가장 적극적인 관심을 가진 이들이 10대라고 해도 과언이 아니다. 기성세대가 아는 10대는 학교에서 공부하고, 시험 보고, 대학 가기 위해 준비하는 게 전부였을 것이다. 과거의 10대들은 그랬을지 모르지만 지금 10대는 확실히 달라졌다. '기후행동을 위한 학교 파업School Strike 4 Climate Action'은 글로벌 운동이 되었다. 왜 기후 문제에 10대까지 나설까? 바로 남의 일이 아니기 때문이다. 기후위기의 가장 큰 피해자는 결국 미래를 살아갈 아이들이다. Z세대로선 자신들의 문제이고, 기성 정치권이 이를 적극적으로 해결해주지 못하다 보니 절박함에 자신들이 나선 것이다.

전 세계로 확산된 청소년들의 기후변화 대책 시위와 함께 영국, 네덜란드, 덴마크, 미국 등에서 청소년들이 원고가 되어 정부의 기후변화 대응 부재에 대한 법적 소송을 제기하기도 했다. 이중 미국

워싱턴주 고등법원에서 진행된 소송에선 원고 승소 판결이 내려졌고, 이에 따라 워싱턴주는 탄소배출 저감 관련 규정을 만들어야 한다. 미국 청소년들이 정부에 소송을 걸면서 제시했던 것은, 연방정부가 수정헌법 제5조의 '동일하게 보호받을 권리'를 위반했고 청소년들이 차별받고 있다는 주장이었다. 기후변화 대응에 실패하면 결국 청소년들이 건강한 기후에 접근할 기회가 차단되고, 생명, 자유, 재산을 박탈당하지 않을 권리를 빼앗긴다는 내용이었다. 이는 영국법에 있는 공공신탁 이론public trust doctrine에 이론적 근거를 두고 있는데, 정부는 현세대와 미래세대의 이름으로 자연 자원과 시스템을 보호할 의무를 지닌다는 것이 바로 공공신탁 이론이다.

포르투갈에선 13, 16세 남매가 원고가 되어 파리기후협약에 참여한 유럽 33개국을 상대로 소송을 제기했고, 유럽인권법원은 33개국 정부가 감축 노력을 하지 않아 원고의 생존권을 위협하는지를 살펴보고 있다. 한국에서도 2020년 3월, 청소년기후행동 소속 청소년 19명이 정부와 국회를 피청구인으로 해서 온실가스 감축에 대한 소극적인 행태를 국민 기본권 침해라며 헌법재판소에 헌법소원을 제기했다.

환경 문제만 Z세대의 정치력이 발휘되는 것이 아니다. 홍콩 민주화 시위를 이끈 조슈아 웡(1996년생), 탈레반에 맞선 여성 교육·인권운동가이자 2014년 당시 17세로 역대 노벨평화상 최연소 수상자가 된 말랄라 유사프자이(1997년생), 이스라엘 군인에 맞선 팔

파키스탄의 여성 운동가
말랄라 유사프자이. 유일하게
미성년자의 나이로 노벨상을 수상했다.
(출처 : 연합뉴스)

레스타인 저항운동가 아헤드 타미미(2001년생)같이 민주화, 인권, 독립 등 다양한 정치 이슈에서 영향력을 드러내는 Z세대가 있다. 미얀마 군부 쿠데타에 저항하는 시위 주도세력도 Z세대다.

Z세대는 역대 청소년 중 정치 활동을 가장 적극적으로 한다. 이들이 나이 들어갈수록 영향력은 더 커질 수밖에 없다. 1020대들의 활동을 보면서 '애들이 기특하다' 같은 시선을 가져선 안 된다. 그들은 부모에 종속된 존재가 아니라 자기 신념과 소신을 가지고 행동하는 독립된 존재다. 한국에서 불필요한 세대갈등이 생기는 가장 큰 이유 중 하나가 나이에 따라서 대하는 태도가 달라지는 것 때문이다. 옳고 그름이 나이에 따라 달라져선 안 된다.

음모론에 취약한 Z세대 :
왜 자꾸 속고, 반응하는 걸까? _____

정치 뉴스를 소셜네트워크에서 많이 소비하는 사람일수록 가짜뉴스를 접할 기회도, 가짜뉴스에 속을 가능성도 높아진다. 미국의 퓨 리서치 센터Pew Research Center가 2020년 7월, 코로나19 바이러스와 대통령 탄핵, 경제 등 이슈에 대해 진짜와 가짜를 섞어 29가지 항목을 만들어 질문했더니, 소셜미디어에서 뉴스를 주로 접하는 그룹에선 43%만 정답을 맞혔다. 반면 뉴스 웹사이트(뉴스 앱)에서 뉴스를 주로 접하는 그룹은 63%, 전국 네트워크 TV 뉴스에서 접하는 그룹은 56%가 정답을 맞혔다. 확실히 소셜미디어를 통해 뉴스를 본 그룹이 가짜뉴스에 더 반응한다는 것이다.

소셜미디어에서 뉴스를 주로 접하는 그룹에선 57%가 당시 미국 상원의 다수당이 공화당이라는 기본적 사실조차 몰랐고, 코로나19 바이러스 음모론에 대해서도 26%가 많이 들어봤다고 답했으며, 조금 들어봤다 이상이 81% 정도였다. 이는 뉴스 웹사이트나 전국 네트워크 TV 뉴스, 라디오, 인쇄매체 등을 주로 접하는 사용자 그룹과 비교했을 때 가장 높았다. 즉, 소셜미디어로 뉴스를 접하는 이들이 가짜뉴스와 음모론을 가장 많이 접하고, 정치 뉴스에서 팩트도 가장 몰랐다. 소셜미디어에서 뉴스를 주로 접하는 그룹에서 18~29세가 차지하는 비중은 48%다. Z세대가 상대적으로 음모론에 취약한 것은 이들이 소셜미디어를 가장 적극적으로 활용하고,

디지털 환경에 대한 의존도가 가장 높기 때문이다. 오죽하면 지구가 평평하다는 주장을 담은 음모론에 반응하는 이들도 있을까. 과학보다, 전문가보다 유튜브에서 나온 그럴싸한 주장에 현혹될 수 있는 건 매우 위험한 일이다.

Z세대는 어릴 적부터 스마트폰을 쓴 첫 번째 세대다. 원하는 정보는 실시간으로 찾아보는 시대를 살았다. 궁금한 걸 그냥 넘어가거나 다음에 누군가에게 물어본다는 생각을 해볼 필요가 없는 시대를 살아간다. 실시간 모든 것이 빠르게 이뤄지는 세상에만 살았다. 2007년(한국엔 2009년) 아이폰이 나왔다. 페이스북은 2004년에 시작했고, 유튜브는 2005년에 시작했다. 2000년대 중반까지 개인들에겐 PC가 인터넷 연결의 중심이었지만, 아이폰 등장 이후 스마트폰이 인터넷 연결의 중심으로 바뀌었다.

Z세대는 언어를 배우면서 스마트폰을 함께 사용한 이들도 있고, 유치원을 가기 전부터 스마트폰을 갖고 놀았다. 스마트폰을 비롯해 태블릿PC 등 휴대용 디지털 기기를 장난감처럼 만지고 놀기 시작해 일상도구처럼 쓰고 있다. Z세대가 태어난 후 TV도 스마트TV가 되었고, 어릴 적부터 유튜브 영상을 보며 자랐고, 유튜브 영상을 찍는 것도 자연스러운 놀이였다. 초등학교에 가서도 전자칠판과 각종 디지털화된 교육환경에서 수업을 받았다. 집에 있는 냉장고, 에어컨마저도 스마트를 붙이고 있는 시대다. 자동차에서도 전자장비가 대거 늘어났고, 커넥티드 카도 자연스러워졌다. 이런 시대에

태어난 디지털 네이티브가 그 이전 세대들과 다를 수밖에 없는 건 당연한 일이다.

페이스북 27억 명, 유튜브 20억 명, 인스타그램 10억 명, 틱톡 10억 명. 주요 소셜미디어의 사용자 숫자다. 이들은 모두 알고리즘을 적극 활용한다. 이중 Z세대가 유독 더 애정하는 건 유튜브와 틱톡이다. 이미지와 텍스트보다 동영상을 더 소비하는 세대다. 필요한 정보를 검색할 때도 동영상 정보를 찾아서 본다. 가짜뉴스의 온상으로 가장 많이 거론되는 건 유튜브다. 유튜브는 추천 알고리즘으로 사용자에게 자연스럽게 콘텐츠를 추천하는데, 애초에 자극적인 콘텐츠에 유리하게 설계되어 있다. 광고가 매출에서 절대적 비중을 차지하고 있기 때문에 더 많은 콘텐츠에 노출되게 하고 더 많이 머물게 해야 하는 게 그들로선 중요한 비즈니스다. 유튜브뿐 아니라 소셜미디어는 알고리즘을 이용하고 있다. 인기 있는 영상을 알고리즘으로 연결해주고, 자신이 본 영상과 어떻게든 연결고리가 있는 영상을 계속 추천해서 사용자를 잡는다. 소셜네트워크에서 많이 시간을 보낼수록 알고리즘에 지배당할 가능성도 더 늘어난다.

엘리 핀켈Eli J. Finkel 노스웨스턴대 사회심리학 교수와 연구팀이 〈사이언스〉지에 발표한 'Political sectarianism in America'에 따르면, 소셜미디어 추천 알고리즘이 사람들을 극단주의로 이끈다며, 소셜미디어의 영향력이 커질수록 서로 지지 정당이 다를 때 상대의 정보를 무시한 채 적대감을 드러낸다고 했다. 국내에서도 이를 설명할 설문조사가 2020년 12월(조선일보가 SM C&C 설문조사 플랫폼 틸리언 프로를 통해서 진행한)에 있었는데, 소셜미디어에서 정치·사회 콘텐츠를 자주 본다는 사람들의 22.8%는 자신의 정치·사회적 성향과 맞지 않는 콘텐츠를 전혀 보지 않는다고 답했고, 33%는 아주 가끔 본다고 답했다. 이들에게 있어 한 번 정한 자신의 성향이나 확신은 바뀌기 어렵다. 확증편향이다. 보고 싶은 것만 보고 믿고 싶은 것만 믿기 쉽다. 정치·사회적 성향과 맞지 않아서 친구나 팔로우를 끊어본 적 있다는 응답도 34.8%였다. 소셜미디어에서 정치·사회 콘텐츠를 자주 본다는 사람들의 45.6%가 직접 검색해서 본다고 한 반면, 33.6%는 소셜미디어에 뜨는 콘텐츠 중 선택해서 본다고 했다. 즉, 33.6%는 추천 알고리즘에 의존하는 셈이다. 확실히 편향적이고, 극단적이기 쉽고, 가짜뉴스에 노출되었을 때 속고, 반응하기도 쉽다.

와이즈앱/와이즈리테일에 따르면 2021년 1월 기준, 1인당 유튜브 평균 이용 시간(월간)이 10대가 2,812분(46시간 52분)으로 가장 길고, 20대 2,491분(41시간 31분), 30대 1,630분(27시간 10분), 50대 이상 1,616분(26시간 56분), 40대 1,170분(19시간 30분) 순이었다. 유튜브 총 사용 시간으로는 50대 이상이 25.4%로 가장 많았고, 20대 23.3%, 10대 20.6%, 30대 17.2%, 40대 13.6% 순이었다. 총 사용 시간에서 50대 이상이 높은 건 50대를 필두로 607080까지다 포함해서다. 물론 1인당 이용 시간에서도 50대 이상은 40대보다 훨씬 많았고, 30대와 비슷했다. 한국의 스마트폰 사용자 4,568만 명 중 88%인 4,041만 명은 한 달에 최소 한 번 이상 유튜브 앱을 이용했으며, 평균 1인당 한 달에 30시간 34분, 즉 하루 1시간 정도를 이용한다. 사용 시간 순으로 보면 카카오톡, 네이버, 인스타그램, 페이스북 순서가 되지만, 사용 시간에서 이들을 다 합쳐야 유튜브 사용 시간 정도 된다. 확실히 유튜브가 가장 많이 소비되는 콘텐츠 채널이자 소셜미디어라 할 수 있다. 1020대뿐 아니라 50대 이상도 유튜브 콘텐츠 이용이 많다. 그러고 보면 가짜뉴스와 음모론은 Z세대뿐 아니라 기성세대(노년)에게도 취약하다.

소셜미디어에서 Z세대는 아주 강력한 힘이 있다. 그래서 그 힘엔 책임이 따른다는 것도 인식할 필요가 있다. 가짜뉴스와 음모론 등 자극적인 콘텐츠가 그럴싸하게 현혹시킬 수는 있어도, 진위를 따지고 걸러내는 게 디지털 네이티브의 태도다. Z세대는 소셜미디어에서 콘텐츠를 보기만 하는 게 아니라 퍼뜨리고, 만들어내고, 더 적극적으로 재생산한다. 즉, 음모론에 취약할수록 Z세대의 힘은 왜곡되어 부작용을 만들어낼 수 있다. 이는 기성세대도, Z세대도 간과해선 안 될 숙제다.

메타버스의
주도자가 될 Z세대 _____

  코로나19 팬데믹이 초래한 산업적 진화의 가장 큰 수혜자를 꼽자면 메타버스 산업일 것이다. 사람과 물리적 거리두기가 필요해진 시대, 증강현실AR, 가상현실VR, 혼합현실MR, 확장현실XR 등 기술들의 수요가 커졌고, 이를 활용하는 메타버스 산업은 빠르게 현실이 되었다. 스마트폰이 밀레니얼 세대의 힘을 키워준 일등공신이라면, 메타버스가 만드는 힘은 Z세대를 키워줄 것이다. 스마트폰이 나왔을 때(애플 아이폰 2007년) 1020대가 밀레니얼 세대였다. 스마트폰을 먼저, 적극적으로 받아들인 그들이 새로운 문화, 미디어, 소비, 비즈니스의 권력으로 부상했다.

  지금의 1020대는 Z세대다. 메타버스 시장의 주 소비층은 1020대다. 분명 관련 기술을 만들고 사업을 벌이는 건 304050대가 많지만, 그들이 펼쳐놓은 공간에서 노는 건 1020대다. 필요는 발명의 어머니다. 결국 메타버스에서 가장 많이 놀고, 그 환경과 문화를 가장 적극적으로 소비하는 이들이 메타버스가 만들 기회를 가장 많이 가져갈 것이다. 현실세계에선 기성세대에게 실망하고 미래의 불안감에 절망한 그들이 가상세계에선 주도권을 잡고 새로운 미래를 그려간다.

  2021년 3월 초, 순천향대는 SK텔레콤과 함께 메타버스에서 입

2021년 3월, 메타버스에서 진행한 순천향대의 입학식 장면 (출처 : 순천향대)

학식을 했다. 본교 대운동장을 메타버스에서 실제와 흡사하게 구현했고, 2,500여 명의 신입생이 모두 참여할 수 있도록 57개 학과를 기준으로 150여 개 소셜월드 방을 개설했다. 신입생들에겐 VR 헤드셋이 포함된 웰컴박스를 미리 줬다. 입학식 한 번 하자고 VR 헤드셋을 나눠준 게 아니다. 여기엔 학교 활동과 온라인 수업도 메타버스에서 계속 시도하겠다는 의도가 담긴 것이다.

팬데믹으로 온라인 수업이 늘었지만, 모니터를 보고 하는 방식이다. 강의실에 직접 만나서 하는 것보다 몰입도가 떨어질 수밖에 없다. 메타버스를 활용하는 온라인 수업은 대세가 될 것이다. 당장은 VR 헤드셋을 쓰는 방식이지만 나중엔 홀로그램을 활용하게 될 것이다. 대학뿐 아니라 초중고 모두에서 메타버스 수업 방식을 시도할 것이며, 이런 환경에서 수업뿐 아니라 친구들과의 교류도 메타버스에서 자연스럽게 이뤄질 것이다. 이렇게 자라고 공부한

1020대는 메타버스를 익숙한 현실세계처럼 받아들일 것이다.

메타버스에선 자신을 대신할 아바타가 중요하다. 자신과 닮은 아바타를 만들기도 할 것이고, 반대로 자신이 닮고 싶은 모습의 아바타를 만들기도 할 것이다. 사람 형상이 아니어도 되고, 개성을 드러내기 위해 다양한 모습이 구현될 수도 있다. 이들이 입을 옷이나 액세서리도 중요하다. 자신을 대신할 존재니까 아무거나 입힐 순 없다. 결국 메타버스에서 보내는 시간이 늘고, 그 속에서 노는 사람들이 많아질수록 패션, 뷰티에서도 메타버스용 새로운 개념들도 나올 것이다. 지금은 현실세계의 개념을 가상으로 옮겨놓는 과정이라면, 나중에는 그 반대도 될 것이다.

메타버스에서의 과감한 스타일이 현실로 옮겨지면서 패션과 뷰티의 파괴적 혁신이 이뤄질 수도 있다. 그런 상황에서 새로운 스타급 패션디자이너는 10대일 수도 있다. 사실 나이가 상관없는 공간이 메타버스이다 보니, 멋진 스타일로 메타버스용 패션 아이템을 만들어서 세계적 인기를 얻는 디자이너가 알고 보니 중학생이더라 하는 일도 생길 것이다. 메타버스에서 공연도, 전시도 다양하게 생길 것이다. 여기서도 새로운 콘텐츠와 아티스트가 나올 수 있고, Z세대가 그 주인공일 가능성이 크다.

메타버스 속에서 뉴스미디어를 만들어 퓰리처상을 받는 10대도 등장할 것이다. 1천만 명 이상의 구독자를 가진 유튜브 크리에이터 중에서 원래부터 유명했던 스타가 아니라, 존재감 없던 일반인이자 아마추어였는데 먼저 유튜브에 뛰어들어 기회를 선점하고, 유튜브 속에서의 콘텐츠 문법에 가장 잘 맞는 콘텐츠를 만들어내는 이들이 있다. 메타버스에서도 그런 일이 생길 것이고, Z세대가 가장 유리하다.

증강현실AR 아바타 서비스이자 사용자들의 크리에이터 플랫폼인 제페토ZEPETO(네이버의 자회사)는 전 세계 사용자가 2억 명(2021년 1월 기준)이 넘는다. 이중 10대가 80%로, 1020대가 거의 대부분이다. 빅히트, YG, JYP가 모두 이곳에 투자했는데, 그만큼 메타버스 공간이 엔터테인먼트 콘텐츠의 생산과 소비에 중요하기 때문이다. 공연도 하고, 뮤직비디오 공개도 하고, 팬 사인회도 한다. 2021년 2월 구찌와 협업해서 제페토 사용자가 구찌 옷을 입어보고 전 세계

의 제페토 사용자들과 소통 가능한 서비스를 선보이기도 했다. 네이버는 제페토 사옥을 가상공간에 3D로 구현해서 그 속에서 신입사원 연수를 하기도 했다.

가장 대표적인 메타버스 서비스로 꼽히는 로블록스Roblox는 월간 활성 이용자MAU 수 1억 6,600만 명(2021년 2월 기준)이고, 대부분의 사용자는 10대다. 미국 16세 미만의 55%가 로블록스를 이용한다. 하루 평균 접속자 4천만 명, 누적 이용자 수는 106억 명 이상이다. 게임을 개발해서 수익을 낼 수도 있고, 그냥 게임을 열심히 즐기기만 해도 된다. 가상공간 속에서 친구들과 모임을 만들 수도 있고, 콘서트도 진행할 수 있다. 게임이자 소셜 플랫폼인 것이다. 이는 포트나이트도 마찬가지다. 게임 속에서 공연, 영상 등 게임 외의 공간이 자꾸 만들어지고 서비스도 늘어난다. 게임만 하는 게 아니라 다양한 콘텐츠를 소비하고 서로 어울리는 소셜 플랫폼이 되는 것이다. 메타버스 속에서 물건도 팔 수 있고, 학원도 생길 수 있다. 현실에서 가능한 모든 것이, 아니 현실에서 불가능한 것들도 가능하게 될 것이다. 물론 메타버스 속 그림자도 생길 것이다. 메타버스 속에서의 폭력, 성폭력, 절도, 사기 등도 벌어질 것이고, 메타버스의 범죄가 현실세계의 범죄로 이어질 수도 있다. 이것에 대응할 법, 제도가 나오기도 할 것이다. 어떤 진화든 그림자는 나올 수 있고, 그걸 해결해가면서 인류는 살아왔다. 메타버스에서도 마찬가지일 것이다.

빅테크 기업들이
가장 공들이는 소비자, Z세대 _____

메타버스를 가장 중요하게 바라보는 기업 중 하나가 페이스북이다. 27억 명의 페이스북 사용자를 메타버스 공간으로 옮겨놓고 싶어 한다. 매출에서 광고 비중이 절대적인 페이스북 입장에선 메타버스 시장을 통해 수익의 다변화를 이루고 싶어 한다. 2019년 9월 가상현실 기반의 소셜네트워크인 Horizon을 오픈하고, 2020년 8월부터 베타서비스를 했다. VR·AR 분야 인력만 6천 명이 넘고, 오큘러스를 비롯해 비트게임스, 스케이프 테크놀로지, 산자루 게임스, 레디앳던 등 인수한 기업도 많다. 페이스북이 꿈꾸는 미래는 메타버스 속에서 우리가 게임과 여가, 취미만 누리는 게 아니라 교육, 업무, 커머스, 미디어 등까지 무한대로 확장해가는 것이다. 아마존도 메타버스에서 기회를 노린다. 메타버스가 존재하려면 서버나 네트워크, 클라우드 서비스가 필요하다. 아마존이 바로 클라우드 서비스 분야 1위 기업이다. 메타버스 시장의 성장은 곧 아마존의 클라우드 사업의 성장으로 이어진다.

마이크로소프트, 구글, 삼성전자 등 빅테크 기업 중 상당수가 AR, VR에 투자하고, 메타버스 시장을 중요하게 바라본다. 현대자동차, BMW, 볼보 등 자동차 업계에선 서로 다른 국가(지역)의 연구 인력들이 VR 헤드셋을 쓰고 가상공간에서 자동차 디자인과 설계에 대해 회의하고 신차 품평회를 하기도 한다. 에어버스와 보잉 등

항공업계에선 AR을 활용해 작업 시간을 단축시키고 있다. 그래픽처리장치GPU 분야 최고 기업인 엔디비아는 가상세계를 공유하도록 AI가 통합된 메타버스 솔루션을 만들기도 했는데, 이를 통해 제조업에서 공장 설계와 계획에 활용할 수 있다.

메타버스는 제조업, 서비스업, 교육업, 패션업, 미디어업 등 거의 모든 산업에 영향을 준다. 그냥 애들이 게임 하고 노는 것이 전부가 아니다. 시장조사회사 스트래티지 애널리틱스Strategy Analytics는 메타버스 시장 규모를 2025년 2,800억 달러 정도로 추산했다. 컨설팅회사 PwC는 AR·VR 시장을 2025년 4,764억 달러, 2030년 1조 5천억 달러로 추산했다. 미국의 투자관리회사 아크ARK 인베스트는 가상세계에서 발생하는 수익이 2025년 3,900억 달러로 추산했다. 각기 바라본 시장의 범위가 조금씩 다르기도 하고 시장 규모도 차이는 있지만, 분명한 건 수백조 원 규모의 시장이란 점이다. 이 엄청난 시장에서 Z세대는 초기에 시장을 활성화시키고 시장의 가치를 끌어올리는 아주 중요한 역할을 한다. 이러니 빅테크 기업들이 공들이지 않을 수 있겠는가?

Z세대는 어릴 때부터 디지털 환경에 노출되어 자랐기에 디지털 네이티브Digital Native로 불린다. 빅테크 기업들의 사업은 아직 완료되지 않은 진행형이다. 그들이 전개하는 사업, 그들이 미래 먹거리라고 여기는 사업들 중 상당수는 아직 만개하려면 멀었다. AR·VR 시장이자 메타버스 시장도 그중 하나다. 블록체인이나 핀테크 시

장도 마찬가지다. 서비스 로봇, 가정용 로봇을 비롯한 로봇 시장도 마찬가지다. 기성세대에겐 메타버스나 블록체인, 로봇 모두 낯설다. 아날로그 기반에서 살아온 이들에겐 메타버스나 로봇이 신기한 볼거리는 되겠지만, 자신들의 일상이자 문화로 적극 받아들이는 데는 한계가 있다.

하지만 Z세대는 다르다. Z세대를 이을 알파 세대도 마찬가지다. 빅테크 기업으로선 이들을 주목할 수밖에 없다. 로봇에 대한 거부감 없이 친숙하게 다가가는 데 있어 기성세대는 물론이고 밀레니얼 세대보다도 훨씬 유리하다. 직접 코딩해서 움직이는 조립식 블록으로 코딩을 접하기도 했고, 가상현실, 증강현실도 놀면서 접했다. 로봇을 친구로, 가족으로 받아들이는 첫 세대가 Z세대가 될 것이고, 메타버스를 실제 현실과 이질감 없이 몰입하는 첫 세대도 Z세대가 될 것이다. 결국 우리가 지금 애들이라고 부르는 그들에 의해 향후 ICT 산업이 더 성장할 것이다. 빅테크 기업들이 깔아놓은 메타버스와 일상 로봇의 판에서 가장 잘 놀고 즐길 사람이 Z세대이고, 그들 덕분에 관련 산업과 기술은 더 진화할 것이다. 미래의 충성고객으로 만들고 메타버스, 로봇, 인공지능 등의 시장에서 비즈니스 기회를 확대시키기 위해서라도 Z세대와 알파 세대는 필요하다.

2021년 연초를 뜨겁게 달궜던 클럽하우스 신드롬이 생각보다 빨리 식었다. 여전히 클럽하우스는 오디오 소셜미디어로서 가치가 있지만, 초반의 열기가 길게 이어졌더라면 사업성은 훨씬 더 커졌을 것이다. 페이스북, 인스타그램, 유튜브, 틱톡 등 메이저 소셜네트워크 서비스들 모두 초반의 신드롬이 오래 이어지며 10억 명 규모의 엄청난 소셜 플랫폼이 되었다. 앞으로 클럽하우스에 새로운 기회가 올지 모르겠지만, 2021년 초의 신드롬이 식은 배경에 Z세대가 있다. 클럽하우스는 미성년자 이용을 제한하는 앱이다. 주로 30~50대가 많이 이용하고, 스타급 셀럽들이 참여하면서 신드롬이 불었다. 하지만 스타급 셀럽들도 슬슬 빠져나가고, 그 자리를 재미있고 신선한 콘텐츠가 채우질 못했다. 실시간 토크라는 것이 같은 사람이 같은 주제로 몇 번 하면 금세 바닥이 나기도 하고, 스타급 셀럽들과의 토크에서 일반인들이 묻는 질문들은 매번 비슷하게 나온다. 셀럽들 입장에선 귀한 시간을 내서 반복적인 무료 상담만 하는 격이니 금세 재미가 없어진다.

페이스북, 인스타그램, 유튜브, 틱톡 등의 공통점은 1020대가 주도했다는 점이다. 페이스북은 당시 1020대였던 밀레니얼 세대가 주도하며 시장을 키워놓고, 기성세대가 대거 진입하니까 일부는 인스타그램으로, 일부는 유튜브나 틱톡으로 도망가버렸다. Z세대는 처음부터 기성세대가 잔뜩 있는 페이스북이 시시했다. 부모님과 학교 선생님들이 친구 하자고 하는데 거기서 무슨 재미가 있겠나. 유튜브, 틱톡은 304050대가 많이 유입되긴 했어도 여전히 1020대의 파워가 막강하다. 결국 소셜네트워크에서 1020대의 역할은 중요하다. 지금 1020대인 Z세대가 즐겁게 놀지 못하는 공간은 잠깐의 이슈는 되더라도 비즈니스 가치를 끌어올리는 데는 한계가 있다는 의미가 된다.

한국의 10대 대기업 그룹사 순위가 10년 후에도 그대로일까? 절대 아닐 것이다. 지금의 순위에 있는 기업들은 기성세대가 잘 아는 오래된 기업들이다. 하지만 빅테크 기업들이 순위권에 진입하고, 누군가는 순위권 밖으로 나갈 것이다. 아직 만들어지지 않은 스타트업이 10년 후 10대 대기업 순위권에 들어가 있을 가능성도 배제하지 못한다. 수십 년 된 기업을 수년 된 기업이 밀어낼 수 있는 시대이고, 이미 그런 일은 많이 목격했다. Z세대가 가진 경제력, 소비력은 향후 10년간 놀랍게 성장할 것이다. Z세대가 외면하는 기업이 받을 타격은 상상 이상일 것이고, 그들이 선택하는 기업은 퀀텀점프할 것이다. 기업의 미래를 위해서, 아니 생존을 위해서 Z세대에 대한 대비와 대응은 필수적이다.

비즈니스의 새로운 기회, Z-economy

미국 뱅크오브아메리카Bank of America의 글로벌 리서치 보고서 'OK Zoomer : Gen Z Primer'(2020. 11)에 따르면, 2030년이면 Z세대의 소득이 33조 달러로 전 세계 소득의 25%를 차지하고,

2040년이면 70조 달러에 이를 것이라고 예상했다. 현재 전 세계 인구 중 Z세대는 32%를 차지하며, 숫자로는 25억 명 정도다. 그리고 이들의 89%가 신흥시장emerging markets에 산다. 중국, 인도만 합쳐도 인구가 28억 명이고, 2억 7천만 명 정도의 인도네시아, 각기 1억 명 정도의 필리핀, 태국, 베트남 등과 2억 명 정도인 브라질, 1억 3천만 명가량의 멕시코 등 신흥시장 국가들의 인구수가 많은데다, 상대적으로 평균연령도 선진국보다 낮다. 글로벌 Z세대 시장을 볼 때 중국, 인도와 동남아시아 등 아시아 시장의 가치가 아주 크다. 2040년에 아시아 태평양 지역의 전체 소득 중 Z세대의 소득 비중을 37% 정도로 예상하고 있기도 하다. 결국 국내의 Z세대를 중요한 시장으로 바라보고 공략하는 것도 국내 기업의 숙제이면서, 동시에 아시아 지역의 Z세대를 어떻게 공략하느냐도 국내 기업의 미래를 가늠할 중요한 숙제가 된다.

'OK Zoomer : Gen Z Primer' 보고서는 미국, 영국, 프랑스, 독일, 한국, 일본, 중국, 인도, 맥시코, 브라질의 16세 이상 1만 4,500명 대상의 설문조사 내용과 함께 UN, Euromonitor, 구글 트렌드 등의 통계 지표를 활용해서 작성되었다. 흥미롭게도 Z세대에게 가장 큰 영향을 준 키워드로 9.11 테러와 코로나19 팬데믹을 꼽았다. 시기적으로 이 두 사건의 중간인 글로벌 금융위기까지 더하면 Z세대가 가진 경제관, 세계관을 이해하는 데 도움이 될 수 있다. 세 가지 이슈 모두 기성세대가 구조적 갈등이자 문제를 통해서 초래한 일이다. Z세대가 기존의 경제나 금융 시스템, 기성세대의 관점에 대한 파괴적 혁신을 도모할 이유도 된다. 보고서 내용에서 자신을 세계 시민으로 여긴다는 Z세대는 10명 중 4명인 반면, 베이비붐 세대는 10명 중 2명이었다. 특정 국가가 아닌 세계 시민이란 관점 자체가 Z세대가 미래에 만들어갈 정치·사회·경제 시스템에도 영향을 줄 수 있을 것이다. 그리고 Z세대는 투자를 결정할 때 ESG를 반영하겠다는 응답이 5명 중 4명이나 되었다.

Z세대가 주류가 되었을 때 어떤 변화가 있을까? 한 사회의 주류는 사회 전체와 비주류에게도 영향을 미친다. 디지털 네이티브인 Z세대가 소셜네트워크를 주도하며 자기 목소리를 적극 낼 것인데, 그들의 목소리 중에 '공정'은 아주 중요한 문제다. 이는 한국의 Z세대만 그런 게 아니라 글로벌 Z세대의 보편적 경향이다. 소비에서는 미닝아웃이 더 확대될 것이며, ESG를 투자가 아닌 소비에서도 따지는 Z세대가 많아질 것이다. ESG는 원래 투자 차원에서 금융자본이 시작한 화두지만, ESG가 경영 전반으로 확산되는 데는 소비자의 태도가 영향을 준다. 소비자이자 국민의 태도는 결국 정치와 정책의 변화와 연결될 수밖에 없다. 투자나 소비에서는 자신들이 잘 알고 관심 있는 것에 집중하기 마련이다. 디지털 네이티브인 Z세대로선 메타버스, 블록체인, AI, 로봇 등을 투자의 대상이자 소비의 대상으로 더 적극적으로 볼 수밖에 없다.

Generation Z-Economy는 이미 시작되었다. 'OK Zoomer : Gen Z Primer' 보고서에 따르면, 성인이 된 Z세대인 18~24세 중

절반 정도가 술을 전혀 마시지 않는다고 답했고, 일주일에 한 번 이상 마신다는 응답은 21%에 불과했다. 5명 중 1명만이 주 1회 이상 마시는 것이니 술을 자주 마시는 기성세대들과 확실히 비교된다. Z세대 술 소비량 감소는 결국 술 관련한 시장의 타격으로 이어질 수밖에 없다. 미국에서 10~19세 남자 중 음주 경험이 있는 비율이 2009년 28.5%에서 2019년 17.2%로 줄었다. 10~19세 여자의 경우는 2009년 25.9%에서 2019년 19.9%로 줄었다. 미국만 그런 게 아니다. 영국도, 한국도 10대의 음주 경험률은 지속적 감소세를 보인다. 이들은 성인이 되어서도 술을 멀리할 가능성이 있고, 성인이 된 Z세대들이 이미 그걸 보여주고 있다.

술뿐만 아니라 담배, 육류 모두 소비가 감소하고 있고, 앞으로 더 줄어들 가능성이 크다. 소유에 대한 관점도 바뀌어서, Z세대는 자동차 소유가 아니라 공유 모빌리티 서비스를 이용해도 좋다는 답이 60%였고, 나이가 되어도 운전면허를 따지 않는 Z세대가 많다. Z세대의 31%는 로봇이 운전하는, 즉 자율주행 자동차를 이용하는 것에 호의적이었다. 미국인들이 좋아하는 MLB, NBA, NFL 등의 스포츠에 Z세대의 관심은 상대적으로 적다. 이들은 e스포츠에 더 관심이 있다. 향후 스포츠 산업에선 e스포츠가 더 성장할 수밖에 없다.

코로나19 팬데믹은 Z세대의 힘을 키워줬다. 팬데믹으로 온라인과 모바일, 소셜 플랫폼의 위상과 가치가 더 높아졌고, 이곳에서 상대적으로 활동성이 강한 Z세대로선 힘이 더 커질 수밖에 없다. 이들의 힘은 다시 온라인 기반의 비즈니스에 힘을 더 실어준다. 유통이든 서비스든 분야를 막론하고 디지털 트랜스포메이션을 하고, 온라인 기반의 경쟁력을 확보하는 것이 더더욱 중요해질 수밖에 없다. 이와 함께 오프라인에서의 전통적 기반을 가진 산업의 미래는 더욱 어두워질 수밖에 없다. Z세대는 계속 1020대에 머무는 게 아니라 점점 나이를 먹어갈 것이고, 그들의 소비자로서 영향력은 계속해서 커져갈 것이다. 그리고 원격, 재택근무 환경이 확대되는 것도 Z세대가 바라는 일이다. 기성세대가 만들고 유지해온 일하는 방식, 소비 구도, 미디어의 영향력 등에서 Z세대는 기존의 방식을 이어가기보다는 자신들에게 유리한 방식으로의 전환을 적극 요구할 것이다.

미국의 중앙정보국 CIA는 2021년 1월 인스타그램에서 채용 공고를 냈다. 가장 폐쇄적이고 뭐든 은밀할 것만 같던 CIA가 인스타그램 계정을 갖고 대외적 홍보를 하는 것도 놀라운데, 여기서 채용 공고를 낸다는 건 파격적인 일이다. LinkedIn에도 채용 공고를 하고 인재를 찾는다. 과거에는 인재를 비공개로 찾았다면 이제 공개적으로 소셜미디어를 활용한다. 과거 방식으로 했을 때 지원자가 적어서 그러는 게 아니라, 지금 시대에 그 방식이 맞기 때문에 그렇게 하는 것이다. Z세대가 CIA 요원이 되고 있다. 기술과 산업은 계속 진화한다. 사회도 그렇다. 결국 사람도 그래야 한다. 변화를 인

CIA는 2021년 1월 인스타그램에
채용 공고를 냈다.

정하는 것, 과감히 받아들이는 것이 생각보다 쉽지 않은 사람들도
있다. 하지만 과감히 결단을 해야 한다. 과거의 방식, 관성에 의존
해선 결코 미래의 기회란 오지 않는다.

나는 Z세대에
투자하겠다

Z세대는 막연한 존재가 아니다. 그냥 요즘 애들을 지칭하는 호칭도 아니다. Z세대는 가장 강력한 미래세력이며, 한국 사회의 미래를 지배할 존재다. 이미 그들의 성장은 진행 중이다. 이 성장에 대해 Z세대 스스로도 자각할 필요가 있고, 자신의 가치, 자신들의 가능성에 대해 자신감을 가질 필요가 있다. 그리고 기성세대도 이들에 대해 좀더 관대하고 건설적인 시선으로 바라보며 이들의 성장을 이끌어줄 필요가 있다.

누구나 철없는 아이일 때가 있고, 누구나 20대엔 도발적인 신세대이고, 시간이 지나면 누구나 낀 세대가 되고, 그러다 기성세대가 되고, 시간이 더 지나면 존재감 없이 사라진다. 나이는 멈추지 않는다. 세대도 나이 들어감에 따라 특성도, 입장도 달라진다. 우린 멈춰 있지 않다. 미래는 미래에 살아갈 사람들의 몫이다. 하지만 미래를 살아갈 사람들이 잘 성장하도록 하는 건 현재 사람들과 현재 사회의 몫이다.

나는 한때 신세대라 불렸던 X세대다. 영원히 청춘일 줄 알았지만 이미 흰머리도 많이 나고, 머지않아 50대 진입도 앞두고 있다. 물려줄 권력이나 지위는 없지만, Z세대가 잘 성장하도록 인사이트를 주고 권력이 되도록 지지하고 응원한다. 그게 내가 할 일이다. 연구자로서 나이에 속박되지 않고 성실하고 꾸준히 연구하고, 더 나은 답을 찾기 위해 노력하며 살아왔고, 앞으로도 그렇게 할 것이다. 이 책은 특정 세대를 지지하고 또 다른 특정 세대를 비판하려고 쓴 것이 아니다. 한국 사회의 현재, 그리고 미래를 어떤 관점으로 바라보고, 어떻게 대응할 것인지에 대한 고민의 일환으로 쓴 책이다. Z세대를 전면에 내세워 '세대론'을 얘기하는 형식이지만, 엄밀히 '시대론'을 지지한다. 세대는 시대를 설명하는 하나의 장치일 뿐이다.

어떤 세대건 각자 알아서 잘 살아왔고, 앞으로도 그럴 것이다. 어떤 세대가 잘 못하고, 어떤 세대는 잘하고라는 것은 없다. 다만 어떤 시대가 사람들에게 어떤 문제를 만들고, 그 문제가 사회를 퇴보시키는 것은 가능하다. 우린 서로 다른 세대지만 모두 같은 시대를 살아간다. 태어나고 자란 시대가 아닌 지금 현재의 시대를 기준으로 살아야 한다. 책 속에서 다루는 Z세대 특성이자 그들이 보여준 현상들과 트렌드 속에서 우린 지금 시대를 배워야 한다. Z세대를 무작정 따르자는 게 아니라, 지금 시대를 누구보다 먼저 받아들이고 행동하는 Z세대에게서 지금 시대를 이해해보자는 것이다.

지금 Z세대의 모습은 완성형이 아니다. 진행형이고, 아직 가야할 길이 멀다. 가능성도 충분하고 능력도 있지만, 서투를 때도 있고 내공이 부족한 경우도 있다. Z세대의 행동과 이슈에 대해선 싫고 좋음이 아니라, 옳고 그름에 대해서만 판단할 필요가 있다. 정치, 경제, 문화 등 모든 영역에서 Z세대가 지금은 미약하지만 나중엔 강력해질 것이다. 아니, 꼭 강력해져야 한다. 한국 사회의 미래 경쟁력이 그들 손에 달려 있기 때문이다.

끝까지 읽어주신 독자님께 진심으로 감사를 드립니다.

이 책은 이렇게 맺음하지만,

여러분의 사유는 이제 시작되길 바랍니다.

책에서 다룬 내용에 대한 공감과 비판을 담아 독서 후기를 쓰고,

함께 생각을 키워갈 사람들과 토론할 기회를 가져보길 권유드립니다.

책은 그렇게 활자에서 벗어나

여러분 머릿속으로 자리 잡아갈 것입니다.

이 책은 트렌드 분석가의 시각으로 본 한국 사회의 중요 어젠다를 흥미롭되 논쟁적으로 다루는 〈Trend Insight Series〉의 첫 번째 책입니다. 꼭 풀어야 할 문제는 불편한 진실을 담고 있는 경우가 많고, 문제를 푸는 과정에서 갈등과 저항도 큽니다. 그럼에도 불구하고 풀지 않고 외면하거나 방치하면 그 손해는 우리의 미래가 겪습니다.

〈Trend Insight Series〉의 목적은 지식정보 전달과 함께, 담론의 확대이자 활발한 논쟁을 이끌어내는 것이며, 정해진 주기 없이 사회적으로 필요한 주제와 최적의 시기라고 판단될 때 발간합니다. 엄밀히 〈Trend Insight Series〉라는 것은 연구하고 집필하는 제 입장에서 지속적으로 이어가겠다는 약속이며, 작가와 애독자들 사이에서만 통할 암묵적인 타이틀이지 책 표지에 부제로 쓰진 않습니다. 코로나19 팬데믹을 계기로 한국인과 한국 사회가 당면한 중요 어젠다에 대한 Trend Insight를 주기 위한 목적으로 쓴 『언컨택트』, 『프로페셔널 스튜던트』도 〈Trend Insight Series〉에 해당될 수 있기 때문입니다.

트렌드 분석가로서 트렌드와 미래를 연구하며 중요하게 바라보는 질문들이 있습니다. 트렌드와 미래의 방향과 속도에 영향을 주는 계기(사건)가 있는데, 이걸 어떻게 잘 파악하고 분석하느냐는 중요할 수밖에 없습니다. 새로운 계기와 사건이 나올 때마다 살펴봐야 하는데, 트렌드는 다양한 이슈와 연결되어 있다 보니 지속적으로 아래 질문에 답을 찾아야 합니다.

아래 질문은 트렌드 분석을 하면서 늘 염두에 두고 스스로에게 질문하고 체크하는 것들입니다. 트렌드와 미래를 분석할 때 하는 수십 가지 질문 중 가장 자주 하게 되는 8가지입니다. 질문 순서는 중요도가 아니며 서로 다른 주제일 뿐입니다. 트렌드 연구자 혹은 미래학자 모두 각자가 중요하게 들여다보는 이슈와 질문들이 있을 것입니다. 어떤 질문을 하느냐에 따라 어떤 답을 찾아가는지가 다르기에, 사실 질문은 아주 중요합니다.

1. 어떤 새로운(혁신적인) 기술이 상용화되는가?
2. 글로벌 선두 기업들이 어디에 투자하고, 어떤 신사업을 벌이는가?

3. 어떤 리더(정치/경제)가 강력한 주장(여론 형성)을 하는가? 주장의 의도와 배경은 무엇인가?

4. 어떤 정책이 시행되고, 정부 예산은 어떻게 편성되는가?

5. 어떤 강력한 재난/사고가 발생하는가? 재난/사고가 우리의 삶에 어떤 영향을 주는가?

6. 유명인(셀럽)이 어떤 것을 선택(소비)했는가? 대중적으로 소비될 가능성이 있는가?

7. 어떤 문화 콘텐츠가 만들어지고 새로운 이슈가 되는가? 대중이 따라하기 좋은가?

8. 2030대는 요즘 어디에 관심이 많은가? 각 연령대별 · 세대별 관심사의 변화가 있는가?

8가지 질문 속에서도 세부적인 질문은 더 늘어나겠지만, 이들 8가지만 잘 풀어도 트렌드와 미래의 방향과 속도, 기회와 위기를 파악하는 데 효과적입니다. 이중 8번이 바로 이 책의 주제에 직접적으로 해당되는 질문입니다. 참고로, 2020년 4월 출간한 『언컨택트』는 5번 질문에 대한 답을 고민한 결과물이고, 2021년 2월 출간한 『프로페셔널 스튜던트』는 3번 질문을 필두로 1, 2, 5번의 문제를 결합해 답을 고민한 결과물입니다.

〈Trend Insight Series〉에선 다른 질문에 대한 답도 계속해서 풀어나갈 예정입니다. 가령, 한국 사회의 미래에 가장 크게 영향을 미칠 정치 어젠다는 무엇일까? ESG 신드롬은 자본주의의 미래를 어떻게 바꿀까? 글로벌 빅테크 기업들의 비즈니스 방향은 인류에게 어떤 영향을 주고 어떤 미래를 만들어낼까? 등 우리가 답을 찾고 싶었던 빅 퀘스천에 대한 연구는 이미 오래전부터 진행되고 있습니다.

시리즈 10주년을 앞둔 〈Life Trend Series〉는 애뉴얼 리포트의 형식으로 다음 해에 맞이할 한국인의 라이프스타일과 소비, 한국의 사회, 비즈니스 트렌드에 대한 전망과 예측을 매년 4/4분기에 발표하고 있습니다. 2012년 4/4분기에 나온 『라이프 트렌드 2013』이 시리즈의 시작이었는데, 트렌드의 연속성과 연결성이 중요한 시리즈이기에 〈Life Trend Series〉는 구성과 분석 방식, 발표 시기, 표지 디자인과 출판사 등에서 일관성을 유지하며 앞으로도 매년 계속 발간될 것입니다.

기존의 〈Life Trend Series〉와 새로운 〈Trend Insight Series〉를 병행하며 독자들에게 더 폭넓고 깊이 있게 시대의 트렌드를 소개하고, 미래의 방향과 속도를 다양하게 가늠할 수 있는 인사이트를 발빠르게 제공할 수 있게 되었습니다. 트렌드 분석가로선 더 바쁘고 써야 할 원고가 더 늘어났지만, 이 시리즈 진행을 결심한 이유는 변화의 속도가 너무 빠른 시대를 살아가는 이들을 위해 누군가는 해야 할 일이기 때문입니다. 두 가지 시리즈는 각기 목적도, 다루는 방법과 이슈도 다르지만, 서로가 보완적으로 존재합니다. 따라서 두 시리즈를 지속적으로 읽으며 필자의 인사이트를 흡수하면서 계속 트렌드의 안목을 쌓아가길 당부드립니다.

참고문헌.

- 경기도청 반바지 허용 첫날, 2019.7.1, 경기도 멀티미디어
- 경찰청 공공데이터 (www.police.go.kr/www/open/publice/publice06_2020.jsp)
- (공개채용1과) 국가공무원 7급 공채 최종 합격자 발표, 2020.12.14, 대한민국 정책브리핑(www.korea.kr)
- (공개채용2과) 국가공무원 5급 공채 최종 합격자 발표, 2020.12.29, 대한민국 정책브리핑(www.korea.kr)
- 국가기록원 – 금기와 자율, 국가기록원 (www.archives.go.kr)
- 국가인권위원회 www.humanrights.go.kr
- 국방부 2021년도 급식 방침 발표, 2020.12.29, 국방부 보도자료
- 국방부 공식 페이스북 www.facebook.com/MNDKOR
- 군인권센터 mhrk.org
- 날카로운상상력연구소(김용섭) 'Generation Insight'강연 슬라이드
- 대한민국 정책브리핑 www.korea.kr
- 『라이프 트렌드 2019 : 젠더 뉴트럴』(김용섭 저, 부키, 2018.10)
- 『라이프 트렌드 2020 : 느슨한 연대』(김용섭 저, 부키, 2019.10)
- 『라이프 트렌드 2021 : Fight or Flight』(김용섭 저, 부키, 2020.10)
- 마크로밀 엠브레인 트렌드모니터 (www.trendmonitor.co.kr)
- '밀레니얼 세대 신입사원 특징'조사, 2019. 1, 사람인
- 박막례 할머니 Korea Grandma (www.youtube.com/c/Koreagrandma)
- 서울대 에브리타임(snu.everytime.kr)
- 스튜디오좋 (www.instagram.com/studiok110)
- 신입사원 34% '연수원 다녀온 뒤 입사 포기'.. 甲질 경험도 "상상초월", 2015.12.17, 인크루트 (people.incruit.com/news/newsview.asp?newsno=2423559)
- 『언컨택트 Uncontact』(김용섭 저, 퍼블리온, 2020.4)
- SK하이닉스 성과급 불만에 전임직원에게 메일 발송한 4년차 (m.ppomppu.co.kr/

new/bbs_view.php?id=freeboard&no=7322031)

- https://exciting.gg.go.kr/board/inqire.do?bbsId=BBSMSTR_000000000253&nttId=41633
- '요즘 세대 신입사원'조사, 2020.11, 사람인
- 『요즘 애들, 요즘 어른들 : 대한민국 세대분석 보고서』(김용섭 저, 21세기북스, 2019.4)
- 2020 한국의 사회지표, 2021.3, 통계청
- 2020년 초·중등 진로교육 현황 조사 결과, 2021.2, 한국직업능력개발원
- 2021학년도 학교급식 기본 방향, 2021.2, 서울시교육청
- 인구로 보는 대한민국(인구 피라미드), 통계청 (kosis.kr/visual/populationKorea/experienceYard/populationPyramid.do?menuId=M_3_2)
- 인사혁신처 사이버국가고시센터 (www.gosi.kr)
- 장래인구추계-통계청 www.kostat.go.kr/
- Z세대 10대 청소년의 가치관 변화 연구, 2021.4, 한국청소년정책연구원
- Z세대 트렌드 리포트 2020, 2020.9.28, 오픈서베이 (www.opensurvey.co.kr)
- 코로나19 국면의 개인투자자, 2021.2.22.(2021-04호), 자본시장포커스(자본시장연구원)
- KOSIS 국가통계포털 kosis.kr
- 『펭수의 시대』(김용섭 저, 비즈니스북스, 2020.3)
- 한국리서치 심층 리포트 (www.hrc.co.kr/infocenter/webnote.asp)
- 가상화폐 하루 거래액 20조, 코스피 추월...증권가 "머니무브 왔다", 2021.5.11, 뉴스핌
- 갤럽 조사 미국 성인의 5.6%가 LGBT, 2021.3.9., 크리스찬저널
- "결혼? 출산? 차라리 동거"자유롭게 살고 싶은 Z세대, 2020.1.3, 한국일보
- '공기만 파는 롤렉스 매장' 빈말 아니었다…명품시계 큰손 된 MZ세대, 2021.5.12., 헤럴드경제

- [교수 性比 불균형 ①] 단독-'강사' 女 많고, '정교수' 男 압도적, 2019.1.23., 시사저널
- 90년대생 공무원이 떠난다, 2021.4.19, 매일노동뉴스
- 금감원도 돈쭐내기 돕는다, 2021.3.23, 머니투데이
- 금융권에 MZ세대 뜬다…디지털·부동산 맞춤 공략, 2020.11.9, 뉴데일리경제
- 기후·인권… 한국의 Z세대 목소리 들리나요?, 2020.1.9, 한국일보
- 김태현·조주빈·문형욱…'Z세대' 강력범죄 줄이려면, 2021.4.14, NEws1
- 나는 네가 과거에 한 학폭을 알고 있다, 2021.2.21., 경향신문
- "낮엔 주식, 밤엔 코인"…20대 투자 중독 3배 급증, 2021.3.18., 매일경제
- "너희는 고대생 아니다"…분교생 총학 임원 되자 혐오 폭발, 2021.5.19., 중앙일보
- [논담] "MZ세대 노조 등장은 연공서열형 임금체계 종말의 신호탄", 2021.4.15., 한국일보
- [뉴노멀-트렌드] 나이 먹기는 쉬워도 어른 되기는 꽤 어렵다, 2021.5.16, 한겨레신문
- [뉴노멀-트렌드] 당신 주변의 입사 4년차를 주목하라, 2021.4.18, 한겨레신문
- 달라지는 연애 세계! Z세대 '뉴노멀 시대' 데이트 방식, 2021.3.26, SINGLE LIST
- 당근마켓, 주간 이용자 수 1천만 돌파가 구매자이자 판매자, 2021.4.12, platum
- 대기업 카카오 역대 최연소 이사 자리 오른 90년생 성신여대 조교수, 2020.3.26, 인사이트
- 대장과 병장 월급 차이… 이 정도일 줄은 몰랐을 거다, 2020.10.29, 오마이뉴스
- 대졸 여성 취업률, 남성보다 3.8%포인트 낮았다, 2020.12.28, 여성신문
- '딥페이크' 불법합성물 범죄 94명 검거…10명 중 7명이 10대, 2021.5.2, 노컷뉴스
- 만 10~13세 범죄 청소년 77%, 절도·폭력 등 강력범죄 저질러, 2019.9.26., 조선일보
- "메타버스로 소통 강화…일하는 방식 근본적 변화", 2021.5.12, 조선비즈
- 무신사, 3,000억 원 투입해 스타일셰어 지분 100% 인수, 2021.5.17, platum
- 美서 퀴즈 냈더니…소셜미디어 많이 볼수록 음모론에 잘 빠져, 2021.3.5., 조선일보
- [밀레니얼 직장인 리포트 ①] "야근시키면 난리"라는 부장의 편견, 신입사원은 억울

하죠, 2019.11.3, 매일경제

- "朴 왜 뽑냐" "일베냐"…2030 엇갈린 표심, 연인도 새벽까지 싸움, 2021.4.17., 중앙일보
- "반려묘 양육 방식 달라 독립"…'나혼자 산다' 벌써 900만 명, 2021.5.10., 중앙일보
- "방탄이 하면 우리도"…팬들도 흑인 인권에 100만 달러 기부, 2020.6.8, 연합뉴스
- 볼링핀 모양인데 '섹스토이'였다…작년 170% 매출 뛴 비결, 2020.3.8, 이코노미스트
- 브레이브걸스의 역주행이 알려준 것, 2021.3.26., 한국일보
- "BTS 아미, 단순 팬덤 넘어 사회·경제 세력"…외신 집중조명, 2020.7.16, 연합뉴스
- 사병들의 일과 후 휴대폰 사용이 군대를 뒤흔들었다, 2021.5.17., 한국일보
- "섹스-술보다 가족과 함께"… 美-유럽 10대 '제너레이션 센시블', 2018.8.1, 동아일보
- 소셜미디어 이용 10명 중 3명 "정치적 견해 달라 친구 끊은 적 있어", 2021.1.1, 조선일보
- 新 세대갈등 20代 vs 40代…달라도 너무 다르다, 2021.4.21, 매경이코노미
- 신세계, 롯데, 갤러리아, 현대백화점 명품 매출에서 20~30대 비중 늘어, 2021.3.7, 비즈니스포스트
- 아바타들끼리 회의? Z·알파 세대 홀린 '메타버스'누구냐 넌, [제1509호] 2021.4.8., 일요신문
- "악몽의 그들 TV서 보고 싶지 않다"…학폭 미투, 대중의 응징, 2021.2.15, 중앙일보
- 애인이 학폭 가해자였다면? 헤어진다 vs 과거는 과거일 뿐, 2021.4.22, 한국경제
- 언어유희와 B급이 뜬다, 2020.8.25., 시사저널
- "SF 영화 같은 세상 펼쳐질 것…디지털 트윈 나온다", 2021.5.16., 조선비즈
- LG전자 사람 중심 새 노조 "성과급 불만이 '트리거'…사무직 목소리 내고 싶었죠", 2021.4.13., 한경비즈니스
- M세대 vs Z세대, '환경'을 이렇게 말한다, 2021.2.20, 그린포스트코리아
- [MZ혁명] 대기업에 불어오는 '新 노조'결성 바람, 2021.4.15., 주간한국

- 여성 연구자 비중 늘었지만…남녀 연구비 격차는 더 확대, 2019.6.30., 매일경제
- "연봉 1.5배 드립니다"…토스, 3월까지 300명 채용, 2021.1.21, 이데일리
- 요즘엔 '의치한' 아닌 '의치한수'…수의대, 귀하신 몸 됐다, 2021.3.20, 중앙일보
- 우리 아이들 '잃어버린 세대'될까…"코로나 팬데믹 평생 영향 미칠지도", 2020.6.7, 세계일보
- 육사 '연좌제 얼차려' 논란…4명 음주했다고 900명 야간 구보, 2019.4.2, 연합뉴스
- '윤식당' 윤여정 "이서진에게 너무 감동…세대 간 소통", 2017.5.7., 디스패치
- "음식은 됐고 돈만 받으세요" 난리 난 치킨집 상황, 2021.3.4, 조선일보
- 인류의 신(新)대륙, 메타버스, 2021.5.10., 조선비즈
- [인터뷰] 동아제약 면접자 "불쾌한 경험? 성차별은 성차별이다, 2021.3.11, 한겨레신문
- 잇단 사무직 노조 출범…'고용 중시' 노사문화 전환점 될까?, 2021.4.26, 이데일리
- 점점 높아지는 수의사 여성 비율, 증가 추세 이어질까, 2021.3.24, 데일리벳
- 제21대 국회의원 선거 결과, 2020.5.4, The Leader
- Z세대 65% "노 웨딩", 74% "노 키즈"… 넌, 누구니?, 2020.1.3, 한국일보
- Z세대 여성 38% "난 페미니스트", 남성 62% "페미니스트 거부감", 2020.1.3, 한국일보
- Z세대(현재 10대 중반~20대 초반) '어른의 기준'은 재정적 독립, 2018.6.7, 미주중앙일보
- "중·고교생 59.9% '결혼 안 해도 된다'…12년 전보다 18.3%p↑", 2021.4.13, 연합뉴스
- 중위권 학생 확 줄고 하위권 급증…"교사 생활 15년 만에 처음", 2020.7.21, 동아일보
- 지구촌 '툰베리'들 "기특하다구요? 우리 문제니까 행동하는 거죠", 2020.1.9, 한국일보
- 청년들 "'이남자 이여자', '공정성' 프레임을 거부한다", 2021.4.23, 프레시안
- 초등 이어 중등도…서울 국공립 중등교사 10명 중 8명이 여성, 2021.2.10., 문화일보
- '총기 규제 촉구'청소년 운동은 미국을 바꿀 수 있을까?, 2018.8.31, 한겨레신문
- 카드사에 할부이자를 왜 내? 美·英선 선구매-후지불이 뜬다는데, 2021.1.10, 조선일보

- 클럽하우스, 차세대 SNS 아닌 '반짝'이었다…"Z세대 놓친 탓", 2021.4.12, 연합뉴스
- 탈출구 찾는 청년들 '영끌 베팅'…가상화폐 1분기 신규 투자 63%가 2030, 2021.4.21, 동아일보
- 텐가 글로벌 판매 60개국 중 한국, 매출 성장률 2위, 2019.4.29, 이데일리
- 툰베리 "환경상보다 실천이 필요" 북유럽이사회 賞 수상 거부, 2019.10.30, 매일경제
- 틴더, '데이트의 미래-더 유연하고 더 솔직하게'리포트 발표, 2021.3.26, 뉴스와이어
- 풍요 속의 생리 빈곤(Period Poverty), 2021.2.23, Vogue (www.vogue.co.kr/2021/02/23/풍요-속의-생리-빈곤period-poverty)
- 프로젝트 대박 이후…광고주-에이전시 '삐걱'?, 2021.3.17, The PR
- 현대자동차그룹 사무직 노조 설립신고서 제출…'MZ세대가 주도', 2021.4.26, 중앙일보
- 현대차 정의선 "성과급 불만 안다…올해 꼭 보상할 것", 2021.3.16, 매일경제
- 형사처벌 안 받는 '촉법소년'77%가 4대 강력범죄 저질러, 2019.9.26, 서울경제
- 형제에게 공짜 치킨 나눠줬다가 '돈쭐'나고 있는 홍대 '철인 7호'사장님, 2021.2.27, 인사이트
- 휴가 무제한, 고과·보고 없는 토스 "자유 주면 영웅이 나온다", 2020.12.1, 중앙일보
- A ton of industries are selling things Gen Z doesn't care about, like alcohol, razorblades, and even cars, 2020.11.17, Business Insider
- Americans Who Mainly Get Their News on Social Media Are Less Engaged, Less Knowledgeable, 2020.7.30, Pew Research Center
- Are young men really having less sex?, 2019.4.10, BBC
- CIA (www.instagram.com/cia)
- Defining generations: Where Millennials end and Generation Z begins, MICHAEL DIMOCK, 2019.1.17, Pew Research Center
- Full Q&A: Tesla and SpaceX CEO Elon Musk on Recode Decode, 2018.11.5,

Recode

- Gen Z incomes predicted to beat millennials'in 10 years and be 'most disruptive generation ever', 2020.11.20., cnbc.com
- 'Gen Z', 2018, Barna/Impact 360 Institute
- https://www.pewresearch.org/fact-tank/2019/01/17/where-millennials-end-and-generation-z-begins/
- LGBT Identification Rises to 5.6% in Latest U.S. Estimate, 2021.2.24, Gallup
- Millennials love their brands, Gen Zs are terrified of college debt, and 6 other ways Gen Zs and millennials are totally different, RACHEL PREMACK, 2018.7.12, Business Insider
- news.gallup.com/poll/329708/lgbt-identification-rises-latest-estimate.aspx
- OECD Data (data.oecd.org)
- "OK Zoomer : Gen Z Primer", 2020.11, Bank of America
- Political sectarianism in America, Eli J. Finkel, 2020.10(Vol 370, Issue 6516), Science
- Sexual Inactivity During Young Adulthood Is More Common Among U.S. Millennials and iGen: Age, Period, and Cohort Effects on Having No Sexual Partners After Age 18, 01 August 2016, The journal Archives of Sexual Behavior
- The CIA Fine-Tunes Its Hiring Pitch to Millennials and Gen Z, 2021.1.31, Wall Street journal
- The Thiel Fellowship (www.thielfellowship.org)
- 'True Gen': Generation Z and its implications for companies, By Tracy Francis and Fernanda Hoefel, 2018.11.12, Mckinsey & Company
- Uniquely Gen Z, 2017.1, NRF/ IBM Institute for Business Value

- United States Most Attractive Employers 2020, 2020.7, Universum
- United States Most Attractive Employers 2020, Universum, 2020.7
- What predicts masturbation practices? (http://relationshipsinamerica.com/relationships-and-sex/what-predicts-masturbation-practices)
- Why Are Young People Having So Little Sex?, 2018.12, The Atlantic
- Why I'm proud to be part of Generation Sensible, Scarlet Katz Roberts, 2018.7.18, The Telegraph
- Why more millennials are avoiding sex, 2016.8.2, Washington Post
- Winter/Spring 2015 Cassandra Report: Gen Z, 2015.3, Cassandra
- www.businessinsider.com/gen-z-could-end-many-industries-risk-razorblades-doorbells-cars-2020-11
- www.mckinsey.com/industries/consumer-packaged-goods/our-insights/true-gen-generation-z-and-its-implications-for-companies
- www.vox.com/2018/11/2/18053428/recode-decode-full-podcast-transcript-elon-musk-tesla-spacex-boring-company-kara-swisher
- 2017 Cone Gen Z CSR Study: How to Speak Z, 2017.9, CONE Communications
- 2020 Resale Report, ThredUP

결국 Z세대가 세상을 지배한다

Z세대, 그들이 바꿀 미래의 단서들

1판 1쇄 발행 2021년 8월 10일
1판 2쇄 발행 2021년 8월 13일

지은이	김용섭
펴낸이	박선영
책임편집	양은하
마케팅	김서연
디자인	어나더페이퍼
발행처	퍼블리온
출판등록	2020년 2월 26일 제2021-000048호
주소	서울시 영등포구 양평로157, 408호 (양평동 5가)
전화	02-3144-1191
팩스	02-3144-1192
전자우편	info@publion.co.kr
ISBN	979-11-91587-06-7 03320

※ 책값은 뒤표지에 있습니다.